权威·前沿·原创

皮书系列为
"十二五""十三五""十四五"时期国家重点出版物出版专项规划项目

志愿服务蓝皮书
BLUE BOOK OF VOLUNTARY SERVICES

张家港市新时代文明实践志愿服务发展报告（2023）

ANNUAL REPORT ON THE DEVELOPMENT OF VOLUNTARY SERVICES IN ZHANGJIAGANG (2023)

主　编／张　翼　陈卫兵

社会科学文献出版社
SOCIAL SCIENCES ACADEMIC PRESS (CHINA)

图书在版编目（CIP）数据

张家港市新时代文明实践志愿服务发展报告. 2023 /
张翼，陈卫兵主编. --北京：社会科学文献出版社，
2023.12
（志愿服务蓝皮书）
ISBN 978-7-5228-2880-0

Ⅰ.①张… Ⅱ.①张… ②陈… Ⅲ.①志愿者-社会
服务-研究报告-张家港-2023 Ⅳ.①D669.3

中国国家版本馆 CIP 数据核字（2023）第 215427 号

志愿服务蓝皮书
张家港市新时代文明实践志愿服务发展报告（2023）

主　　编／张　翼　陈卫兵

出 版 人／冀祥德
责任编辑／胡庆英　赵　娜　孟宁宁　李　薇
文稿编辑／庄士龙　孙海龙　孙　瑜　王儒西　李会肖
责任印制／王京美

出　　版／社会科学文献出版社·群学出版分社（010）59367002
　　　　　地址：北京市北三环中路甲 29 号院华龙大厦　邮编：100029
　　　　　网址：www.ssap.com.cn
发　　行／社会科学文献出版社（010）59367028
印　　装／三河市东方印刷有限公司

规　　格／开本：787mm×1092mm　1/16
　　　　　印张：21.75　字数：324 千字
版　　次／2023 年 12 月第 1 版　2023 年 12 月第 1 次印刷
书　　号／ISBN 978-7-5228-2880-0
定　　价／158.00 元

读者服务电话：4008918866

编　委　会

主　　编　张　翼　陈卫兵

副 主 编　田　丰　钱晓东

编委会成员（以姓氏笔画为序）

王　飞　王海燕　左　灿　沙　垚　张书琬
俞鞠敏

撰 稿 人（以姓氏笔画为序）

万佳运　马晓蕾　王一芬　王露瑶　左　灿
田　丰　刘　丽　李　双　李佳容　邱晓丽
沙　垚　张书琬　张尚明珠　陈玉珠　茆玉月
赵英慧　徐配燕　梅嘉浩　曹志新　董　友
鲁文俊　蔡润荣

主编简介

张　翼　社会学博士，研究员，博士生导师，现任中国社会科学院社会发展战略研究院院长、中国志愿服务研究中心主任、中国社会学会会长；长期关注中国社会结构变迁、中国社会阶层流动、中国社会组织与社会治理、国有企业社会成本、就业与制度变迁等；出版学术专著多部，在《中国社会科学》《社会学研究》《新华文摘》等高水平学术期刊上发表论文多篇，承担多个国家社科基金项目和各级政府的研究项目。

陈卫兵　现任张家港市委常委、宣传部部长。任职以来，团结带领全市宣传思想文化战线守正创新、积极作为，推动思想理论武装、主流舆论引导、精神文明建设、文化事业产业等各项工作取得新进展新突破，持续推进更高水平文明城市建设，社会文明程度测评指数始终保持江苏省同类城市第一。2022年，张家港市入选中央文明办"城乡文明创建巡礼"重点宣传城市，市文明办获评第十届全国"人民满意的公务员集体"，受到党中央、国务院表彰。

前　言

　　志愿服务是社会文明进步的重要标志。自20世纪90年代起，借助精神文明建设与物质文明建设协同发展的强大推动作用，张家港市坚持把志愿服务作为群众性精神文明创建活动的重要载体，较早地探索了制度化推进志愿服务工作，在三十余年的实践历程中，始终以争先的奋进姿态持续领跑，在全国同类城市中率先开发志愿服务数字管理系统、成立首个志愿者学院、制定首套志愿服务站点团体标准，率先实现全国学雷锋志愿服务"四个100"先进典型"大满贯"。

　　2018年以来，作为全国首批开展新时代文明实践中心建设的城市之一，张家港市牢牢把握"新时代文明实践中心的主体力量是志愿者，主要活动方式是志愿服务"的基本要求，在志愿服务内涵的历史性与时代性的深化、服务领域与服务对象的拓展等方面作出了更多的思考和实践，形成了具有张家港特色的工作理念和工作模式。

　　本书是全国县级市文明实践志愿服务领域的第一部蓝皮书，由总报告、行业报告、新时代文明实践所（站）志愿服务发展报告、社会志愿服务报告、附录、后记组成，注重理论探讨与案例分析相结合，将研究视角聚焦志愿服务文化弘扬、阵地拓展、项目培育、团队孵化、机制建设等多个层面，较为全面地描摹了以组织网络畅通资源要素全域流动，以精准供给推进文明成果全城共享的城市文明画像。与此同时，本书也在实践层面分析了相关领域亟须突破的关键问题，为如何进一步推动志愿服务精准化、常态化、便利化、品牌化和可持续发展，如何更好地发挥志愿服务在提高社会现代文明程度和助力社会治理体系建设等方面的作用，提供了专业解读与思路参考，供各地参考借鉴。

摘　要

　　随着经济的日益发展和人民对文化需求的日益增多，满足群众对美好生活的新期待需要文明实践志愿服务活动高起点谋划、高水平建设、高质量推进、高标准管理、高效率运行。张家港作为新时代文明实践中心建设的领跑者，始终坚持以"凝聚群众、引导群众、以文化人、成风化俗"为总体目标，将文明实践延伸到群众所在的每一个角落。坚持"全城发力、全域联动、全民参与"原则，一以贯之践行党的群众路线。坚持以"实体化运作、规范化建设、社会化动员"推动新时代文明实践中心建设系统开展，以"资源协同整合、制度设计完善、群众广泛参与"构建立体式的新时代文明实践志愿服务制度与工作体系，形成了基层宣传思想文化工作和精神文明建设蓬勃发展的良好局面，走出了一条城乡一体的文明建设之路，走出了一条具有张家港特色的文明实践志愿服务路径。

　　张家港市的新时代文明实践志愿服务成就是全方位的、开创性的、深层次的。多年来，张家港市深入贯彻落实国家关于新时代文明实践志愿服务工作的重要部署，深化拓展新时代文明实践中心建设，着力健全新时代文明实践志愿服务制度和工作体系。新时代文明实践志愿服务工作取得重大成就，构建了符合实际、系统完备、科学规范、高效有序的运行体系，建设了全域覆盖、群众身边的功能阵地，搭建了一体联动、开放多维的服务平台，培育了一批"一呼百应"、富有活力的志愿服务队伍，打造了特色鲜明、全民受惠的活动项目，健全了高效运转、多元参与的保障机制，推动新时代文明实践志愿服务事业向纵深发展，形成了具有张家港特色的新时代文明实践志愿服务新体系。但在新时代文明实践志愿服务队伍建设、供需对接、激励保障方面仍需进一步努力。对此，本书提出了持续壮大基层志愿服务队伍、加强骨干能力建设，完善服务供需对接机制、确保服务精准高效，建立健全激励保障机制，确保服务常态长效的政策建议。

为适时总结、全面掌握张家港市志愿服务发展现状，解读张家港市志愿服务在新时代的发展大势，进一步明确要求、推广经验、巩固成果、纵深发展，特编写《张家港市新时代文明实践志愿服务发展报告（2023）》（以下简称《报告》）。《报告》由总报告、行业报告、新时代文明实践所（站）志愿服务发展报告、社会志愿服务报告、附录等组成。其中，总报告总结了张家港市志愿服务发展的基本状况、发展态势、主要特点及成就，从制度建设、体系建设和平台建设等维度深入解读了张家港市志愿服务事业。行业报告和新时代文明实践所（站）志愿服务发展报告主要介绍了各行业及各文明实践所（站），以群众需求为基本导向，以促进"模式多元、项目多元、平台规范"等为目标开展志愿服务工作的相关经验。社会志愿服务报告则主要介绍了张家港市志愿服务团体和企业志愿服务取得的相关成就。《报告》采取经验研究和理论研究相结合的方式，通过经验研究、理论研究、制度建设等不同层面来考察志愿服务的开展情况，通过特色案例提炼志愿服务的基层工作模式，全景式解读并总结张家港市志愿服务发展的特色与亮点。

关键词： 张家港市 志愿服务 新时代文明实践 社会志愿服务

Abstract

With the increasing development of the economy and the increasing cultural needs of the people, meeting the new expectations of the people for spiritual life requires civilized practice and volunteer activities with high starting point planning, high-level construction, high-quality promotion, high standard management, and efficient operation. As a leader in the construction of a new era civilization practice center, ZhangJiagang has always adhered to the overall goal of "rallying the masses, guiding the masses, cultivating people with culture, and transforming customs", and adheres to extending civilization to every corner where the masses are located. Adhere to the principle of "all city efforts, all region linkage, and all people's participation", and consistently practice the Party's mass line in the new era. Adhering to the principle of "substantial operation, standardized construction, and socialized mobilization" to promote the systematic construction of a new era civilization practice center, a three-dimensional volunteer service system and work system for civilization practice in the new era have been constructed with "resource coordination and integration, system design improvement, and wide spread participation of the masses", forming a good working situation for the vigorous development of grassroots propaganda and ideological work and spiritual civilization construction work, We have embarked on a path of integrated urban-rural civilization construction and a path of voluntary service for civilized practice with Zhangjiagang city characteristics.

ZhangJiagang City's new era civilization practice volunteer service achievements are all-round, pioneering and deep. Major achievements have been made in volunteerism in the new era. We have established a practical, systematic, scientific, standardized, efficient and orderly operation system, built functional positions that cover all areas and are close to the people, established an integrated and open multi-dimensional service platform, and cultivated a number of energetic volunteer service teams. It has created activities with distinctive characteristics and benefited the whole people, improved the guarantee mechanisms of efficient operation and diversified participation, promoted the in-depth development of the civilized practice voluntary service in the new era, and formed a new system of civilized practice voluntary service in the new era with the characteristics of Zhangjiagang. However, in the new era of civilization practice volunteer service team construction, supply and demand docking, incentive and guarantee mechanisms still need to make further efforts. In this regard, this Report puts forward policy suggestions on continuously expanding the grassroots volunteer service team, strengthening the backbone capacity building, improving the service supply and demand docking mechanism, ensuring accurate and efficient services, establishing and improving the incentive guarantee mechanism, and ensuring the normal and long-term service.

In order to timely summarize and comprehensively grasp the current situation of volunteer service development in Zhangjiagang City, interpret the development trend of volunteer service in the new era, further clarify requirements, promote experience, consolidate achievements, and deepen development, *Zhangjiagang Volunteer Service Development Report* (2023) (hereinafter referred to as the "Report") is compiled. This report consists of these parts: general report, industry reports, reports on development of volunteer service at the Chinese civilization centers in the new era reports, social volunteering services reports, appendix and postscript. Among them, the general report summarizes the basic situation, development trend, main characteristics, and achievements of the development of characteristic volunteer services in Zhangjiagang City, and deeply interprets the cause of characteristic volunteer services in Zhangjiagang City from the dimensions of institutional construction, system construction, and platform construction. The report on industries and the report on civilized practice centers mainly introduces the relevant experience of various industries and civilized practice centers in the field of building a new era of cultural highlands and high-quality development to build common prosperity. Based on their own characteristics, the report is guided by the basic needs of the masses, and aims to promote "diversified models, projects, and standardized platforms" in carrying out volunteer service work. The social volunteer service section mainly introduces the relevant achievements of Zhangjiagang's characteristic volunteer service groups and enterprise volunteer services. The report adopts a combination of empirical research and theoretical research, examining the development of volunteer services at different levels such as empirical research, theoretical research, and institutional construction. It extracts grassroots work models of volunteer services through characteristic cases, and comprehensively interprets and summarizes the development of characteristic volunteer services in Zhangjiagang City.

Keywords: Zhangjiagang City; Volunteer Service; Civilization Practice in the New Era; Social Volunteer Services

目 录 ⤵

I 总报告

II 行业报告

Ⅲ 新时代文明实践所（站）志愿服务发展报告

Ⅳ 社会志愿服务报告

皮书数据库阅读**使用指南** ☞

总 报 告

General Reports

B.1
张家港市新时代文明实践
志愿服务发展报告

田丰 王海燕 王飞 王露瑶*

摘 要： 党的二十大报告提出，要完善志愿服务制度和工作体系，提高全社会文明程度。在持续探索和实践中，张家港市坚持"以人民为中心"，把新时代文明实践志愿服务作为满足人民对美好生活新期待的一项民心工程，以"实体化运作、规范化建设、社会化动员"推动新时代文明实践中心建设系统开展，以"资源协同整合、制度设计完善、群众广泛参与"推动新时代文明实践志愿服务事业向纵深发展，形成了基层宣传思想工作和精神文明建设蓬勃发展的良好局面，构建了具有张家港特色的文明实践志愿服务体系。

---

* 田丰，中国社会科学院社会发展战略研究院志愿服务研究室主任，研究员，博士生导师；王海燕，张家港市文明办副主任；王飞，张家港市新时代文明实践工作指导中心副主任；王露瑶，中共中央党校（国家行政学院）社会与生态文明教研部博士研究生。

关键词： 张家港市　新时代文明实践　志愿服务

一　引言

志愿服务是现代社会文明进步的重要标志，是加强精神文明建设、培育和践行社会主义核心价值观的重要内容。党的二十大报告强调，要完善志愿服务制度和工作体系，提高全社会文明程度。完善志愿服务制度和工作体系是以习近平同志为核心的党中央从战略和全局高度作出的重大决策，是对基层宣传思想工作和精神文明建设提出的新要求新期望，也是推动志愿服务事业健康可持续发展的坚实制度保障。

作为全国新时代文明实践中心建设的首批试点城市之一，张家港市紧抓机遇、乘势而上，深入学习贯彻习近平新时代中国特色社会主义思想，坚持"凝聚群众、引导群众、以文化人、成风化俗"的总体目标，把新时代文明实践志愿服务作为满足人民对美好生活新期待的一项民心工程，全城发力、全域联动、全民参与，一以贯之践行党的群众路线，凝聚各方力量、发挥各自优势，在持续探索和实践中，坚持"以人民为中心"，将构建全面的工作体系作为总抓手，聚焦以中心建设的实效，增强广大人民群众的获得感和幸福感，不断加强统筹整合、指挥调度，推动形成了"党委统筹领导、文明办牵头协调、部门各负其责、中心服务指导、社会共同参与"的工作格局，构建了符合实际、系统完备、科学规范、高效有序的运行体系，建设了全域覆盖、群众身边的功能阵地，搭建了一体联动、开放多维的服务平台，培育了一批一呼百应、富有活力的志愿服务队伍，打造了特色鲜明、全民受惠的活动项目，健全了高效运转、多元参与的保障机制。

总的来看，张家港市以"实体化运作、规范化建设、社会化动员"推动新时代文明实践志愿服务工作系统开展，以"资源协同整合、制度设计完善、群众广泛参与"推动新时代文明实践志愿服务事业向纵深发展，形成了基层宣传思想工作和精神文明建设蓬勃发展的良好局面。张家港市新时代文明实践志愿服务为"强富美高"新江苏现代化建设的张家港实践提供了强劲的价值引导力、文化凝聚力和精神推动力。

二 张家港市新时代文明实践志愿服务的工作体系

新时代文明实践中心建设既是一项政治任务，也是一项长期的民心工程。需要以健全的制度与工作体系作为根本保障，以高效有序的运行体系作为重要抓手，推动新时代文明实践中心建设保持正确方向、不断发展壮大、实现为民惠民。在持续探索和实践中，张家港市形成了"党委统筹领导、文明办牵头协调、部门各负其责、中心服务指导、社会共同参与"的工作格局。

（一）完善顶层设计，强化制度建设

2018 年 8 月中共中央办公厅印发的《关于建设新时代文明实践中心试点工作的指导意见》、2019 年 10 月中共中央文明委印发的《关于深化拓展新时代文明实践中心建设试点工作的实施方案》和 2021 年 11 月中共中央办公厅印发的《关于拓展新时代文明实践中心建设的意见》均指出，新时代文明实践中心的建设要"让党的创新理论飞入寻常百姓家""坚持以人民为中心的发展思想""以中国特色志愿服务为组织方式"。在市委、市政府的带领下，张家港市根据 2017 年 8 月国务院颁布的《志愿服务条例》及 2021 年 3 月经江苏省十三届人大常委会第二十次会议通过修订并予以公布的《江苏省志愿服务条例》的相关精神，印发《关于推进新时代文明实践中心建设工作的实施意见》，辖区相关行业部门也制定出台了具体的指导性文件，包括《关于推进张家港卫生健康系统开展新时代文明实践工作的实施方案》《张家港市公共法律服务行业新时代文明实践工作的实施方案》等，为各行业部门的新时代文明实践志愿服务工作提供了明确的依据与标准，进一步推动了张家港市新时代文明实践志愿服务工作的制度化、规范化建设。

（二）加强责任落实，强化组织领导

张家港市委、市政府切实将新时代文明实践中心建设作为民心工程，摆在重要位置，写入经济和社会发展规划，作为建设更高水平文明城市工作的重要内容，高站位统筹谋划部署。挂牌成立张家港市新时代文明实践中心，由其负责全市文明实践工作的统筹协调、组织实施、服务指导、宣传推广；由市委书记担任中心主任，明确"一把手"为"第一责任人"，既"发号施令"又"身先士卒"，确保中心建设抓得紧、落得实。张家港市新时代文明实践中心办公室设在市委宣传部，办公室主任由市委常委、宣传部部长担任，将新时代文明实践中心建设和基层宣传思想工作一体谋划、一体推进。整合原张家港市文化中心管理委员会办公室和张家港市志愿服务指导中心，成立市委直属正科级建制事业单位——张家港市新时代文明实践工作指导中心，设"四科四馆"（综合协调科、志愿服务科、物业管理科、信息服务科，科技馆、城市展示馆、综合展示馆、文化艺术展示馆），紧扣新时代文明实践工作"14536"（1个目标、4个定位、5项工作、3个到位、提升6大能力）总要求，负责全市新时代文明实践和志愿服务工作的综合协调、规划指导、检查评估和经验推广。

（三）加强纵向贯通，织密阵地网络

建设新时代文明实践中心的重要指向之一是打通服务群众"最后一公里"。张家港市聚焦协同运行理论宣讲、教育服务、文化服务、科技科普、健身体育五大平台，推动市委党校、市教育局、市文体广旅局、市卫健委、市科协等9部门建立文明实践分中心，并将工作拓展至交通运输、民政、金融等与群众生活密切相关的重点领域，深化部门（行业）文明实践。在各区镇（街道）成立新时代文明实践所，所长由区镇（街道）党（工）委主要负责同志担任，发挥承上启下作用，做好上级活动项目对接、区镇（街道）志愿者组织引导、日常管理，指导督促辖区村（社区）。在村（社区）设立新时代文明实践站，站长由村（社区）党组织书记担任，结合基层群众生产劳动和实际需要，常态化开展群众便于参与、乐于参与的文明实践活动。同时，在有条件的工业集中区、学校、公园、工地、志愿服务站、自然村落等积极培育一批新时代文明实践点。通过健全完善"中心、分中心、所、站、点"五级组织链条，让文明实践工作体系实现了一贯到底，直通基层末梢，为全域化推进新时代文明实践中心建设，打通宣传、教育、关心、服务群众"最后一公里"打下了坚实基础。

（四）加强横向联动，形成整体合力

破除部门壁垒、加强协调配合、实现联通共享，是推动各类资源更大限度地整合、盘活、下沉的重要路径。张家港市建立健全联席会议、挂钩联系等制度，加强横向统筹协调，广泛凝聚新时代文明实践中心建设的磅礴力量。张家港市由市新时代文明实践工作指导中心牵头，每季度组织成员单位召开联席会议，专题研究中心工作、攻坚推动重点任务。综合协调组织、文化、科技、教育、民政、卫生、体育、司法、环保、科普等部门力量开展挂钩联系指导，市委宣传部（市文明办）、市新时代文明实践工作指导中心班子及职能科室挂钩联系分中心及各区镇（街道）文明实践所；文明实践分中心、市级机关（单位）绩效考核单位、省级以上文明单位挂钩联系文明实践站，通过核心单位、关键部门的联通，将全市文明实践工作体系横向布局到边，推动在"市新时代文明实践中心"一个总平台下实现各类资源互通共享，在"新时代文明实践"一个总主题下延伸到乡村（社区），使新时代文明实践中心建设工作更加组织有力，形成倍增效应。

（五）加强综合保障，筑牢工作基础

张家港市坚持以人民群众满意为根本标尺，将文明实践工作纳入区镇（街道）、机关年度绩效考核，纳入意识形态工作责任制落实情况监督检查，纳入文明机关、文明村镇、文明单位创建体系，推动落实《县（市、区）、乡镇（街道）、村（社区）三级党组织书记推进新时代文明实践中心（所、站）建设重点任务清单》。加强综合指导，制定《新时代文明实践所（站）

实地相关工作要求 20 条》，组织开展"站长 PK 赛"风采展示、站长能力提升培训班，汇编《文明实践看港城》工作案例集，印发文明实践工作简报，定期通报建设情况、宣传进展成效。建立多元推选机制，选树本地最美志愿者、最美防疫志愿者、最佳志愿服务项目、最佳志愿团队、最美志愿服务村（社区），并完善文明实践志愿服务礼遇机制，在礼遇兑换、活动参与、建言献策、表彰宣传等方面向先进典型倾斜。

三 张家港市新时代文明实践志愿服务的运行机制

构建符合实际、系统完备、科学规范、高效有序的运行机制，是新时代文明实践志愿服务的必然要求。张家港市按照文明实践中心建设"一个理念、一套制度、一体标准"的原则，遵循"强化导向性、以人民为中心、质效促发展、精细化管理"四大理念，从供需对接、组织动员、文化培育、重点工作、重点任务、挂钩联系、阵地建设、品牌建设等方面出台相应的制度规范和标准，为张家港市新时代文明实践志愿服务工作的总体规划、通盘布局、统筹协调、整体推进和督促落实提供了有力支撑。

（一）建设全域覆盖、群众身边的功能阵地

张家港市试点建设志愿服务基地、标准化志愿服务站，探索推广集中服务、站点服务、结对服务、点单配送服务等服务模式，着力打造"一站一特色""一地一风景"，开辟志愿服务新思路，真正做到"群众在哪里，新时代文明实践就延伸到哪里"。

1. 突出全域布局，完善阵地体系

张家港市结合市域实际，优化布局，按照"七有"标准，即有固定活动场所、有配套服务设施、有专兼职工作人员、有长效志愿服务队伍、有完善工作机制、有特色项目品牌、有完整服务记录，推动新时代文明实践中心、分中心、所、站、点五级阵地的规范化建设和管理，形成文明实践全域化运行体系。坚持效果导向，在各类阵地建立"12680"评估标准，即有 1

支队伍、有2个项目、每个项目至少开展6场活动、群众满意度达到80%以上，努力提升群众的满意度。突出教育和服务功能，积极向城乡社区、两新组织和红色基地拓展，明确组织设置、工作规范、运行流程，配备专兼结合的文明实践工作人员，建设群众心有所系、情有所寄的精神家园。

2. 突出整合融合，做优五大平台

推动全市各机关企事业单位对本系统本单位的实体阵地和虚拟阵地进行系统梳理盘点，建立文明实践阵地资源库，将各类阵地作为新时代文明实践点，主动接入市新时代文明实践中心服务平台。加强基层基本公共服务阵地建设，强化资源整合和功能融合，搭建理论宣讲平台、教育服务平台、文化服务平台、科技与科普服务平台、健康促进与体育服务平台。推动市卫健委、市教育局、市文体广旅局、市司法局、市生态环境局、市科协、市委党校等9个部门建立分中心，推动新时代文明实践工作在各条线各领域落细落实落地。统筹整合宣传、组织、文化、教育、体育、科技等部门现有基层公共服务阵地资源，分别由市委党校建设理论宣讲平台，市教育局建设教育服务平台，市文体广旅局建设文化服务平台，市科技局、市科协、市科技馆建设科技与科普服务平台，市卫健委、市文体广旅局建设健康促进与体育服务平台，常态化开展文明实践活动。

3. 突出延伸拓展，丰富阵地载体

以整合资源、提升知晓率、扩大覆盖面、增强参与度为工作导向，进一步挖掘阵地内涵、遴选示范，打造一批"文明地标"。加强理论宣讲志愿服务阵地建设，通过"追梦学堂""理论氧吧""求是读书会"等空间，以"供单+点单""入学+送学""党课+文艺"等模式推动新思想入学堂、进单位、下基层，构建全新理论学习生态。系统盘点整合全市先锋驿站、青年之家、道德讲堂、农家书屋、巾帼之家、妇女儿童之家等资源，指导部门、单位、板块合理摸排园区、商区、厂区、校区、景区、滨江岸线、公园绿地等特色资源，融合文明交通、生态保护、全域旅游、全民阅读、心理服务等内容，建设"文明实践·益空间"，新建"港城书香驿站""沙洲湖益空间·源书房"等40余个新时代文明实践益空间，让文明实践点成为"有益身

心、互益共赢、进益智慧、增益文明"的有效载体。选取有条件的自然村落、居民家庭等，将阵地设在群众家里，倡导守望相助。例如，在自然村落设立民情岗、科普岗等"和美乡风志愿岗"，让志愿服务延伸到群众家门口。

（二）搭建一体联动、开放多维的服务平台

1. 推进数智化应用建设

积极推进友爱港城新时代文明实践智慧云平台建设，创作丰富多彩的文明实践融媒体产品，推进公共服务资源的数字化、网络化，完善平台统计分析、一屏展示、数据抓取等功能，提升资源配置效能，完善"供给单、需求单、完成单"三单式资源供需对接流程和"供单、点单、派单、接单、评单"五单式精准服务群众流程。推动新时代文明实践中心和融媒体中心"两中心"深度融合，推动友爱港城新时代文明实践智慧云平台与"今日张家港"App的互融互通，并实现党政通政务系统、网格化现代化治理中心、"张家港先锋"党员教育平台的终端联通、渠道贯通，推动市级优质资源机制化下沉，各类资源跨界流动和高效整合，形成了"线上线下同步、资源互通互融"的云上阵地矩阵。

2. 搭建多元化宣传载体

通过网站、公众号、短视频平台、政务App等媒介，常态化普及志愿服务理念和基础知识，创作展示志愿文化文艺精品，宣传志愿服务进展、经验和志愿服务故事，策划志愿服务推广、体验活动，涵育和传扬志愿服务文化，凝聚向上向善力量。利用户外大屏、公交车身、围墙护栏、灯杆道旗等各类载体高密度刊播文明实践志愿服务公益广告，创作张家港志愿者之歌《义路有你》，拍摄《为城市注入生命的意义》《你是春天》《人人都是张闻明》等志愿服务微电影，设计制作志愿者旗帜、服装、帽子、背包等40余种文宣产品，大力宣传"我志愿、我快乐"的理念，提升志愿服务感染力。建设文明实践志愿服务主题公园、公益广告示范路，广泛传播志愿服务理念，展示志愿活动风采，弘扬志愿服务文化。围绕学雷锋纪念日、国际志愿者日等重要节点，开展"学习雷锋楷模 弘扬志愿精神"张家港市纪念雷

锋60周年主题活动、"家在长江边 共护长江美"长江大保护文明实践志愿服务联合行动等,大力弘扬"奉献、友爱、互助、进步"的志愿精神,不断激发群众参与志愿服务的热情。

3. 扩大品牌化传播影响

打造"张闻明"文明实践品牌,在各类文明实践阵地显著位置合理设置辨识度高、指向性强的形象标识或标牌,广泛刊播"人人都是张闻明"主题系列海报及公益宣传片。建设"张闻明"志愿服务展示交流中心和网络文明素养实践教育基地,打造"张闻明1号"文明实践流动服务车、"张闻明"爱心出租车队、"张闻明"爱心献血巴士,命名"张闻明"影厅,注册"张闻明"商标,启动"我是张闻明"融媒新闻行动,推出"文明实践在港城""文明实践志愿同行"等融媒体产品,让文明实践处处可见、时时可感,使之内化为价值认同、外化为自觉行动。

(三)壮大"一呼百应"、富有活力的志愿服务队伍

张家港市注重组建体系化、组织化的志愿服务队伍,形成"主导力量+专业力量+骨干力量+社会力量"的多元化队伍模式,组建理论宣讲、文化艺术、法律普及等83支行业文明实践志愿服务支队,依托志愿者学院、志愿者云课堂、所/站长能力提升培训班等载体,多层次、立体化、常态化开展志愿服务培训,编印本土化志愿服务教材4册(含基础知识、团队管理、项目案例、专业领域等内容),提高志愿者思想政治水平和业务知识技能,提升基层向心力。始终坚持面向社会,广泛动员引导人民群众加入文明实践队伍,建立"一呼百应"常态化、应急化动员体系,营造人人参与、人人共享文明实践的良好氛围。

1. 发挥党员模范作用,建好志愿服务队伍

发挥组织动员优势,印发《张家港市区镇新时代文明实践所所长、村(社区)新时代文明实践站站长、新时代文明实践网格员重点任务清单(试行)》,推动新时代文明实践所所长(站站长)落实文明实践志愿服务支队长、队长职责,同时将文明实践纳入网格事务责任清单,发动全市1500余

名网格员参与其中。出台《关于全市入党对象参与社会志愿服务活动的实施意见》，把参与志愿服务作为入党对象的重要考查内容和全过程管理体系，推动党员密切联系群众成为常态。成立志愿服务综合党委，进一步强化党建引领志愿服务，推动党员带头争当志愿者，经常性参与志愿服务，营造党组织引领党员、党员带动全社会的志愿服务氛围，目前全市超3.8万名党员注册志愿者，志愿服务参与率达86%。

2. 动员社会力量，壮大志愿服务队伍

发动农村（社区）党员、老干部、教师、退伍军人、党员中心户、村民小组长、楼道长等参与新时代文明实践站的建设、运行、管理工作，实现群众教育群众、群众服务群众。南丰镇民联村充分激活助推地方和谐发展的"红色细胞"，聚焦退役军人这一群体，于2021年3月成立民联兵锋退役军人志愿服务队。该团队结合民联村日常网格工作，发挥模范作用，带动其他村民积极参与志愿服务，为困境群众特别是困难老兵提供结对帮扶服务，定期组织志愿者开展上门探访、义诊保健等服务；积极参与村庄垃圾分类、人居环境整治、矛盾纠纷调解等活动，共同营造文明和谐的村居环境；主动参与疫情防控，彰显了退伍老兵"转业不转心、退伍不褪色"的忠诚担当。

3. 发动群众自治组织，壮大志愿服务队伍

发挥村（居）民议事会、道德评议会、红白理事会、禁赌禁毒会等群众自治组织作用，定期在新时代文明实践站开展活动，引导群众自我教育、自我管理、自我提升。后塍街道塍德社区打造"解忧格子铺"文明实践微站，社区发动热心党员、楼道长、志愿者成立"解忧管家团"，每天定时轮岗，群众有问题能在第一时间反映到"解忧格子铺"。在"解忧管家团"的基础上，拓展组建"红色宣讲""蓝色便民""洁美塍德"等志愿服务队伍，建立民情需求单、资源目录单、项目活动单"三张单"，不定期开展解忧夜市、爱心义卖、公益集市、小小管家体验日、楼道生日会等活动，激发了群众参与社区治理的新活力。

4. 鼓励单位参与，加强志愿服务人才储备

鼓励党群部门、涉农部门、政法部门以及党校、高校、中小学校、两新

组织、高新技术企业等单位，立足工作岗位，主动与辖区内的村、社区党组织互联互动，向社会开放学习资源、阵地资源，共同优化区域发展环境，选拔各单位在职人员，按照理论宣讲、文化文艺、科普宣传、教育服务、法律援助等特长，建立新时代文明实践工作人才库，引导各类人才加入新时代文明实践志愿服务队，结合本职工作，分批定期到基层开展文明实践活动，为开展新时代文明实践工作提供人才支持和智力支持。如司法局精心策划组织开展"民法典宣传月"暨民法典宣传"十百千万工程"活动，运用"新媒体+传统媒体"的方式，放大新媒体普法效应。张家港生态环境局以"合作共享"为原则，充分发挥各伙伴志愿服务团队和志愿者的优势，策划落实了"环保云课堂项目"，定期面向市民开展环保知识竞赛活动，多渠道向市民开展生态文明理论宣传活动，积极探索"志愿者+"的服务模式，制订项目推广计划，及时收集和改进服务内容，提高服务的针对性。

5. 下沉基层村（社区），打通志愿服务的"最后一百米"

区镇（街道）和村（社区）在原有志愿服务队的基础上，组建新时代文明实践志愿服务队，组织新乡贤、网格文化员、致富能手、"五老人员"、文艺爱好者等加入志愿服务队伍，按照人员特长和服务区域设立先锋岗、民情岗、治安岗、科普岗、文艺岗、阅读岗等志愿服务岗位，经常性开展邻里互助、爱心帮扶、文体指导等志愿服务活动。如南丰镇"双倪"，倪永祥扎根基层一线，40多年调解各类矛盾纠纷12800余件，调处成功率98%以上；[①] 倪平华充分利用自身对张家港市及周边城市发展极为熟悉的优势，在自家空闲场地设立具有浓浓乡土味儿的"庭院课堂"，当起政策理论的示范宣讲员，为身边群众讲述党史、城市乡村发展变迁状况、村史等。年近八旬的倪平华在志愿者的帮助下开通了直播账号、操作起了自拍杆这些新潮的工具，借助新媒体新技术动态讲述党史国情。

（四）打造特色鲜明、全民受惠的活动项目

张家港市以服务项目为枢纽载体，鼓励区镇（街道）、城乡社区、小区

---

① 数据来源于南丰镇司法所统计资料。

物业服务单位为新时代文明实践志愿服务组织提供服务场所，开放更多公共资源，支持利用闲置空间就近引入新时代文明实践志愿服务组织和新时代文明实践志愿服务项目，形成"新时代文明实践10分钟服务圈"。鼓励整合现有基层空间，创新拓展文明实践场景，充分发挥新时代文明实践中心阵地支撑、团队孵化、信息集散、项目发布、宣传展示等功能，常态化开展一系列基础和专业性志愿服务，帮助群众解决思想认识、政策法规、生产生活、卫生健康、情感心理等方面的困难和问题。

1. 实施普惠性志愿服务项目

着眼群众共性需求，坚持面上普送，组织开展政策解读、法律维权、技能培训、卫生健康、安全生产、食品安全、防范诈骗等服务项目，有效满足群众最关心的致富、创业就业、民生保障、生态环保等方面的需求，使广大群众都能享受服务、从中受益。市场监管局打造"港城食博士"志愿服务品牌，架起监管部门、企业和群众间的沟通桥梁，依托"港城食博士"，遴选并建立了一支稳定的食品安全志愿服务队伍，通过规范化管理和常态化活动，食品安全志愿服务队伍成为发现食品安全隐患的"前沿哨兵"；依托万达广场新时代文明实践站，围绕"实施食品安全战略，让人民吃得放心"的要求，规范化、常态化开展政策宣讲、科普宣传、文明倡导等各类志愿服务活动，确保广大人民群众食品消费安全。

2. 做实特惠性志愿服务项目

聚焦群众的个性化、差异化需求，关注空巢老人、留守儿童、新市民、残疾人等特定对象和弱势群体，定制内容各异、专门配送的志愿服务，在关心服务群众的同时教育引导群众。从2013年起，由住建局主办，市志愿者协会、建筑业管理处和同城伙伴志愿服务团队共同组织开展了"虹筑之家·工友驿站"关爱建筑工友志愿服务项目，志愿者们深入建筑工地一线，依托装配式的可移动阵地，开展"文化关怀""城市融入""志愿集市""场馆参观"四大类服务，每周制订服务计划以方便工友点单，每两周开展一次志愿服务街市，重大节日组织文艺志愿者慰问演出，每年两次带领工友参观港城，不定期开展节日工友座谈会，让建筑工友在多彩多姿的生活中快乐工作，更好地融入张家港这座文玥城市。项目获评2019年第四届江苏省志交会金奖、2020年度全国学雷锋志愿服务"四个100"最佳志愿服务项目、第六届"江苏慈善奖"最具影响力慈善项目。

3. 推广互惠性志愿服务项目

着眼互帮互助、邻里守望，广泛开展生活照料、亲情陪伴、家政服务、生活救助、康复医疗、权益维护、纠纷调解等志愿服务活动，传承尊老爱幼、邻里守望、家风家训等中华传统美德。南丰镇瑞丰社区因地制宜，特别推出"逢肆说事"项目，在每个月的4日、14日和24日邀请党员、廉勤监督员、居民来社区先锋驿站畅谈、说事。在"民生客堂间"谈日常烦心事、邻里闹心事、便民服务事和社区监督事，让党建来引领、居民来商议、共同来治理，使党建引领成为居民自治的向心力、主心骨，社区和居民群众的互动性增加，居民群众的认同感增强。同时，在纵向层次上下沉，缩小自治单元、激发自治活力，努力推进楼栋、单元等居民小组类群众性组织建设，聚焦公共事务管理、陈规陋习治理等设计志愿服务项目，让广大群众在参与社会治理志愿服务中感受美好生活、培育文明乡风。

（五）健全高效运转、多元参与的保障机制

张家港市坚持以政府为主导，动员多方力量、整合各类资源、深化常态管理，切实提升志愿服务效能，回答好文明实践志愿服务"怎么做得更好"的问题，持续引导广大市民将参与新时代文明实践志愿服务作为一种生活新常态、时代新风尚，推动志愿服务活动蓬勃开展，使志愿者精神蔚然成风。根据友爱港城新时代文明实践智慧云平台数据，截至2023年9月，张家港市共有注册志愿服务团队1338支，总服务时长达1198万小时，平均每天有300多个活动发布或开展。

1. 规范志愿服务流程管理

实行团队招募、自主注册，所有注册志愿者信息均可在友爱港域新时代文明实践智慧云平台即时查询。实施注册志愿者退出机制，规定志愿者从注册之日起一年内没有参与志愿服务活动的（生病、怀孕、调外地工作、上大学等特殊情况除外）可进行清退。截至2023年9月，共有2.4万名注册志愿者被清退。各志愿服务团队开展志愿服务活动必须提前3～5天通过网站发布，活动信息和志愿者服务时间必须在网站进行公示，从而确保了活动规范有序。所有注册志愿者参与友爱港城新时代文明实践智慧云平台发布的志愿服务活动，可免费享有10万元意外身故保险、10万元意外残疾保险和5000元意外伤害医疗保险，从而为志愿者增添了一份安心保障。

2.完善志愿服务嘉许激励机制

2014年4月，在全国县级市中率先出台《张家港志愿者礼遇办法（试行）》，遵循"适度回馈"原则，颁布礼遇十条，并在五个星级基础上，增设志愿服务铜星、银星、金星、终身成就奖。2020年，张家港市对原试行办法进行优化升级，志愿者根据积分可兑换相应礼遇物资。同时，通过困难资助、提供免费保险、提供优惠公共服务、发放重大活动纪念证书、寄送表扬信等礼遇，增强志愿者的自豪感和荣誉感。2022年，张家港市推出防疫志愿服务专属"礼遇六条"，发放专属勋章及电子防疫证书4.6万人次。在春节等重大传统节日期间，由市领导带队专程走访慰问优秀志愿者代表。每年邀请先进典型参与政府工作报告意见征求会议并列席"两会"。

3.拓展志愿服务社会支持范围

根据张家港市新时代文明实践工作指导中心统计，自2012年起创新实施"学雷锋·志愿服务伙伴计划"，以项目为纽带，搭建政府、企业和志愿者组织平等合作平台，累计发布实施志愿服务伙伴项目500多个，爱心企业资助金额1200余万元，受益群众近200万人次。2021年，张家港市成立苏州首个县区级新时代文明实践基金，制定《张家港市文明实践基金管理办法》，累计注入资金240余万元，用于文明实践志愿服务项目实施补助，道德模范、身边好人和志愿者帮扶礼遇，文明实践志愿服务先进典型奖励。26家爱心商户加入志愿者礼遇商户联盟，为志愿者提供生活服务、文化体育、医疗健康等礼遇产品。链接社会资源，常态化开放"志愿者能量屋"① 及开设系列课程，面向志愿者及团队开展心理疏导、文艺培训、健康运动、手工制作等课程，营造全社会尊重和关爱志愿者的良好氛围。

四 张家港市新时代文明实践志愿服务制度与工作体系建设的发展目标

志愿服务是一项系统性的工程，志愿者从招募到培训上岗开展服务，再到后续的管理和日常维系与激励环环相扣，还需要进一步完善志愿者"招募-培训-服务-保障-奖惩-退出"的工作链条，优化新时代文明实践志愿服务制度与工作体系。

（一）壮大基层志愿服务队伍，加强骨干能力建设

着力完善志愿者固化管理、动态管理机制，加强对志愿服务队伍建设的规范化指导。着力打造张家港市志愿服务培训基地，建立志愿服务专家库，加强志愿服务理论研究，培育志愿服务专业人才。立足张家港志愿者培训学院，多层次、立体化、常态化开展志愿服务培训，加强能力素养培训、不断赋能，提高志愿者思想政治水平和业务技能，提升基层向心力和实务能力。健全"市、镇（行业）、基层单位"分级培训机制，引导各区镇（街道）组织基层志愿者骨干、优秀志愿服务团队和志愿者，各行业（系统）主管部门定期对本领域专业志愿服务组织进行培训轮训，多方面、多层次、多渠道提升志愿服务队伍能力，推进全市志愿服务专业化进程。

（二）完善服务供需对接机制，确保服务精准高效

为民服务始终是志愿服务工作的出发点和落脚点。坚持推进志愿服务社

---

① "志愿者能量屋"是张家港市为志愿者精心打造的"充电驿站"，位于张家港市新时代文明实践工作促进会，常态化开展系列活动项目。

会化，广泛发动各方力量参与家庭教育、文明交通、文明旅游、科技科普、生态文明、老年服务、国际交流、网络文明传播等志愿服务项目，开展移风易俗、村规民约、礼仪规范等主题的宣传宣讲活动，丰富志愿服务供给内容，让广大群众在志愿服务中感受美好生活、提升文明素养。坚持推进志愿服务精准化，建立群众需求反馈机制，广泛收集社情民意，采用自下而上、以需定供的互动式、菜单式、订单式志愿服务模式，建立以"广泛性、便利性和实效性"为原则的供需对接机制，采用以"需求—资源—项目"为路径的供需对接基本方法，实现志愿服务精准到位。坚持推动志愿服务专业化，开展政策解读、法律维权、技能培训、卫生健康、安全生产、食品安全、防范诈骗等专业服务项目，有效满足群众最关心的创业就业、民生保障、生态环保等方面的需求，更好地指导基层群众生产生活实践。

（三）建立健全激励保障机制，确保服务常态长效

加强志愿服务政策保障，研究完善张家港市志愿服务工作规划和方案，对志愿服务培训教材、人员队伍、服务内容、政策保障等做出具体安排，并组织实施相关工作，做好志愿者的组织引导、登记注册工作。用好志愿服务专项经费，加大政府购买服务力度，予以志愿服务组织运营管理一定的经费保障，鼓励志愿服务组织和队伍加入公益创投，增强志愿服务自我造血能力。注重志愿者的权益保障，为志愿者提供必要的交通食补和物资设备，完善志愿者人身意外伤害保险体系，探索困难志愿者帮扶机制。持续做好志愿者激励嘉许，广泛开展优秀志愿者典型选树工作，拓展对优秀志愿者在就业就医就学、公共服务等方面的礼遇优待范围，进一步激发志愿者参与志愿服务工作的积极性和主动性。

B.2
张家港市新时代文明实践
志愿服务平台建设报告

沙垚　余亦维　陈晓芳　徐牡丹　俞萍　孙利婵　李靖著　万佳运*

摘　要： 随着经济的日益发展和人民文化需求的日益提升，满足群众对美好生活的新期待需要文明实践志愿活动高起点谋划、高水平建设、高质量推进、高标准管理和高效率运行。张家港作为新时代文明实践中心建设领跑者，充分发挥相关平台和行业部门的专业优势，推动新时代文明实践志愿服务与群众的需求结合更为紧密、服务更加精准，通过对理论宣讲、教育服务、文化服务、科技与科普服务、健康促进与体育服务"五大平台"的资源整合与功能融合，提高了各类平台载体的综合使用效益，同时联合公安、应急、环保等多个部门在全市形成了点多面广、功能完备、深受群众欢迎的文明实践服务网络，坚持将文明实践延伸到群众所在的每一个角落，为市民群众提供更加便捷便利的参与途径，更好地发挥凝聚群众、引导群众、服务群众的重要功能。

关键词： 张家港市　志愿服务　平台建设

---

* 沙垚，博士，中国社会科学院新闻与传播研究所副研究员，研究方向为乡村文化；余亦维，张家港市社科联副主席、张家港市委宣传部党教理论科科长；陈晓芳，张家港市教育局基础教育科副科长；徐牡丹，张家港市文体广电和旅游局副局长；俞萍，张家港市科学技术局党组成员、副局长；孙利婵，张家港市科学技术协会副主席；李靖著，张家港市新时代文明实践工作指导中心科技馆馆长；万佳运，中国志愿服务研究中心科研助理。

在张家港市委、市政府的坚强领导下，市新时代文明实践中心统一协调指导，充分调动相关企事业单位、群众团体参与支持志愿服务工作的积极性、主动性和创造性，立足网络科技的高效便捷，推动市委党校、市卫健委、市教育局、市文体广旅局、市司法局和市科协等文明实践志愿服务平台的全方位建立，通过资源统筹协调、阵地创新建设、队伍强化管理、创设数字载体、完善对接渠道等措施，使新时代文明实践志愿服务实现对象多元化、服务专业化、平台网络化、措施精准化、方式便捷化、对接高效化，为实现传思想、学理论、种信仰、育新人的新时代精神文明实践目标打下了坚实的基础，为打造特色鲜明的张家港市志愿服务体系提供了有力的保障。同时，张家港市在推进新时代文明实践中心建设中充分利用志愿服务起步早、专业化程度高、群众基础好等特色优势，聚焦群众所思所想所盼，整合群众需求、对接社会资源和服务项目，实现文明实践志愿服务提供者与需求者的双向撬动和牵引，为培养时代新人、弘扬时代新风提供了有利条件，为打造文明张家港"鲜活样本"提供了精神指引，将新时代文明实践志愿服务平台打造成具有政治性、教育性、公众性的服务平台，有效地助力提升人民思想觉悟、道德水准、文明素养和全社会文明程度。

一 张家港市新时代文明实践志愿服务平台 建设总体情况

根据 2017 年国务院颁布的《志愿服务条例》及江苏省颁布且后续修订的《江苏省志愿服务条例》的相关要求，以及中共中央办公厅印发的《关于建设新时代文明实践中心试点工作的指导意见》，张家港市委常委会召开专题会议研究《新时代文明实践中心建设工作推进方案》，市委、市政府召开全市新时代文明实践中心建设推进会进行专门部署，并印发《关于推进新时代文明实践中心建设工作的实施意见》等系列文件，建立"部门协调、供需对接、分类培训、项目发布、考核激励"等推进机制，并将文明实践工作纳入绩效考核和文明创建范畴，形成上下贯通、主体明确、责任明晰的工作体系。2021 年，根据中共中央办公厅印发的《关于拓展新时代文明实践中心建设的意见》，张家港市出台了《关于深化拓展新时代文明实践中心建设的实施意见》，进一步明确了推动文明实践志愿服务高质量发展的工作路径。2022 年以来，张家港联合文体旅、城管、交通运输、民政、应急管理、物业、公安、卫生健康、生态环境保护、退役军人和法律等 15 个行业（系统）出台工作制度、制定行业或系统的文明实践工作方案，实现文明实践工作全域联动、上下贯通。

张家港市在文明实践志愿服务平台建设的过程中，坚持以习近平新时代中国特色社会主义思想为指导，围绕"一个目标、四个定位、五项工作、三个到位"的基本定位和目标任务，不断提升文明实践的动员能力、整合能力、引导能力、服务能力、创新能力、保障能力，完善了统一领导、分工合作、行业融合、社会参与相结合的全方位、多层次的文明实践志愿服务体系。通过多个方向与多个部门行业间文明实践志愿服务的统筹规划、制度制定、经验分享，实现志愿服务质量快速上升、工作效率快速提升。通过具有张家港特色的"三清单"模式，构建群众需求清单、资源整合清单与项目活动清单体系，为"五大平台"的志愿服务工作提供了方向，打通横向部门之间的壁垒、缩小线上线下资源的差异、缩短部门与基层之间的距离，集中力量向基层文明实践聚焦发力，形成新时代文明实践传播影响力多重叠加、总体成果综合放大的效应，达到全社会共建共治共享的文明实践志愿服务工作目标。按照"激活、整合、下沉、共享"的原则，通过"志愿者+行业服务"模式，坚持盘活存量、挖掘潜量、做优增量，多维度、多层次、宽领域拓宽文明实践的"最大半径"。在平台志愿服务的实践中，张家港市着力于志愿服务品牌建设、平台行业特色展示、志愿服务队伍规范管理、志愿示范项目多样设计，坚持以人民为中心，以群众需求为导向，实现以实践之名，擦亮"文明张家港"名片，以实践之力，开启全面推进社会主义现代化建设的新征程。

张家港市理论宣讲服务平台由市委宣传部、市委党校牵头建设，以习近平新时代中国特色社会主义思想为指导，认真学习宣传贯彻党的十九大、二十大精神，坚持以培育和践行社会主义核心价值观为根本，充分发挥基层理论宣讲特色，创设了文明实践理论宣讲志愿服务队，开展了理论宣讲志愿服务项目，有效解决了"理论传播最后一公里"问题，不仅将理论宣讲文明实践志愿服务送到广大党员、群众身边，更推动了党的创新理论飞入寻常百姓家。在理论宣讲服务平台建设发展过程中，张家港市以"理响张家港"品牌为统领，创新打造"红色理论大篷车""红色光影星播客""求是读书汇"等20余个载体平台，年度平均开展各类宣讲250场，受众2.4万人次。探索"理论+实践""校内+校外""线上+线下"模式，向全市基层党员干部发布"学习贯彻党的二十大精神"专题宣讲菜单及线上微课菜单24个。

张家港市教育服务平台整合了以市教育局为主的教育教学资源，以及市司法局的普法教育资源。在平台的建设过程中，市教育局依托家庭教育服务中心设立了新时代文明实践教育服务分中心。随着教育服务平台的推广，通过资源整合和能力提升，平台的服务方向由单一的知识传播转变为向学生及家长的需求靠近，服务方式从线下讲座发展为线下线上相结合，推出了"打开一本书""幸福家长驿站""小小张闻明"等相关品牌，共培养专业教育心理志愿者300余名，师生文明志愿者等千余名。全市200多所中小学、幼儿园，近21万名学生从中获益。张家港市法律普及志愿服务依托教育服务平台，创设了"法润沙洲""法律早市""法治文化夜市"等品牌，总计培养各类志愿者2000余人。

张家港市文化服务平台由市文体广旅局牵头。2013年7月，市文体广旅局率先在全省成立首家文化志愿者协会，目前，依托各类文化场馆、新时代文明实践所、村（社区）新时代文明实践站，共有服务阵地223个，常态化开展各类文化志愿服务活动。平台下设96个小分队，涵盖文体广旅系统、文联系统、各镇（区）及各类社会团队，共有文化志愿者7000余人，平均每年累计服务时长达10万小时。协会面向全市，围绕广大群众特别是青少年、老年人、新市民、贫困户等不同群体特点，在全市范围内围绕文化惠民、阅读推广、艺术导赏、体育活动、文明旅游、重点关爱、节日主题、孵化培育八大类重点项目，每年开展文体旅志愿服务活动 1500 次左右，受益群众累计近 100 万人次。文化馆文化志愿服务"'艺'起绽放"群众文艺创作项目和图书馆文化志愿服务"长江水·乌江情"土家书房项目入选 2020 年"春雨工程"全国示范性项目。

张家港市科技与科普服务平台以市科技局、市科协为主要建设者，依托科技馆等专业化场地，广泛开展以科技培训、科学普及为主的志愿服务。张家港市科学普及志愿服务支队先后组建科普细胞工程、科普讲师团等 8 支科普志愿服务队，并组建了 25 支科技、农业、环保等科普志愿服务专业队，同时推进科普志愿服务的网络化覆盖，在区镇（街道）建立科普志愿服务分队，村（社区）设立科普信息员，逐步形成"支队+分队+专业队"的志愿服务队伍体系。目前，张家港全市共有科技工作者 10 万余人，注册科技志愿者达 1 万多名。其中，科普细胞工程志愿者团队通过线上线下多渠道宣传，使项目的直接受益者 7900 余人次，间接受益者 40 万余人次。科技与科普平台在提供服务的过程中链接教育、应急、医疗等多个部门行业平台，将资源的统筹共享落到实处。

张家港市健康促进与体育服务平台以市卫健委、市文体广旅局为主要服务力量。组建成立了张家港市卫生健康志愿服务联盟，吸纳了全市卫生健康行业优秀志愿服务组织，搭建了卫健系统志愿服务的组织框架。市卫健委建立了以卫生健康志愿服务支队为龙头、13 支特色志愿服务队为网底的志愿服务体系，现有注册志愿者 5213 人。健康服务平台坚持以党建引领新时代文明实践，统筹整合医院各类服务资源，将实践点打造成"党建+实践"工作相融合的新型阵地，重点打造了第一人民医院"健康'YI'空间"、中医医院"中医药文化启蒙基地"等多个新时代文明实践阵地。围绕群众关心的健康政策、科普知识、卫生服务等，依托各单位新时代文明实践阵地，推出"健康'益'起来"党员志愿服务集市等，引导市民提升健康理念，养成健康生活方式。文化志愿者协会以及 33 个市级单项体育协会，形成城乡一体化体育组织网络，培育社会体育指导员 8527 名，建成新时代文明实践健康促进与体育志愿服务研究中心，将全民健身志愿服务融入文明实践，组织开展大型赛事服务、科学健身指导等服务，每年评选优秀体育志愿者，从而解决全民健身区域发展不平衡、公共服务供给不充分等问题，促进全民健身向更高水平发展，更好满足人民群众的健身和健康需求。

二 张家港市新时代文明实践志愿服务 五大平台的特色与亮点

（一）理论宣讲平台

理论宣讲工作，是党的理论武装工作的重要组成部分，是新时期传播党的理论创新成果、武装和教育基层干部群众的有效途径。党的二十大报告提出要"弘扬以伟大建党精神为源头的中国共产党人精神谱系，用好红色资源，深入开展社会主义核心价值观宣传教育"，以及"推动理想信念教育常态化制度化，持续抓好党史、新中国史、改革开放史、社会主义发展史宣传教育，引导人民知史爱党、知史爱国，不断坚定中国特色社会主义共同理想"。让习近平新时代中国特色社会主义思想走近群众、让党的理论和路线方针政策走进基层，是建设新时代文明实践中心的出发点和着眼点。聚焦新时代文明实践首要任务，必须坚持不懈地用科学理论武装全党、教育人民，采用丰富多样的形式进行宣传宣讲，积极打造理论政策宣讲志愿服务体系，构建理论政策宣讲志愿服务格局。

1.志愿服务经验做法

（1）坚持选育管用，让宣讲队伍强基固本

一是立足专业化，依托苏州市新时代基层理论宣讲名师工作站联盟，培育基层理论宣讲骨干。依托2名苏州市基层理论宣讲名师、4名培育对象，建立名师导师制，实施"名师帮带、青蓝传承"计划，每名宣讲名师培养5名理论宣讲能手和13名理论宣讲骨干。鼓励有条件的名师工作站设立分站。通过"名师辅导、研讨交流、竞赛互学、跨站学习"等形式，在组织理论项目、研磨精品课程、开展课题研究过程中锤炼队伍的理论功底。二是立足大众化，做强"理响张家港"基层理论宣讲志愿服务队。面向全市党政机关、企事业单位、高校等选聘理论宣讲志愿者，组建市级"理响张家港"理论宣讲志愿服务总队。各区镇（街道）成立由领导干部、专家学者、百姓名嘴等组成的志愿服务分队13支，组建专兼结合、相对稳定、层次分明的理论宣讲师资库。采用定制"菜单"、群众"点单"、平台"派单"、队伍"接单"、双向"评单"、平台"督单"的模式开展理论宣讲，以讲促训。三是立足分众化，组建"老少青"三支特色宣讲队伍。招募在校中小学生等组成"红领巾巡讲团"，以爱国主义教育基地、党史教育基地等点位为宣讲场所，让孩子带动孩子，用小故事讲述大道理。招募青年教师、机关单位青年、兴村特岗书记、高校大学生等组成"后浪讲师团"，运用青年人喜爱的"网言网语"开展TED宣讲（以技术、娱乐、设计为主题的简短演讲），让青年宣讲青年，用小切口解析大道理。招募退休老干部、烈士后人、阅读推广人、基层工作者等组成"草根宣讲团"，运用讲故事、锡剧、评弹、情景剧、快板、三句半等形式，宣讲形势政策、红色故事、家风家训、民俗乡风、身边好人等，让百姓告诉百姓，用小故事反映大时代。

（2）线上线下联动，让理论宣讲随时随地

一是着力拓展线上阵地。上线张家港市理论学习宣讲云平台——"理响张家港·掌上学堂"微信小程序，围绕党的二十大精神、党史学习教育、党的建设、民生政策等开展党的创新理论在线宣讲，让党的重大方针政策触手可学；在"今日张家港"App开设基层党员冬训专栏，集中刊播全市理论武装工作的经验成效，让党的理论创新成果乘云入网；在"蜻蜓FM"和"喜马拉雅"App设立"理响张家港"专辑，在张家港融媒体综合广播节目栏目，播放全市原创优质理论微音频，让党的创新理论响彻网络空间。二是高效整合线下阵地。建好用好全市深入学习贯彻习近平新时代中国特色社会主义思想的主阵地、市级理论宣讲服务平台——追梦学堂。各区镇（街道）按照"一镇一特色、一镇一亮点"的目标，充分挖掘、整合、利用当地自然禀赋、历史文化、传统产业等独特资源，发挥比较优势，因地制宜规划建设一批特色鲜明、主题突出的综合性理论宣传阵地。充分依托全市新时代文明实践阵地群,拓展"1+13"旗舰型理论学习阵地,打造纵向到底的理论矩阵,开展"分享沙龙"等理论学习活动。发挥基层阵地广、布点多的优势,在党群服务中心、非公企业、楼道商圈、青年学习社、党员中心户等阵地打造老百姓家门口的"理论驿站"。

(3)突出特色品牌,让理论宣讲有声有色

一是不断做强"张晓理"IP品牌。制作发布原创融媒体理论宣教产品《张晓理说理》,探索运用动画、漫画等形式,策划"动画说""漫画说""海报说"等系列丰富基层理论宣传的形式载体;将"撸起袖子加油干""讲好新时代中国故事""我们都是追梦人"等习语金句与微信表情包有机融合,推出"一起来学习"动漫表情包,将"张晓理"IP形象融入百姓日常学习工作生活,不断提升"张晓理"IP的影响力和知名度。二是稳步推进"码"上学思政课网络宣讲。选取习近平总书记讲述过的感人故事和典型人物,结合张家港市经济社会发展过程中的重大事件,遴选节目主持人、优秀少先队员宣讲分享故事感悟,邀请学校思政教师点评阐释故事道理,制作20期"故事里的思政课"理论微音频,用党员群众、学校师生喜闻乐见的形式和话语体系,助力思政教育成效提升。三是创新实施"理响张家港·党的创新理论我来说"理论宣讲项目。遴选优秀理论宣讲骨干,将党的创新理论与张家港实践相结合,将习近平总书记的谆谆教诲与个人感悟体会相结合,联合苏州日报拍摄系列理论宣讲微视频,在"学习强国"学习平台、"引力播"App等积极宣传推广。让社科理论专家宣讲政治理论,听90后讲解员讲述张家港故事,看退休老党员用原创文艺作品演绎乡村振兴。通过搭建理论宣讲大舞台,让基层群众通过"理论传播者""故事讲述人"等身份,充分发挥群众理论宣讲的主体作用,让理论宣讲不仅能满足需求,而且更能激发和创造需求。

2.志愿服务特色项目

(1)暨阳燕语

张家港市坚持守正创新,在构建宣讲格局、打造宣讲队伍、拓展宣讲阵地和开展宣讲特色活动上持续发力,打造"暨阳燕语"特色宣教项目。通过"单位推荐、公开选拔、择优选聘",构建"总队+分队"宣讲网络,集结老干部、老党员、老教师、农村乡贤、网格员、百姓名嘴等组建"暨阳飞燕"队伍。整合苏州市理论宣讲名师工作站、市委党校、市委党史办等单位理论资源,打造"飞燕"培育孵化基地,分批建成"埭上课堂""庭院课堂""耕读夜学课堂""网格红巴士"等68个"理论驿站",开展理论宣讲350余场。定制"飞燕理包",开展"红色有声明信片""红色广播剧"等特色项目,打造理论宣讲动漫IP"张晓理",让"高大上"的理论更接"地气"。

（2）追梦学堂

该项目由市新时代文明实践理论宣讲志愿服务支队实施,建有"追梦学堂"同名阵地,整合市镇村三级理论宣讲资源,依托"理响张家港""张闻明"理论宣讲团、百姓名嘴等队伍,强化线上线下同步、学堂内外联动、理论实践融合,以"供单+点单""入学+送学""党课+文艺"等模式推动科学理论、党的政策入学堂、进单位、下基层。开设"今天是我的政治生日""IN青春·我想说""国旗下的公开课""我是学习明星""圆桌思享会""追梦同学会""初心里的故事"等品牌活动,累计开展各类宣讲近1000场次,参与学习者达33500人次,已经成为张家港市需求量大、点单率高、品牌响亮的理论宣讲志愿服务项目。2020年该项目获评第五届江苏志愿服务展示交流会银奖。

（3）红色理论大篷车

市委党校充分发挥党校理论宣传主阵地、党性锤炼大熔炉的职能作用,打造"红色理论大篷车"理论宣讲团,依托市委宣传部"理论氧吧"、新时代文明实践工作指导中心"光影新播客"电影宣讲项目、总工会"与党同心与企同行思政教师进企业"等20余个载体平台,创新分众化、对象化、互动化宣讲形式,打造"红色理论大篷车"品牌。为落实张家港市委关于认真学习宣传贯彻党的二十大精神的工作部署,项目面向全市各级党组织发布线下宣讲菜单20节及线上微课菜单4节。在党史学习教育中,依托市新时代文明实践9个分中心、11个实践所、1000余个实践站点，按照"群众点单、分众配送"的供给模式，发布宣讲菜单 60 余个。8 名教师作为党史学习教育市委宣讲团成员赴区镇、机关完成宣讲任务，10 门课程入选苏州市"百师百课"系列课程菜单，4 名教师积极参与"湖畔书房周末党史课"宣讲。组织优秀师资参与录制"第二个百年奋斗目标宣言书""百年大党回望历史、昭示未来的庄严宣告"等 9 门党课。同时深入挖掘沙洲县抗日民主政府纪念馆、谢恺烈士故居等点位资源，设计开发 11 期沉浸式视频党课《红色印记》，受到广泛点赞。2022 年 9 月，"红色传承·青年说"系列微党课入选"苏州市社科普及惠民扶持项目"，"暨阳燕语·红色大篷车之故事里的港城"入选"苏州市社科普及新媒体传播项目"。

（4）求是读书汇

市新时代文明实践工作指导中心在推动党的创新理论落地生根上推陈出新，创新启动"求是读书汇"理论品牌建设，从阵地建设、队伍组建、项目实施等方面，积极探索理论学习的有效方法、载体路径，促使理论学习学在日常、用在经常。一是依托全市新时代文明实践中心（分中心、所、站、点）及"文明实践·益空间"打造"求是"理论学习阵地，将志愿服务站点、理论宣讲示范点（岗）、阅读学习室等纳为"求是"理论学习阵地建设，配置《求是》杂志等理论刊物，示范打造集学习、阅读、活动交流、展示等功能于一体的实体空间。二是面向全市各行业部门、各板块广泛宣传发动、挖掘培育一支辅导员队伍，系统打磨精品课程。利用点单、派单等模式常态推动辅导员队伍进机关、进企业、进学校、进社区、进农村，开展理论学习宣传工作。三是精心策划针对性强、覆盖面广、形式新颖、分众分类的系列品牌和活动项目，推出更多通俗易懂的优秀理论宣讲项目，创新开展"分享沙龙""文艺作品""研学线路""日间课堂"等形式多样、内容丰富的主题活动。目前，全市 39 家单位申报"求是读书汇"试点改造提升沉浸式学习空间 69 个，成立"求是读书汇"学习型小组 79 支，选拔推荐 76 名业务骨干组建市级"求是读书汇"学习辅导员队伍，"导学、讲学、研学、比学、践学、督学"六位一体的学习体系初步形成。

（5）光影新播课

该项目由市新时代文明实践工作指导中心具体实施，是常态化开展的文明实践理论宣讲品牌。每年精选 10 部左右新时代主旋律电影，制作电影导赏宣讲课程，生动、全面地讲述党和国家在各个历史时期的奋斗历程、展现新时代社会主义现代化建设生动场景，建有超 100 人的"红色光影"微宣讲志愿服务队，通过友爱港城新时代文明实践智慧云平台"点单""派单"等模式，依托志愿者走进全市各新时代文明实践所、站、点，开展红色电影展播活动，提供影片导赏、讲授解读、交流互动等服务，帮助广大群众在家门口就能接受爱党爱国爱社会主义教育，坚定听党话、跟党走的信念信心，切实推动"强国复兴有我"群众性主题宣传教育活动走深走实。活动自启动以来，广受各文明实践所、站、点欢迎，点单 60 余场次，受众超 3000 人次。

（6）文艺思政课

文艺思政课是张家港保利大剧院创新打造的宣讲品牌，旨在以丰富多元的艺术形式，阐释红色文化的历史内涵和时代价值，再现先进人物的光辉形象和英雄事迹，让舞台成为宣讲红色故事的沉浸式"讲台"。2021 年，包括荣获中国舞蹈最高奖"荷花奖"的革命题材舞剧《努力餐》、西安话剧院话剧《麻醉师》在内的 16 场演出，为全市党员干部学党史、悟思想、办实事、开新局的"红色风潮"增添了文艺力量。2022 年，作为张家港市"强国复兴有我"群众性主题宣传教育活动的重点活动，话剧《四世同堂》《路遥》，舞剧《朱自清》，音乐剧《速记员》，儿童剧《报童》等 15 台旗帜鲜明、艺术精湛的优秀演出轮番精彩上演。2023 年，剧院又引进了中央芭蕾舞团《红色娘子军》、舞剧《永不消逝的电波》等一批文艺思政课剧目，持续用"艺术"手法讲党史、咏经典。项目自实施以来，累计吸引近 90 家单位、130 余批次、超 2.6 万人次观演。

（二）教育服务平台

教育是每个人走向未来的基础，教育决定着国家和民族的未来，教育是一个国家和民族最重要的事业。为深入学习宣传贯彻习近平新时代中国特色社会主义思想和党的二十大精神，落实教育部等 13 个部门联合印发的《关于健全学校家庭社会协同育人机制的意见》，张家港市不断完善学校教育体系，稳步推进学历继续教育改革发展，大力发展非学历继续教育，推进学习型城市和各类学习型组织建设，持续健全继续教育、终身学习制度，致力于完善人人皆学、时时可学、处处能学的终身学习体系。

1. 志愿服务经验做法

（1）学校教育突出阅读赋能文明

2017 年，张家港市出台并实施《关于在全市教育系统组织实施"校园引领文明工程"的意见》《"打开一本书"张家港市中小学生阅读行动实施意见》等文件，充分发挥教育在全市社会文明风尚、书香社会建设中的基础性、引领性作用。通过实施"校园引领文明工程""'打开一本书'阅读行动"，着力推进诚信培育、书香校园、志愿服务、幸福家长驿站四大行动，进一步提高全体师生的文明素养和校园文化品质，引领社会风尚。2023 年 4 月，"青少年学生读书行动"暨"全民阅读百校联盟"读书月系列活动启动，推动青少年学生阅读深入开展，促进育人水平全面提升。活动紧扣"阅读·让张家港更文明"主题，组织百所中小学幼儿园开展主题阅读活动，通过荐读导读、专题讲座、读书交流、知识竞赛、经典诵读等形式，发挥校园阅读引领社会阅读的引擎作用，推动全社会形成"爱读书、读好书、善读书"的新风尚。

（2）社区教育聚焦"五惠"丰富供给

2022 年，张家港市发布《进一步规范我市社区教育经费使用的指导意见（试行）》《张家港市社区教育专业社团星级评估指标（试行）》等文件，深入实施惠老、惠少、惠企、惠农、惠民"五惠"工作，面向家庭和社区开展家庭教育知识巡讲和咨询，面向青少年素质提升开展游学活动，面向企业员工、失地农民及转业军人开展职业能力培训，面向成人开展函授、远程等学历教育，面向老年人开展智能产品教育培训，2022 年累计开展惠民项目 234 个，举办公益活动 1678 场，受益群众近 8 万人。同时，不断提升品牌影响力，遴选优秀的社区教育成果项目进行培育，目前培育省社区教育"名师工作室" 5 个、省社区教育领军人才 2 人、苏州市社区教育优秀团队 1 个，"千名教师进社区""金港大讲堂""苏州'三叶草'"等 19 个项目获评国家级、省级社区教育品牌项目。

（3）家庭教育关注身心精准实施

各校（园）立足学校实际，以优质平台建设促进家庭教育高质量发展，通过家庭教育微课、家风故事分享、主题教育沙龙等活动，推动家风家教的落地。在 2010 年成立未成年人健康成长指导中心的基础上，2017 年 8 月，率先在全省成立县级教育局直属事业单位——张家港市家庭教育服务中心，全面建立家庭教育指导服务机制，先后获得"首批全国家校社协同育人实践基地""全国家长学校建设实验基地"等荣誉。组建张家港市"心树林"志愿服务团队，精准指导家庭教育开展，结合未成年人身心发展的规律和特点，有针对性地开发和提供丰富多样的家庭教育公共服务产品帮助家长掌握科学理念方法、提升能力水平，更加有效实施家庭教育。"心树林"志愿服务团队 334 名成员依托家庭教育服务中心主阵地，为港城百万家庭提供家育心育支持。

2. 志愿服务特色项目

（1）幸福家长驿站

2016 年 5 月，张家港市教育局、市文明办联合下发《关于推进中小学校"幸福家长驿站"建设的意见》，开创性建设家庭教育指导服务的载体——"幸福家长驿站"，通过学校、家庭、社会三方结合育人的模式，为家长和孩子的共生共长提供支持与服务，让"幸福家长驿站"成为"优秀家长的成长营、良好家风的养成地、幸福家庭的能量屋"。近年来，制作完成了从幼儿园至高中"父母新成长"系列的音频微课 300 节，出版了关于家庭教育的经验总结文集《谁是家中"懂事长"》，打造了广播类节目"空中幸福家长驿站"，结合四个学段儿童身心发展的规律完成生命教育空中系列课程"听见——生命花开的交响"等。目前，全市建成中小学幼儿园 130 所幸福家长驿站（包括社区、文化中心驿站），宣传、教育、引导和服务港城家庭，形成家校社共创共育的"家长尽责称职、孩子健康成长、家庭文明和谐"家庭教育生态模式。《中国教育报》《东方教育时报》《新民晚报》《张家港日报》等多家省、市级媒体对此进行了宣传报道。

（2）"心树林"志愿服务项目

为更好地让家庭教育服务惠及全市学校师生和家庭，张家港市家庭教育服务中心依托一批专业素养好、业务能力强、奉献精神足的家庭教育（家育）、心理健康教育（心育）志愿者——"林老师"团队，与时俱进地开展家庭教育、心理健康教育服务工作。2010年8月，张家港市组建"林老师"教育志愿团队，2017年8月更名为"心树林"教育志愿团，2019年1月成立"心树林"行动支部，截至2023年9月，"心树林"团队成员已有334人。团队按"热线""个询""讲座""沙龙""幸福家庭会客厅"等服务内容，面对学生、家长、教师等对象组成若干个项目小队，根据实际需求，拓展家育心育实施途径，开展"行走的父母成长课堂"讲座和沙龙、"心树林"父母成长工作坊、"与心灵相约 与幸福同行"家庭教育现场咨询、"心树林"成长热线等品牌活动，宣传普及科学的家庭教育理念和方法，为家长答疑解惑。未成年人健康成长指导中心"心树林"成长热线开通12年来，"林老师们"真诚倾听，接纳困惑，温暖陪伴，积极回应家长和孩子的咨询需求，帮助未成年人增强调控情绪、承受挫折、适应环境等能力，协助父母言传身教，形成合力陪伴引领家庭度过充满爱与希望的成长期，激励孩子们走向美好未来。

（三）文化服务平台

为深入贯彻落实中共中央办公厅、国务院办公厅《关于加快构建现代公共文化服务体系的意见》，文化服务平台从文化惠民、阅读推广、艺术导赏、体育活动、文明旅游、重点关爱、节日主题、孵化培育出发，不断完善平台服务制度、提升平台服务水准。

1.志愿服务经验做法

（1）优化网格化公共文化服务，着力打造文化志愿服务主阵地

按照"普惠均等、覆盖城乡、便捷高效、保基本、促公平"的原则，

统筹整合城乡资源，夯实文化志愿服务阵地建设。一是打造四级服务体系。依托网格化公共文化服务工作基础，打造市、镇、村（社区）、文化网格四级文明实践体系，统一规划、分级部署，真正将公共文化服务融入文化志愿服务的"最后一公里"。二是发挥公共文化设施作用。充分利用文化馆、图书馆、美术馆、体育馆、博物馆等场所开展文化活动。根据不同季节特点，开展各类文化活动。截至 2023 年 9 月，张家港市共开发 56 个 24 小时图书馆驿站、14 个基层书场，成为文化志愿服务的新阵地。三是深化总分馆建设。进一步健全文化馆图书馆总分馆制，完善"设施建设标准化、助理派遣制度化、服务提供规范化、网格激励常态化、数字平台集成化、考核评估多元化、系统治理社会化"的运作模式，鼓励社会力量参与，通过分馆、支馆和服务点，把各类资源和服务真正下沉到基层，将优质公共文化服务送到群众身边，有效推进城乡文化服务体系一体化建设。

（2）精准提供基层文化服务，积极唱响文化志愿服务主旋律

坚持以人民为中心，准确把握新时代群众需求，丰富文化产品，更好地发挥传播党的声音、传承优秀传统文化、培育文明风尚、提供惠民服务的重要作用。一是加强供需对接。以机构改革为契机，集聚全区域、多领域的文化资源，围绕广大群众特别是青少年、老年人、新市民、贫困户等不同群体，每年开展文艺轻骑兵行动、全民阅读行动、乡村文化旅游行动、全民体育技能公益课等活动，总计超过 1 万场次，惠及群众 500 万人次。二是打造特色项目。突出思想引领，开展村村演、周周演、天天说等活动，将理论宣讲与文艺演出相结合，全年举办活动超过 3000 场，以群众喜闻乐见的形式推进理论宣教工作深入人心。三是创新数字服务。建成张家港市文旅云平台，实现活动预约、场馆预约、服务配送、艺术鉴赏、交流互动等功能，利用网站、手机、电视等多种媒介，推动资源数字化、网络化，实现信息互联互通、资源共用共享，为广大群众提供更加快捷、方便、高效的公共文化服务。

（3）创新深化文化志愿服务，不断壮大文化志愿主力军

广泛调动、吸引一大批有热情、有专长的群众加入，让志愿者成为文化

志愿服务的"主力军"。一是组建文体旅志愿服务支队。扩充文化志愿者协会，成立新时代文明实践文化文艺志愿服务支队，下设 96 个小分队，涵盖文体广旅系统、文联系统、各镇（区）及各类社会团队。推动党员干部、理论工作者、"五老"人员、企业家、网格文化员、旅游从业者、体育爱好者等加入志愿团队，累计注册志愿者超过 7000 人。二是精准开发服务项目。坚持目标导向、问题导向和效果导向相结合，围绕文化惠民、阅读推广、艺术导赏、体育活动、文明旅游、重点关爱、节日主题、孵化培育八大类别，创造性开发文化志愿服务项目，精准满足群众需求。三是加大孵化培育力度。建立全市文化志愿孵化基地，定期邀请全国专家学者、媒体团队、企业管理者等为志愿者提供政策咨询、项目培育、团队孵化等服务。四是制定志愿者激励机制。通过与冠名商家合作，制定文体旅志愿者礼遇办法，调动志愿者的积极性。

2. 志愿服务特色项目

（1）"各美其美"公益云课堂

为丰富市民群众精神文化需求，积极探索后疫情时代的线上志愿服务方式，2021 年文化志愿者协会创新推出全民文艺实践课公益云课堂项目，组织志愿者老师开展线上教学活动，并通过"五彩沙洲"公众号以及"张家港市文化志愿者协会"视频号进行推送，项目课程内容丰富，覆盖面广，设有手工、剪纸、读诗、古琴、声乐、八段锦等不同主题的特色公益课程。截至 2023 年 9 月，共录制 66 节公益云课堂，累计浏览量 20000 余人次，并且涌现出一批优秀的志愿者老师主动参与公益云课堂线上教学活动。

（2）"有爱无碍——自闭症儿童绘画疗愈"

美术馆志愿服务团"有爱无碍——自闭症儿童绘画疗愈"项目是教育与艺术相结合的治疗项目，于 2015 年启动，主要由"绘画干预课程""展览与交流""课程记录与反思""项目教师培训"四大板块构成。2019 年举办了"孤独'雨人'的美好视界：美术馆自闭症儿童绘画干预治疗项目案例文献展"，创新性地采用案例文献展的叙述方式，从艺术创作、心理干预、美术教育三方面，对"自闭症儿童绘画干预治疗项目"案例成果进行全面、富有深度的展示和解读。一方面展示这些特殊儿童的艺术创作成果，另一方面更引发全社会对他们的关注与帮扶。项目一方面强调艺术学习能够作为儿童认知训练与行为训练的重要方式，另一方面又重视艺术创作与艺术作品本身的治疗作用。

（3）"长江水·乌江情"土家书房

"长江水·乌江情"土家书房文化志愿服务项目，由张家港市图书馆推动开展。2018 年 8 月，由张家港市设计承建的全国首家 24 小时"土家书房"在贵州省沿河县正式投入运行。图书馆积极发挥在公共阅读体系、文明实践、阅读推广等方面的集阵优势，以文化帮扶为纽带，将土家文化、红色文化、乌江文化相互融合，为贫困地区建设 24 小时自助图书馆提供了范例。2019 年，张家港市又在沿河捐建了两座"24 小时新时代文明实践驿站"，分别位于县政府广场和民族风情街。2020 年 5 月，沿河两个易地扶贫搬迁安置点 24 小时新时代文明实践驿站也投入运行。目前累计赠建 24 小时新时代文明实践驿站 5 个，总面积 396.25 平方米，助力沿河新时代文明实践中心、所、站建设全面推开，在全国县域率先构建新时代文明实践驿站体系。

（4）"绽放在港城"公益艺术培训进校园

"绽放在港城"公益艺术培训进校园项目是市文化馆文化志愿服务团推出的志愿服务重点项目。自 2012 年 9 月实施至今，该项目以"全民艺术普及和弘扬优秀传统文化"为宗旨，面向全市中小学校，特别是新市民子弟学校，分春季、秋季两期开展音乐类、戏剧类、曲艺类以及本土代表性非遗项目等艺术门类的公益培训，在江帆小学、东渡小学、世贸小学、万红小学成立"江帆阮咸乐团""叮咚民族吹管乐团""小牡丹曲艺团"。以美育人，以文化人，培养少年儿童的审美能力，引导和发掘他们的艺术潜能。2019年起，为了让更多的孩子享受到优质公益艺术培训课程，项目增设公益免费服务，为零基础学员提供 10 类公益培训课程 800 余课时，受益学员 7000 余人次。同时，策划"小候鸟夏令营"艺术体验之旅活动、设立"沙洲故事汇"创作讲演基地、开展"传承薪火·守望家园"张家港市非物质文化遗产进校园活动，邀请河阳山歌、后塍竹编、吴派古琴等非遗项目传承人走进学校。此外，为丰富少年儿童精神文化生活，文化馆通过"一城繁花"微信小程序平台开展"绽放在港城"公益艺术培训进校园项目直播教学。同时，在小程序上开设"慕课时间""'艺'犹未尽——让你秒懂的艺术"专栏，由老师定期录制教学视频供学员们随时进行线上学习。

（5）香山景区文明旅游倡导行动

香山景区作为首家"江苏省文明旅游示范景区"，先后出台《香山景区文明旅游公约》《香山景区"最美游客"、"最美导游"评选办法》《香山景区文明游客点赞礼遇办法》等多项文件和管理办法，并依托"绿山军"志愿服务队，常态化开展丰富多彩的文明旅游、公益环保等文明实践活动。"绿山军"以"拥抱绿山志愿净山"为宗旨，推出"假日文明岗""袋动出行携绿回家""绿野寻香记""'春'原创手工坊""绿色骑行"等特色活动，紧邻游客中心开设绿山军志愿服务站，为游客提供免费饮水、免费充电、雨具、轮椅、常用药物等各项便民服务，开展为游客指路引导、文明旅游提示等志愿服务。志愿者通过热情服务，传递生态文明理念，引导广大游客一起加入文明旅游、绿色生活的行列。同时设立文明旅游 V 站，建在景区游客必经之路上，由"绿山军"志愿服务队负责管理，既是旅游便民的服务点，也是文明旅游的交汇点。

（6）"长江文化节"志愿服务

长江文化节是长江流域各省（区、市）的文化盛会，也是张家港人民所期待的文化大餐。自 2014 年起，为更好地服务一年一度的长江文化节，根据活动安排、服务需求、服务人群等，文化志愿者协会面向全社会招募文化志愿者，开展团队对接、文明礼仪、志愿讲解、舞台保障、秩序维护等后勤保障服务工作。根据所报服务岗位的类别分为团队接待组、舞台保障组和机动服务组等。团队对接组的志愿者认真细致，根据嘉宾、演出团队的到达时间，提前确认到站信息和相关需求，与组委会后勤组做好对接工作，保证出席人员的顺利到达。随后，为了顺利完成艺术节的各项活动，志愿者们全程对接各个团队，有效完成各项演出任务。舞台保障组的文化志愿者任劳任怨，根据导演和舞台其他工作人员的要求，配合做好相应保障工作。自2018年起，为更好地提升文化志愿者服务水平，提高文化志愿者素养，协会邀请文化能人、优秀文化志愿者代表围绕张家港本地文化、非遗展示、礼仪示范、应急事故处理、舞台保障等内容开展长江文化节志愿者培训系列活动，进一步完善文化志愿者服务技能培训工作，提升文化志愿者综合素养及志愿服务水平，很好地服务了长江文化节多项系列活动，让来宾感受到这座城市的文化力量和志愿温度。

（四）科技与科普服务平台

科技与科普在提高公众科学素质方面发挥着重要作用，大力普及科学知识、弘扬科学精神也是新时代精神文明建设和人民追求美好生活的需求所在。

1. 志愿服务经验做法

（1）联盟式组网，科普阵地精布局、广覆盖

积极探索科普资源联动载体，组建成立"张家港市科普场馆联盟"，以市级科技馆、青少年社会实践基地为龙头，各镇、各行业专业科技场馆、主题特色场馆为中坚，村（社区、企业、学校）科普场馆（工作室、创客空间）为基础，广泛培育企业科普场馆及青年创客空间，实现了场馆的城乡"全覆盖"，打通服务群众的"最后一百米"。目前，全市有1家全国科普教育基地、10家省级科普教育基地、17家苏州市级科普教育基地，年累计接待参观者超过25万人次，开展公益讲解突破8000场次，各类公益科普活动超过5000场次。

（2）菜单式运作，品牌活动解民需、重实效

精准对接基层群众科普"需求侧"，解决科普"痛点""盲点"，针对基层村（社区）存在科普资源不足、不均等问题，进村入户做好调研，了解群众所需，解决群众所盼。编印出版图书《科普零距离》，以图文并茂的形式，介绍了46个科普场馆、100名科普传播导师，绘制了一幅科普场馆地图，并以《科普零距离》为菜单，充分利用科普宣传周、全国科普日、全国科技工作者日、文化科技卫生"三下乡"、学雷锋纪念日、国际志愿者

日等重要时间节点，依托新时代文明实践中心（所、站、点）、各类科普场馆、志愿服务队等，采用"点单"方式推进下基层科普志愿服务系列活动。如2022年结合群众需求积极推动"科普三屋"（创新屋、健康屋、安全屋）建设。其中，"创新屋"旨在提升青少年对科普的兴趣，打造青少年科技活动品牌，打造社区青少年科普品牌；"健康屋"旨在完善社区嵌入式服务体系，增加老年人的科学常识；"安全屋"旨在全面构建社区安全普及教育，创建社区安全文化，加强社区安全建设。该项目契合群众需求，执行好、影响广、满意度高，发挥了标杆作用。

（3）共享式发展，科普资源广联动、深聚合

积极搭建科普资源库和社会资源共享互通的桥梁，让科普资源走进基层。依托市级科普资源开展"百场科普讲座进五区""流动科技馆巡展""科普体验行"等活动，让科普志愿服务活动更加丰富；同时，挖掘基层现有的科普资源，资源相互配套使用，整合各方社会资源，动员各方力量参与科普工作，逐步形成了"科普信息员+科普志愿者+科普专家"三方联动的科普团队管理机制，促进三方的资源共享、优势互补，通过三方之间的互联、互动、互补共同推进科普志愿服务项目的开展。2022年，科普细胞工程动员了89名科普信息员参与其中，链接了156名科普志愿者，平均每个项目科普信息员3人、志愿者7人，在项目执行过程中，链接了如科普专家库专家、医院医生、陶艺老师、木工老师、省科技教练员、救护师等人才资源，既发挥了科普信息员、科普志愿者及科普专家之间的联动效应，也实现了跨领域科学普及，产生了良好效果。

2. 志愿服务特色项目

（1）科普细胞工程

张家港市积极探索创新科普工作形式及载体，于2022年5月正式启动"科普细胞工程"志愿服务项目，项目落点金都社区、永合社区、汤联社区、南沙社区及馨塘社区5个社区。根据每个社区的特点选择打造"三屋"的类型，其中金都社区、永合社区、汤联社区打造"科普创新屋"，南沙社区打造"科普健康屋"，馨塘社区打造"科普安全屋"。截至2022年底，5

个项目均在落地社区范围内开展实施，其中 3 个"科普创新屋"项目的主要服务对象为社区青少年及其家庭，1 个"科普健康屋"项目的主要服务对象为社区中老年居民，1 个"科普安全屋"主要服务对象为社区居民、社区工作人员、物业人员、网格员等，在实际开展过程中各项目服务对象群体未出现偏差。5 个项目在周期内累计活动 61 场次，包括 60 场线下活动、1 场线上活动，并产出 1 个百草园生态园、5 幅家乡地貌图、35 篇科普征文、1 份社区老年人养生手册、1 份社区应急资源和管理能力调研报告、1 份社区应急骨干人员名单（26 人）、1 份社区综合应急预案以及 5 份项目案例总结报告和 5 份满意度调研报告。通过线上线下多渠道宣传，项目直接受益人群 7900 余人次，间接受益人群 40 万余人次。

（2）"创小客"青少年社会实践

该项目由科技局组织实施，旨在提高青少年的科学素养，提升青少年的科技创新能力，为青少年在学校教育之外，创造一个积极参与科学知识普及和科技创新的氛围，帮助青少年科学地认识事物变化与发展规律，拓展理性思维和创造性思维。项目于 2019 年 3 月启动，形成了"科技小达人""创小客"等品牌化系列科普项目，形成了"一个吸纳、三个突出"的有效做法。

一是吸纳社会力量。项目以志愿伙伴计划的形式，面向社会吸纳资金，依靠社会责任感较强的本土企业提供赞助支持项目的实施。海狮机械股份有限公司、灿勤科技股份有限公司、新美星包装机械股份有限公司、江苏沙钢集团有限公司和江苏双山建筑工程有限公司等科技型企业先后为项目提供资金支持，同时，这些企业也先后获得了该项目冠名，提高了企业知名度和声誉，实现了互利共赢。

二是突出重点人群。项目聚焦青少年创新意识的培养及创新能力的提升，从青少年视角出发，选择青少年普遍感兴趣且符合他们认知的课程，先进的黑科技、神秘的传统科学，极大地激发了青少年的兴趣。活动涉及 3D 打印、人工智能、航空航天、中国高铁、新能源等 8 大主题，选题符合青少年兴趣和关注点，得到了青少年的认可。

三是突出精准服务。把开展新时代文明实践活动同"为群众办实事"紧密结合，面向全市村、社区开展活动线上点单预约，将活动资源与村、社区新时代文明实践站点建设有机融合，进一步提升新时代文明实践站点内涵。项目自实施以来，先后赴多个村、社区开展活动。活动采用"小班化"形式开展，将参与人数控制在每场 25～30 人，使活动质量得以保证。通过专家丰富多样的讲解与实操，使青少年的潜能得到发挥、个性得到发展。

四是突出形式创新。摒弃传统活动形式，采用理论结合实践、科普结合实操，趣味互动的方式开展活动。比如开展了乐高搭建、"趣医科学"、"鲁班锁体验"、"科学实验秀"、"老旧相机拆解与组装"等形式多样的活动，现场参观了气象局、集成电路产业促进中心、农业科技公司等科技型企事业单位，通过科学小实验、亲子制作、视频教学、现场教学等方式，将书本上枯燥的科学理论知识以生动、有趣的方式呈现出来，已成为亲子互动的良好方式，受到社区家庭的一致好评。

（3）"科技馆里的科学课"

为进一步培养青少年创新精神和实践能力，依托科技馆场馆资源，张家港市开展"科技馆里的科学课"项目，打造以"讲解+表演+课程+实践"等多位一体的串联式科普志愿服务项目。截至 2023 年 9 月，开展共计 7 场次、21 个子活动，服务 500 余名青少年，实现了科普活动的完整性和延续性，让青少年初步构建起科普知识框架体系。深度对照《小学科学课程标准》要求，立足于科技馆展品展项，建立"展品—活动—实践"的三重联系，开设声音之奇、物理之美、幻影之光、中国之智等六条主题教育线路，定制 6 场科学表演秀、7 件展品深度讲解及 8 场科普课堂，通过探究式教育理念、充足的场馆教育资源和以体验式学习、多感官学习、情境教学和在做中学等教学方法，实现多样可选的定制化课程，提升科普志愿服务的专业化和品牌化。为进一步扩大科普志愿服务的辐射范围，"科技馆里的科学课"项目着力与社区、学校、企业结对共建，与云盘小学、实验小学等 4 所学校、沙洲社区、瑞丰社区及华亿科教设备有限公司共建"科普研学社"。在实行馆-校-社区三方综合联动的过程中，持续将"走进来"和"送出去"相结合，在自我创新的基础上，充分利用结对共建优势，引入学校、社区的人才和项目资源，形成项目清单，充实活动内容，以便提供更加优质的科普志愿服务内容，实现科技资源共享，为培养创新型人才提供良好的教育环境。"科技馆里的科学课"项目严格落实"6+1"环节，在"签到打卡—精准学习—动手实践—互动挑战—知识问答—成果分享"六大步骤的基础上，特别增加一份"学习单"来检验学生学习成果，层层递进拓展学生的认知范围，提高其学习能力，助力"双减"落地见效，助推全域科普。此外，科技馆还特别定制系列文创产品，作为教育功能的补充和延伸。这些产品不仅具有实用价值，而且更有着丰富的科技内涵和教育意义。

（4）"科普云上英雄会"

为实现科普活动线上化，丰富云上科普资源，科技馆充分利用微信公众号推出"科普云上英雄会"项目，为孩子们提供更多参与和展示的平台，进一步激发青少年学生爱科学和学科学的热情。

一是整合资源，丰富活动。围绕活动主题，由科技辅导员线上"打样"拍摄科学实验，从设计策划、素材整理、平台发布等多个细节入手，用幽默风趣的语言、深入浅出的表演形式以及随手可得的实验道具，制作了"创意像素画""视觉魔法师""家庭音乐会"等5期活动，同时与市文明办、市教育局、市科协等多个单位联合展示，扩大了活动影响力与参与度。

二是聚合形式，提增热度。为更好地提升活动"仪式感"，增强亲子家庭的"参与感"，该项目通过"1个辅导员实验视频+1篇评选结果公布+1个网络点赞通道"系列活动环节的深入推进，连续推出11篇微信推文，掀起了科普学习的热潮，累计共收到238份投稿作品，在"张家港市新时代文明实践中心""张家港教育""文明张家港""科普零距离"等微信公众号上，总计阅读量达6万余次、"网络人气"点赞数近3万人次，营造了浓厚的科普氛围。

三是总结成果，深化内涵。活动结束后，为更好地总结和展示活动成果，科技馆特别举办"科普云上英雄会"新时代文明实践项目颁奖暨"童声童语"科普志愿少年团成立仪式。在颁奖仪式上，科技馆为评选出的 82 个优秀作品进行颁奖。同时，让每个孩子通过"作品集市"的方式分享知识、激发创意、传递快乐。此外，正式成立"童声童语"科普志愿少年团，其首批成员为"科普云上英雄会"获奖的 18 名"英雄"，有助于持续开展科普志愿服务工作。

（五）健康促进与体育服务平台

"没有全民健康，就没有全面小康；要把人民健康放在优先发展的战略地位。"为此，张家港市卫健委、市文体广旅局牵头建设健康促进与体育服务平台，始终坚持"以人民为中心"的发展理念。从增强人民体质到提高人民健康水平，通过开展丰富多彩的健康与体育类文明实践活动，全角度、多样化地满足人民的需求。

1. 志愿服务经验做法

（1）"党建+实践"，共建聚合力

市卫健委成立了张家港市卫生健康志愿服务联盟，吸纳了全市卫生健康行业优秀志愿服务组织，现有 16 家理事单位和 15 家成员单位，涵盖了张家港市第一人民医院、张家港市中医医院、张家港澳洋医院、张家港市疾病预防控制中心等全市二级以上医院和卫生单位，还包括了各区镇社区卫生服务中心，搭建了卫健系统志愿服务的组织架构。张家港市充分发挥党建引领作用，依托"医先锋 卫健康"党建品牌，深化"党建+实践"内涵，重点打造了第一人民医院"健康'YI'空间"、中医医院"中医药文化启蒙基地"等多个新时代文明实践阵地。并且制订全年活动计划，通过新时代文明实践平台发布活动信息，以项目化方式为区镇和社区提供点单服务，将优质医疗资源送到基层。

（2）"需求+定制"，对接出实效

组建以卫生健康志愿服务支队为龙头、13 支特色志愿服务队为支撑的志愿服务体系，现有注册志愿者 5213 人。坚持"群众需求+定制健康"模式，围绕群众关心的健康政策、健康常识定期组织卫生健康志愿者走进社区、学校、企业、机关等开展"健康大讲坛"宣讲活动,同时,创新开设"370 先锋直播"线上宣讲活动。通过社区卫生服务中心前期摸排群众需求,深入基层开展"健康'益'起来"大型党员志愿服务集市活动,提供健康义诊、知识科普、专家咨询等卫生健康定制套餐服务。同时结合特殊人群健康需求,提供精准化健康服务,针对"户外劳动者"开展"医路护'新'"健康体检、急救培训活动,针对"一老一小"特殊对象,定期上门开展常规检查、疾病诊治、技能培训和用药指导等"健康关爱行动"。

(3)"宣传+激励",多元促发展

充分运用好线上线下渠道,多维度开展宣传活动,通过走进群众"当面讲"、用活网络"云上讲"、媒体融合"全程讲",加强活动前期预热及后期宣传,营造全民参与健康生活的良好氛围;全面优化考核激励机制,将活动开展情况纳入各单位绩效考核指标,作为年底评先评优重要依据;积极选树优秀典型,激发卫生健康志愿者的荣誉感和使命感,汲取服务群众、干事创业力量,为推动卫生健康事业高质量发展提供强大精神动力,奏响时代强音。

(4)"健身+健心",全面提素养

以"引领文明新风尚,运动健身进万家"为主线,不断优化志愿服务网络,搭建志愿服务阵地,打造志愿服务团队,浓厚志愿服务氛围。组建由优秀运动员等组成的新时代文明实践全民健身志愿服务队,吸纳体育志愿者2000 余人,在全市范围内开展科学健身大讲堂、健身技能传授、新优项目培训等活动;组织编印《科学健身手册》《运动抗"疫"居家健身手册》《张家港市健身气功锻炼指导手册》等全民健身刊物,为城乡居民科学健身提供专业指导。同时,开展全民健心工程,打造全国首个心理科普馆,成立社会心理协会和心理关爱志愿服务队,发展社会心理服务志愿者 500 余名,开展居民社会心态调查,推进社会心理服务"六进"行动,帮助市民形成自尊自信、理性平和、积极向上的社会心态。

2.志愿服务特色项目

(1)守护生命"'救'在身边"

红十字会精准对接基层群众的急救知识实际需求,力争实现全市重点行业、重点领域急救知识普及全覆盖，重点人群均能掌握一定的急救知识、具备一定的急救能力，推动形成"儿童避险保护、成人自救互救、老人关爱帮扶"的全民急救体系，全力打造"'救'在身边"项目品牌。

加强队伍建设。组建新时代文明实践应急救援志愿服务队，117名专业红十字救护培训师加入新时代文明实践专家库，承担全市急救志愿者的招募培训、需求调查、项目设计、各类资源链接等职责。加强部门联动协作，推动应急救助、应急救援等志愿服务团队以及各类专业急救团队的优势互补，融合发展。

加强精准服务。深入基层开展群众性急救知识普及与技能培训。近年来，红十字会先后走进学校、医疗卫生单位、社区、区镇机关、重点企业等领域，针对学校教师、医务人员、社区居民、企业员工等群体开展应急救护知识培训，并将此纳入学校教师继续教育学分考核和新入职公务员、事业单位人员岗前培训、高校新生军训必修内容。为全市新时代文明实践所（站）、邮政网点、交巡警等配备急救箱和急救包，并安排救护培训师资送教上门。

加强社会参与。运用"互联网+应急救护培训"模式，大力推广应用"红十字急救掌上学堂"，依托门户网站、微信公众号，实现救护培训线上和线下联动，极大提高了培训的系统性和实效性；在全市12个人员密集场所投放自动体外除颤仪（AED）；在4个4A景区、1个3A景区设立红十字景区救护站，并对投放点、景区相关工作人员进行应急救护知识和AED使用方法的培训，确保在有突发疾病需要使用AED的时候能"想得到、用得上、救得了"，为群众的生命安全保驾护航。

（2）"健康'益'起来"党员志愿服务集市

市卫健委坚持"以人民健康为中心"的发展理念，依托卫生健康志愿服务联盟，发挥医疗卫生单位特色优势，通过平台共建、活动共办、发展共促，精心打造了"健康'益'起来"党员志愿服务集市项目，该项目自启动以来共开展活动30余场，受益群众超3万人次，取得了良好的群众反响和社会效益，获评中国卫生健康思政工作优秀案例、张家港市"最佳志愿服务项目"等多项荣誉。

一是完善运行机制。建立定期交流联系工作机制，整合卫生健康志愿服务联盟单位优质资源，招募核心志愿者，组建微信工作群，常态化交流工作情况进度和优秀经验做法。建立多元协作工作机制，年初各联盟成员单位主动申报活动，市卫健委筛选排定全年活动计划，明确每场活动牵头单位和活动主题，通过牵头单位承办、其他成员单位参与的形式扩大活动规模，以项目化方式集中提供区镇和社区点单。建立考核评优工作机制，将活动报名、开展情况作为各医疗卫生单位党的建设考核、文明单位评比等重要依据。

二是深化服务内涵。结合国际妇女节、学雷锋纪念日、世界睡眠日、世界无烟日、全国爱眼日、全国高血压日等节日和卫生宣传日设定活动主题，明确服务重点。在常规开展科普宣传、健康咨询、中医药推广、互动体验的基础上，创新开设"书记在一线""名医专家义诊""关爱户外工作者"等专区。各基层党组织书记带头深入一线，宣讲党的创新理论、解读健康政策、倾听收集社情民意，发挥志愿服务的政治功能；发挥张家港名医、劳模、医德楷模等先进典型引领作用，"面对面"为群众提供优质医疗服务；针对户外劳动者职业特征，提供应急救护培训、中医推拿、中药茶饮等精准服务。

三是拓展品牌影响。活动前积极对接点单区镇、社区，摸排百姓需求，吸纳基层党员志愿者加入活动布置、百姓发动、推广宣传等工作，打好活动的群众基础。线上同步开展问卷调查、知识竞赛、转发集赞等配套网络活动，加强活动前期预热，充分调动群众参与积极性。充分利用张家港融媒体、"健康张家港"及各医疗卫生单位微信公众号、抖音等新媒体资源，搜集优秀服务案例，挖掘活动新闻，做好活动后期宣传，拓展活动覆盖面和影响力，营造全民参与健康生活的良好氛围。

（3）"天使护航　健康相伴"中医药文化启蒙

中医医院小红帽天使服务队利用医院的资源优势、自身的专业优势和满腔的热忱，以青少年为核心，围绕中医药文化，开展"天使护航·健康相伴"志愿项目，打造中医药文化启蒙基地，更好地关爱服务对象的健康需求和精神需求。

链接相关资源，助力祖国医学。结合中医医院特色，打造"岐黄校园行"中医药文化教育品牌，通过团队讲师走进全市16所校园，提升中小学生中医药健康素养，增强文化自信与民族自信，有效推广中医药文化精髓，拓展诊疗服务的辐射面。

搭建体验平台，感受中医内涵。开展"认识中医药"游学活动及"我是小郎中"青少年职业体验实践活动，参观院内中药房、中医药文化长廊、中药材种植基地等区域，并共同制作艾条、香囊，切身了解冬病夏治，体验针灸、拔罐和穴位敷贴，零距离认识和感知中医。

坚守医者初心，担当健康使命。坚持以特殊儿童、贫困儿童、困难家庭为重点守护对象，开展针对性强、需求性高的志愿服务。每年为福利院儿童青少年进行健康体检，并带领志愿团队成员走进张家港特殊教育学校，每月派出医务人员对特殊儿童进行康复训练并制定康复治疗方案，将爱心传递下去。

（4）"心语桥"心理健康关爱

"心语桥"心理健康关爱志愿服务项目是第四人民医院依托医院"心语桥"志愿者团队开展的一项专业心理服务项目。第四人民医院"心语桥"志愿者团队是一支由权威、规范、专业、富有实践经验的国家职业资格心理咨询师、临床心理医师和护理专家组建的技术团队。他们以"点燃生命之光，滋润干枯的心田，挽救破碎的家庭，架起心灵的桥梁"为宗旨，服务全市有心理需求的人员。10多年来，已组织开展活动400余次，让市民感受到了"私人心理专家就在身边"，随时可以"有心理问题找心理医生"。通过多种途径，普及心理健康知识。开展"六进"服务，响应社会心理服务体系建设，精准对接公众需求，通过"进社区、进机关、进学校、进企事业、进广播电台、进12345"向各类群体有针对性地开展心理干预服务；同时结合"3·21"世界睡眠日、"10·10"世界精神卫生日等主题宣传日，利用社区电子屏、微信公众号等多渠道普及心理健康相关知识，让心理健康知识走进百姓生活,推动社会心理服务惠及千家万户。走进电台讲解"疫情下如何保持心理健康",给大家送去"心"的希望;开展护理专家进社区服务,通过对精神疾病患者及家属服药和饮食指导、行为干预、心理疏导、知识宣教等方式,提高社区居民心理健康水平。全年累计开展各类志愿服务活动 77 余次,受益群众达 3000 人次,预防与减轻疫情所致的心理困顿,防范因心理压力引发的极端事件。

(5)"佑苗成长计划"

妇幼保健所"佑苗成长计划"项目聚焦少年儿童健康成长,围绕儿童的身心发育特点,充分利用所内场地与医疗资源,开展丰富多彩、适宜儿童的体验式实境教育活动,让儿童保健科普惠及广大群众,在全社会形成"关注儿童健康"的良好社会氛围。建立基地,关爱孩子"有亮度"。妇幼保健所打造"生命之初的起源"未成年人实践教育基地与"亲亲园"志愿服务基地,通过阅读与感知、观察与探索、科学与防护全面解答生命的由来。助力社会,天使行动"有力度"。"佑苗成长计划"项目下设"小天使助飞行"行动,该活动以关爱特殊儿童为重点,加强"医家融合",为他们提供医疗卫生、心理关怀等帮助,并为特殊家庭提供医学技术、经济、生活等帮扶。心系健康,健康教育"有温度"。依托"亲子学苑"公益课堂,为家长、教师讲解儿童早期发展、儿童心理问题、行为发育、儿童营养、口腔和眼保健等健康知识。

(6)全民健身大联赛

张家港市全民健身大联赛创办于 2011 年,赛事秉承"享受联赛魅力、焕发城市活力,全民健身动起来、幸福港城更精彩"的办赛理念,为全市运动爱好者搭建展示自我、切磋技艺、交流共促的良好平台。大联赛届届有创新、年年有突破,不仅丰富了城乡居民文体生活,激发了健康向上的城市活力,而且促进了城乡体育一体化发展,带动了体育消费新业态,营造出文明和谐的社会氛围,现已成为全市最受人民喜爱、最具本土特色、最具时代亮点的全民健身赛事活动品牌。联赛与文化、旅游深度融合,打造"夜沙洲运动秀""长江文化艺术节体育专场"等特色 IP,助力社会经济发展;大规模、长周期、规范化的赛事体系也培养出一批有热情、有能力、有责任的全民健身组织者和志愿者。一支由优秀运动员、教练员、体育老师、业务骨干等组成的全民健身志愿服务队活跃于全市各地，将体育指导、体育培训、体育表演送进农村、送进社区、送进家庭、送进企业、送进机关，全民参与体育锻炼的氛围日益浓厚，专业化水平显著提升；多元的参赛方式、优越的办赛环境、规范的赛事组织、贴心的志愿服务，让居民在强身健体的同时，提升了归属感和幸福感，社会健康指数稳步提升；大规模、高密度的赛程帮助居民养成健身习惯，提高了城乡公共运动场地的利用率以及学校、企业体育场地的开放率，在整合体育资源的同时开拓了办赛者的思路，使得城乡体育资源得到进一步整合与拓展。

三 张家港市新时代文明实践志愿服务平台建设的相关思考

随着新时代文明实践中心建设的深化拓展，张家港市文明实践志愿服务平台在服务群众、凝聚群众方面发挥的作用日益显著，在宣传社会主义核心价值观、传播习近平新时代中国特色社会主义思想方面的效果越来越突出，未来新时代文明实践志愿服务工作必然走向深入化、细致化、广泛化、多样化和创新化，从目前平台的建设情况来看，还有以下几个方面需要进一步提升。

1. 培养专业人才

五大平台在建设过程中遇到的最大瓶颈是专业人才的不足。各个平台自身的特殊性要求志愿者有很强的专业性，服务内容的精准性更是要求志愿者提供的服务具有明确性与独特性。要实现"供给侧"与"需求侧"的契合需要志愿服务平台建设从顶层设计与整体布局出发，以现有专业人才培育志愿者，以专业志愿者培育业余志愿者，从而实现专业人才规模的树形扩大。

2. 优化考评方案

由于目前志愿服务平台的服务主力人员依然以具备专业知识的体制内人

员为主，因此完善相关考评制度就显得尤为重要。在考评方面，要达到调动专业人员志愿服务积极性的目的。一是要合理区分工作时间与志愿服务时间；二是要让志愿者在提供服务时感受到自身价值的实现；三是要推动专业人员与普通民众之间的知识交流分享，尽量使志愿服务接地气、有生气、聚人气。

3. 完善奖励机制

志愿活动对于服务提供者而言，最主要的目的是获得精神满足感、提升自身认同感，但是不可否认，适当的奖励机制是保持志愿者服务动力、提升志愿者服务热情的一个有效方式。同时，在志愿者提供志愿服务时，给予其保险等相应的保障也有利于志愿活动的展开，消除志愿者的后顾之忧。

4. 盘活社会资源

目前，在五大志愿平台建设过程中已经整合了相当一部分机关事业单位的资源，但是对于社会资源的融合还有待进一步加强。五大平台在提供精准服务的同时需要相当多社会组织、企业单位提供相应的支持，无论是设备还是场地方面的支持都有利于推动新时代文明实践活动的进一步展开。

四　张家港市新时代文明实践志愿服务平台建设展望

（一）理论宣讲服务平台建设展望

1. 聚焦"讲什么"，不断夯实"两个维护"的思想根基

把学习宣传贯彻习近平新时代中国特色社会主义思想作为首要政治任务，突出围绕学习党的二十大精神和《习近平谈治国理政》《习近平新时代中国特色社会主义思想学习纲要》等内容，围绕江苏省、苏州市和张家港市党代会和相关政策文件精神开展理论宣讲。依托新时代文明实践中心（所、站）平台和文明实践志愿服务载体，开展党的二十大精神市委宣讲团宣讲、"百名局长百场宣讲"、"礼赞新时代　追梦复兴路"主题宣讲、"理响张家港"基层理论宣讲，推动基层理论宣讲与群众需求精准对接，打通理论宣讲"最后一公里"。

2. 聚焦"怎样讲",推动党的声音成为时代最强音

运用评弹、锡剧、快板、三句半等"理论+文艺"的形式,把理论宣讲融入村村演、周周演、月月映等文艺公益巡演活动,用浅显易懂、有血有肉、生动形象的典型故事讲清楚理论,满足群众的多元化需求,实现春风化雨、润物无声的宣讲效果。注重以数字化赋能大传播,充分发挥新媒体传播快、影响大、覆盖广的优势,打造涵盖报、台、网、微、端、屏等的全方位、多层次、多声部理论传播矩阵,精准推送党的最新理论成果。持续推出《张晓理说理》系列理论微视频,用好理论学习教育云平台——"理响张家港·掌上学堂"微信小程序,开展"理上网来E起学"网络理论宣讲活动,策划"故事里的思政课""永恒的纪念"红色广播剧等项目,在充分利用与规范使用广大网民熟悉接受的网络语言工具中,增强理论宣传感染力。

3. 聚焦"谁来讲",巩固壮大基层理论宣讲队伍

以"理响张家港"理论宣讲品牌建设为引领,注重选育培树,着力打造一支政治立场坚定、理论功底扎实、深受干部群众欢迎的理论宣讲队伍。注重以分众化推动大众化,组建青年讲师团、"她说"木兰讲师团、"医言益语"卫健宣讲团、"惠民使者"民政宣讲团、"暨阳银辉"老干部宣讲团、"戎耀沙洲"退役军人宣讲团等宣讲队伍,不断扩大理论宣讲人才库。健全理论宣讲人才培训培养机制,加强经费保障制度、工作交流制度、动态管理制度和奖励评价制度建设,推动志愿宣讲服务制度化、规范化、常态化。举办基层理论宣讲骨干培训班和百姓名嘴风采展示活动,定期开展业务培训、观摩学习和互动交流等活动,为理论宣讲骨干搭建有效平台,不断提升宣讲骨干的理论水平、知识储备和宣讲能力。

(二)教育服务平台建设展望

1. 完善队伍培养,提升队伍素质

教育服务平台志愿者的服务水平直接影响青少年的未来发展,提升服务者素质成了教育服务平台发展的重中之重。面对越来越强烈的心理咨询需求，需要培养更多更专业的人才，在现有的分类培训基础上继续深化、细化，以达到有问题立刻解决、有矛盾及时化解的服务水准，从而降低因心理问题导致的社会问题产生的概率。

2. 推动品牌建设，增强服务趣味

及时关注并积极回应不同年龄、不同境遇未成年人身心发展健康素养提升需求，放大"心树林"等品牌影响，通过线上线下全方位、全天候、全覆盖、多层面的运行模式，积极构筑有利于儿童青少年发展的"家庭、学校、社会"三维健康成长环境，让城市更有温度，让家庭更加温馨，让社会更显文明。更多地创设一些更具有针对性的服务品牌，不仅能够吸引更多的青少年加入，同时还能使志愿服务深入人心，形成品牌效应，以撬动更多的社会资源。

3. 完善奖励机制，提供制度保障

完善奖励机制对于青少年志愿者有极大的吸引力，在提供服务的同时收获适当的奖励是保持青少年志愿者服务热情的重要举措。通过奖励机制实现对青少年行为规范的正面引导也是教育服务平台需要关注的内容之一。由于志愿者中包含很多青少年，为他们在志愿服务过程中提供制度上的保障也极为重要，这有助于鼓励更多的青少年加入志愿服务队伍，同时减少家长对志愿服务的顾虑。

（三）文化服务平台建设展望

1. 加强文体旅融合，提升志愿服务专业化水平

在加快文体旅志愿队伍融合的同时，充分利用文体旅资源优势，丰富文化志愿服务人才培训形式，有针对性地进行培训，提升文化志愿服务队伍专业水平，如定期开展志愿服务培训大讲堂。重点发展一批人文素质过硬的专业性文化志愿者队伍，如剧场导赏员、文化活动策划大师、艺术展览策展人、科学健身推广达人等专业文化志愿服务团队。

2. 采用"文化+"模式，丰富文化志愿服务活动

利用文体志愿服务、公益文艺巡演等时机，开设市民文艺、交通安全、

环境卫生等小课堂，传授各类知识。在开展公益文艺巡演进乡村活动的同时，开展艺术展览进乡村活动。依托沧江市民大讲堂、暨阳艺术讲堂、"绽放在港城"、"艺术启智"少儿艺术培训等品牌志愿活动，邀请其他志愿服务团队入驻，定期组织群众开展不同类型的专业主题培训，丰富文体活动形式。联动各社会组织力量，组织文化能人录制体育健身、生活美学、经典赏析、艺术导赏等公益短视频，打造志愿服务直播间。

3. 完善志愿机制，形成有效的志愿者管理体系

依托友爱港城新时代文明实践智慧云平台，明确志愿者招募目标，制定志愿活动招募方案，严格把控志愿者筛选，为志愿者建立档案。运行文体旅志愿者礼遇办法，保持志愿者工作热情。确保志愿者退出机制，为志愿者提供跟踪服务，了解志愿者退出原因，及时改善管理措施。

（四）科技与科普服务平台建设展望

1. 推进科技与科普志愿服务精准化

立足群众需求，逐步建立以市、区镇（街道）、村（社区）三级组织科技与科普志愿服务体系，形成"供单、点单、派单、接单、评单"全链条贯通的志愿服务工作模式。

2. 推进科技与科普志愿服务专业化

突出专业化、多领域、多学科融合组织的特色，壮大科技志愿服务队伍，搭建科技和科普基层服务平台，精准聚焦群众生产生活的科技需求，形成常态化、平台化的科技与科普志愿服务机制，因地制宜开展多种形式的科技与科普志愿服务。

3. 推进科技与科普志愿服务品牌化

将科技与科普志愿服务和学习实践科学理论深入结合，丰富科技与科普志愿服务方式，推动科技科普实践活动深入群众、服务基层、落到实处，积极开展主题科技科普活动，提升科技与科普志愿服务影响力和知名度。

4. 推进科技与科普志愿服务清单化

结合实际认真梳理拟定本部门科技与科普志愿服务清单，探索推进资源

共享、群众点单、精准服务的工作模式，推动科技科普进社区、进农村、进企业，逐步实现科技与科普志愿服务的全覆盖。

（五）健康促进与体育服务平台建设展望

1. 完善服务制度，形成健全的志愿管理机制

依托友爱港城新时代文明实践智慧云平台，明确志愿者招募目标，制定志愿活动招募方案，经常性发布志愿活动信息，严格把控志愿者筛选，为志愿者建立档案。针对报名参加的志愿者组织开展专题培训，确保志愿者能迅速开展相关活动。制定公平有效的志愿者激励机制，激发志愿者工作热情。

2. 优化组织架构，组建系统的志愿服务矩阵

进一步推进新时代文明实践卫生健康分中心提档升级，优化调整卫生健康系统新时代文明实践点建设，组建行业志愿服务矩阵。发挥行业优势，统一规划部署，结合实际抓好落实，推进卫生健康系统新时代文明实践工作常态化开展。加大体育志愿服务的政策扶持和管理创新力度，建立完善组织体系，构建覆盖城乡的全民健身组织网络。提升体育志愿者队伍自我组织、自我管理的能力和水平，继续推进全民健身"五进"工程，全力打造运动健身服务的民心工程。

3. 建立供需机制，开展有效的志愿服务活动

整合系统资源，在摸排需求、掌握资源的基础上，不断丰富新时代文明实践志愿服务项目内涵，推广"'卫'你健康"志愿服务品牌。以群众需求为导向，持续开展"健康'益'起来""370先锋直播"等志愿服务活动，将"群众要什么"与"我们有什么"有机结合起来，采用工作任务和志愿服务相结合、线上线下相结合的方式抓好组织落实，开展群众满意、百姓放心的卫生健康志愿服务活动，发展让群众满意的卫生健康事业。

行业报告

Industry Reports

B.3
张家港市青年志愿服务发展报告

丁韦嘉　鲁文俊*

摘　要： 张家港市青年志愿服务起步较早，青年志愿者协会是张家港市成立最早的志愿服务组织之一。经过近三十年的工作积累，张家港市通过畅通参与渠道、提供丰富岗位、凝聚社会力量、提升服务质效来完善服务体系，让青年志愿服务在城市更有为；通过全面落实扶持政策、丰富青年志愿者礼遇、形成良好社会效应来强化激励保障，让城市对青年志愿者更加友好。张家港市青年志愿服务得到较快发展，形成了以青年志愿者协会为枢纽、全市所有青年共同参与的志愿服务格局，打造了"步行街青年志愿服务站"项目，"争当'河小志'助力河长制""垃圾分类新时尚　港城青年齐参与"等重点项目，推出了"河小志""路小青""分小益""网小信""心小悦"特色品牌。

---

* 丁韦嘉，张家港团市委副书记；鲁文俊，苏州大学传媒学院硕士研究生。

关键词： 青年志愿者 志愿服务 特色品牌

青年是社会发展的中坚力量，也是参与志愿服务的生力军。当代青年参与志愿服务的热情持续高涨，社区服务、生态环保、文化传播、养老助残等社会事务领域活跃着越来越多的青春身影，可以说，志愿服务已经成为当代青年喜爱的生活方式和青春时尚。在青年志愿者行动的大旗下，大批青年在奉献社会、服务人民的过程中实现着自己的价值。他们在志愿服务的实践中加强了对国情、民情、社情的了解，锤炼了意志品格，提升了志愿情怀，坚定了理想信念。青年志愿服务是一项长期事业，需要千千万万人为此不懈努力。

一 张家港市青年志愿服务发展概况

经过多年工作积累，张家港市志愿服务得到较快发展，志愿服务制度日趋完善，志愿服务种类多元，志愿者特别是青年志愿者人数大幅增加，公众参与程度不断提高，人们对志愿服务的认识不断深化。截至 2023 年 9 月，张家港市实有注册志愿者 27.7 万人，其中 14～35 周岁青年志愿者约 14 万人，占比 50.5%，超过同年龄段青年人口比例 24.3 个百分点。[1]

目前，张家港市已经形成以青年志愿者协会为枢纽、全市所有青年共同参与的志愿服务格局。张家港市青年志愿者协会成立于 1996 年 3 月，是张家港市成立最早的志愿服务组织之一。张家港市青年志愿者协会获评"2020 年度江苏省青年志愿服务行动组织奖"，2021 年成为中国青年志愿者协会单位会员。协会"垃圾分类新时尚 港城青年齐参与"项目获评 2021 年度"江苏省十佳青年志愿服务项目"。2023 年，经团中央推荐，协会获评 2022 年度全国学雷锋志愿服务"四个 100"先进典型。

---

[1] 数据由张家港市青年志愿者协会提供。

在社会影响力方面,张家港市青年志愿者在乡村振兴、疫情防控、环境保护等领域做出了突出贡献。2022年,张家港市青年志愿者通过"手绘乡村"青年志愿者行动,有效改造农村旧墙面135面,创作主题墙绘94幅;参加疫情防控志愿服务35.6万人次,占全市总服务人次的75%。青志协赛事赛会志愿服务队圆满完成全国女子举重冠军赛、全省网络文明建设工作推进会等重要活动的志愿服务工作。120多名青年志愿者参与2022年中央广播电视总台中秋晚会录制志愿服务工作,持续36天,服务时长超过4.2万小时。①

二 张家港市青年志愿服务经验做法

(一)完善服务体系,让青年志愿服务在城市更有为

1.畅通参与渠道

青年志愿者协会采用"线上线下"双轨并行模式。线上,依托张家港市志愿服务网站——友爱港城网,开通青年志愿者专属网站——友爱青春网。线下,打造"步行街青年志愿服务站"街头志愿服务阵地,涵盖青年志愿者注册、志愿服务记录等一站式服务功能,进一步畅通青年参与志愿服务渠道。

2.提供丰富岗位

在公共场所、窗口单位、文体场馆等人流量密集地点,设计开发长期固定的志愿服务岗位,每年提供志愿服务岗位超5万个。团市委充分考虑青年志愿者的服务喜好和优势特点,特别组建青志协赛事赛会志愿服务队,提供中央广播电视总台中秋晚会录制、中国网球巡回赛等重要志愿服务岗位,让青年在大赛大会志愿服务中得到更好锻炼。

3.凝聚社会力量

从2018年起,青年志愿者协会创新开展"青商聚力 携爱同行"公益

---

① 数据由张家港市青年志愿者协会提供。

项目认购计划，以协会统筹申报、青商企业赞助监督、青年志愿者团队具体实施的形式，构建"有钱出钱，有力出力"的服务新模式，切实解决了项目经费短缺问题，实现了全市青年志愿服务项目高效有序运行。

4. 提升服务质效

为进一步加强青年志愿服务队伍建设，提升青年志愿服务水平，青年志愿者协会培育出"河小志""路小青""分小益""网小信"等专业青年志愿者队伍，并组建"青年文明巡查团"，深入街道、社区开展不文明现象劝导、移风易俗宣传等志愿服务，同时通过平台联动，及时协助职能部门解决实际问题。此外，协会还聚焦城区生态文明建设、"两新"群体关怀、文明新风树立等领域，组织开展宣传、宣讲活动 200 多场，服务时长超 4500 小时。

（二）强化激励保障，让城市对青年志愿者更加友好

1. 全面落实扶持政策

制定出台《关于扶持志愿服务团队发展的工作意见》，在政策、资金、培训等方面给予大力扶持，市级各部门支持青年志愿服务项目经费年均超 10 万元。2018 年 7 月，张家港市成立了全国首个县级市志愿者学院。2023 年 3 月，张家港市永兴村挂牌江苏省青年志愿服务培训基地（苏州）实践教学点，为青年志愿服务团队成长助力赋能。

2. 丰富青年志愿者礼遇

为青年志愿者办理意外身故保险、意外残疾保险和意外伤害医疗保险，推出青年志愿者专属的"青志贷"，志愿服务满 100 小时即可低息贷款 30 万元，助力青年志愿者无忧服务、扎根港城。同时，吸引青年商圈会员加入志愿礼遇联盟，推出"青享惠"礼遇福利，志愿服务积分可免费兑换种类丰富的礼遇商品。

3. 形成良好社会效应

利用全市"一网一群一博一平台"（友爱青春网、志愿者 QQ 群、微博微信、手机客户端平台）四位一体的数字化宣传矩阵，加强对青年志愿者事迹的宣传。创作"张小青""张小志"IP 形象及青志协会歌《小港大

爱》，打造青年志愿文创产品矩阵。每年评比选树一批学雷锋志愿服务先进青年典型，激发青年志愿者学习标杆意识，形成青年踊跃参与志愿服务的社会风尚。

三 张家港市青年志愿服务特色点位

（一）步行街青年志愿服务站

步行街青年志愿服务站设立于 2010 年 6 月，是张家港市第一家街头志愿服务站，也是张家港市首批志愿服务基地之一。在青年志愿者协会的牵头下，服务站实现早 9 点至晚 8 点的全年不间断志愿服务，为市民提供城市文化宣传、应急充电、雨伞租借、爱心饮水、失物招领等 20 多项服务。服务站年均参与志愿者 3600 余人次，服务群众超过 3 万人次。

为了更好地服务广大市民，2018 年 9 月，步行街青年志愿服务站进行了提档升级，增加了志愿者自助制卡、志愿者礼遇 24 小时自主兑换功能，还增设了志愿者图书角。在升级后的服务站，广大市民在青年志愿者的帮助下能顺利完成志愿者咨询、志愿者注册、志愿者自助制卡、志愿者证明打印、志愿者服务查询、志愿者礼遇自主兑换等一条龙服务，极大地方便了市民加入志愿者行列和参与志愿服务。通过项目实施，步行街青年志愿者服务站已成为展示文明城市形象、宣传志愿服务工作的重要窗口。

在运行机制上，步行街青年志愿服务站项目已完全实现自转和"造血"功能。团队内部人员通过 QQ 群、微信进行统一志愿者招募和管理，志愿服务站每天分 5 个时间段，日均参与志愿者 10 人次以上，志愿者的排班管理、记录考核和志愿服务时长录入均由团队自行完成。通过面向市民和广大志愿者提供各种服务，项目在服务站的平台上实现所有志愿者全部社会化招募，有效地加强了服务站工作力量，保证了项目的有序运转。

在服务内容上，项目实现了常规和特色内容的结合。常规内容包括旅游咨询、线路指引、打印复印等便民志愿服务；特色内容主要是把握各节日节点，在服务站周边开展主题宣传活动，包括春节送春联、我与国旗同框等活动。步行街青年志愿服务站项目常年开展"天生本有用，爱捐本不闲""青驿站——志愿者手工课堂"等志愿服务品牌活动，引导广大青少年从小培养志愿服务意识，增强志愿服务本领。

步行街青年志愿服务站团队荣获"苏州市最佳志愿服务团队""苏州市优秀青年志愿服务组织"称号。

（二）张家港市青年中心

为进一步强化党建引领，积极适应共青团深化改革新形势，团市委将团的阵地有形化，让青年能够看得到、找得着，以"实体化阵地+服务"的模式更好地建设"青年身边的共青团"。

中心建筑面积共 253 平方米，以青少年服务为主线，设置团青业务大厅、青年学习社、青春先锋站、青春汇客厅、梦想加速器 5 个功能区，免费向全市青少年开放，服务项目涉及志愿服务、文化学习、信息咨询、创业服务、婚恋交友、休闲娱乐等 8 大领域，通过汇聚社会资源、引入青年社会组织，形成实体化枢纽，打造联系和服务青少年的"张家港共青团门店"，为张家港市共青团及团干部倾听青年心声、展示青年风采、凝聚青年力量、实现青年梦想提供载体；同时，充分发挥各级团组织、青年社会组织和青年志愿者协会的协同作用，有效整合社会资源，按照受众青年群体的不同，细分建设各类青年之家。中心推出"港城青年优享计划"，在就业创业、法律咨询、联谊交友、志愿礼遇、商圈优惠等 10 项内容的基础上，推出每周公益课，全方位普惠各类青年群体。

（三）网约车司机青春加油站

苏州网约车司机青春加油站张家港店（以下简称"网约车司机青春加油站"）是张家港团市委与国网张家港市供电公司联合共建的青年阵地，位于张家港市杨舍镇人民西路 1 号。网约车司机青春加油站依托市电动汽车体验中心，以"港城发展正青春　青年在港更有为"为理念，以"我为群众办实事"为宗旨,打造服务新业态新就业群体以及向购车市民提供智能选车一站式服务的二合一"青春加油站"。2023年3月,站点正式投入启用。

网约车司机青春加油站通过有效整合人社局、公安局、交运局等部门服务资源,利用充电碎片化时间,向网约车司机等新兴群体提供充换电、休息补给、学习阅读、思想引领、雏鹰成长护航、充电优惠补贴、惠青关爱福利和智能选车购车等"3+7"多元化服务、"1+N+X"暖心关爱矩阵,提升新业态新就业群体的体验感,为新业态新就业群体托起"稳稳的幸福"。"1"即"1个组织",强化行业团工委组织凝聚;"N"即"N个阵地",为从业青年提供歇脚港湾;"X"即"X项关爱服务",联合推出服务清单并持续更新,满足从业青年的实际需求。

"室内综合体验区"包含休息补给站、学习后备箱、思想电引擎、雏鹰成长护航、充电优惠补贴、智能选车购车六大服务功能,"室外充电服务区""光充"一体的电动汽车充电区,同时设置了电瓶车换电站,快递小哥、外卖小哥只需扫码,15秒钟即可完成电瓶车换电,方便快捷。

四 张家港市青年志愿服务特色项目

为吸引广大青年投身志愿服务,2020年张家港市率先在全团开设线上青年志愿者服务平台——友爱青春网,对全市青年志愿服务实行统一管理、统一调度,实现线上线下精准对接,推出了"河小志""路小青""分小益""网小信""心小悦"多个志愿服务项目,鼓励青年自主报名,就近服务。

(一)"河小志"巡河护河

"河小志"是参与保护母亲河行动、助力河长制的张家港市广大青年党团员的总称,是河长的助手和落实河长制工作的参与者、支持者和监督者。活动通过构建1个队伍体系、组织2项巡河护河活动、实施3项岗位创建活动、建立健全4项工作机制,达到广大青年党团员参与长江、河库保护志愿服务活动制度化,社会各界关心支持、参与监督活动常态化的目的。服务队自成立以来，定期开展巡河护河、水资源保护宣传教育等活动。截至 2023 年 5 月，累计巡河 2.5 万余次，共发现、收集并上报"水质污染""河藻丛生"以及向河道内排放污水等问题 1200 余个。[①]

（二）"路小青"文明交通

张家港市为充分发挥青年党团员在文明城市创建中的主力军和突击队作用，持续推动全市安全文明环境建设，成立"路小青"文明交通志愿服务队。服务队主要参与交通值勤，配合交警维持交通秩序，引导市民遵守交通规则，为市民文明出行保驾护航。"路小青"文明交通志愿服务活动结合实际情况，以"路口+责任单位"为主要工作模式，建立了一个由党组织、共青团、青年志愿者组成的文明交通志愿服务队伍体系。志愿者们身着绿马甲、头戴小白帽，在执勤期间对非机动车闯红灯、超越停车线、行人乱穿马路等违章行为进行劝导，并为残疾人、老人、儿童等群体过马路提供服务。参与"路小青"文明交通志愿服务活动，能使广大青年志愿者成为文明交通的宣传者、文明实践的先行者、文明新风的引领者。截至 2023 年 9 月，共有 1520 名青年志愿者（合计 6025 人次）参与活动，总服务时长达到 6350 小时。[②]

（三）"分小益"垃圾分类

为进一步增强全市青年党团员的垃圾分类意识，高质量推进垃圾分类工作，张家港市充分发挥青年党团员的模范带头作用，成立"分小益"垃圾分类志愿服务队。服务队由 120 名青年志愿者、20 名青年宣讲员和 2 位宣讲导师组成，每年围绕"垃圾分类新时尚　港城青年齐参与"等主题开展垃圾分类活动。服务队结合实际、创新形式，通过进机关、进单位、进学校、进社区，向市民特别是青少年进一步普及垃圾分类知识，发动更深更广层面的社会人群参与垃圾分类工作，不断提高垃圾分类工作的知晓率和参与

---

① 数据由张家港市青年志愿者协会提供。
② 数据由张家港市青年志愿者协会提供。

度，为垃圾分类活动的推广和实施贡献青春力量。截至 2023 年 9 月，服务队共开展垃圾分类活动 235 场，累计志愿服务时长超过 3800 小时，同时开展垃圾分类讲座 132 场，覆盖人群 2.5 万余人次。[①]

（四）"网小信"防诈反诈

为充分发挥全市青年团员的示范带头作用，助推全市打击治理电信网络新型违法犯罪工作高质量发展，张家港市成立"网小信"防诈反诈宣传志愿服务队。"网小信"是全市参与反诈防范宣传志愿服务青年的总称，是助力打造全民反诈格局的青年突击队。青年志愿者利用自身网络运用能力强的优势，做交流、勤思考、出实招，针对重点人群、薄弱环节加强普及宣传、巩固思想防线，通过"反诈小课堂""反诈知识问答"等形式常态化开展预防网络电信诈骗宣传，共同筑起一道坚不可破的电信网络诈骗"免疫墙"。截至 2023 年 5 月，服务队共开展活动 15 场，宣传覆盖人数超过 5000 人次。[②]

（五）"心小悦"健康关爱

以困境、重点青少年群体为服务对象，组织青年志愿者通过线上访谈、心理课堂、一对一辅导、互动游戏等方式，缓解青少年特定时间点的心理压力和紧张情绪，提高青少年的自我认知和身份认同，帮助青少年进行人际交往和情感表达，提高和增强青少年的维权能力和法律意识，帮助青少年培养健康的生活理念和强大心理韧性。

五　张家港市青年志愿服务面临的挑战与未来展望

（一）面临的挑战

近年来，张家港市改革创新了青年志愿服务工作，推进志愿服务精神与

---

① 数据由张家港市青年志愿者协会提供。
② 数据由张家港市青年志愿者协会提供。

张家港市志愿服务文化融合发展进步，不断提升城市文化软实力，取得了一定成效。然而，对标国内先进城市的典型经验，张家港市青年志愿服务工作还存在一些问题。具体表现在以下两个方面。

一是青年志愿者缺乏专业化岗前培训。在志愿者招募过程中，招募要求并不高，只有一些大型或者热门的志愿服务活动在招募志愿者时才有条件限制，但限制条件一般比较宽松。此外，在现阶段的大部分志愿服务活动中，岗前培训并不专业，甚至缺乏岗前培训，通常由资历较深的志愿者，即社区或志愿者协会的负责人、干事等，凭经验进行志愿服务工作的安排和指导。

二是志愿服务项目缺乏创新活力。项目参与对象的参与度有限，很多仅停留在执行层面，缺乏对志愿服务目的性的深入考察，难以进一步推进。青年志愿者也未能全方位参与志愿服务项目的设计、组织、动员等，从而使活动缺乏创新活力。

（二）未来展望

在理念方面，青年志愿服务将进一步创新。过去更多强调青年志愿者的"响应"和"服务"特质，但事实上，青年还具有群体引领与先锋特质，具有敢为人先、敢于实践的品格。因此，青年志愿服务将在社会生活的方方面面带来新的理念和方式，用年轻化的方式重新打开"张家港"，创新城市表达方式，营造更具活力的城市形象。

在项目方面，青年志愿服务将进一步聚焦青年参与社会治理，联动属地高校、职能部门和村/社区基层，利用青年人有活力、学习能力强、整体素质高的特点，创新志愿服务形式，围绕老年关怀、青年就业等主题，提供群众更需要、青年更喜欢的志愿服务项目，不断扩大青年志愿服务的影响力，吸引更多年轻人加入志愿者行列。定期开展培训与督导活动，帮助青年志愿者在各方面得到提升。同时加强项目管理，从项目设立、组织实施、成效评估、反馈优化、社会支持等方面系统探索青年志愿服务发展长效机制，推动志愿服务机制创新。

在文化宣传方面，青年志愿服务将推出青年志愿者协会会歌，大力弘扬"奉献、友爱、互助、进步"的志愿精神，培育志愿文化，示范引领全民参与，推动新时代志愿服务事业持续健康发展。同时，丰富并推广"河小志""路小青""分小益""网小信""心小悦"多个志愿服务项目的 IP 形象，打造更多的特色品牌项目，助推志愿服务理念深入人心。

B.4
张家港市应急志愿服务发展报告

林学军　陆　仲　鲁文俊*

摘　要： 张家港市应急管理局科学统筹全市应急志愿服务工作和应急志愿服务队伍建设，牵头成立张家港市新时代文明实践志愿服务总队应急志愿服务支队，以"政府领导、社会参与、专业指导、服务社会"为原则，以提升安全意识、助力安全发展为导向，大力推进全市应急志愿服务工作。针对应急志愿服务队伍缺乏较强的组织性和专业性、有效的激励和评价机制、经费保障和法律支持等相关问题，张家港市应急志愿服务支队从规范组织建设、强化培训教育、构建激励制度、增加资金投入四个方面发力，不断提升应急管理社会动员能力和水平，为加快推进展现"强富美高"新江苏现代化建设张家港实践提供安全稳定保障。

关键词： 应急管理　应急管理局　应急志愿者

张家港市始终坚持以习近平新时代中国特色社会主义思想为指导，主动适应当前应急管理事业的新形势、新特点、新要求，以"政府领导、社会参与、专业指导、服务社会"为原则，以提升安全意识、助力安全发展为导向，大力推进全市应急志愿服务工作。张家港市应急管理局作为行业主管部门，科学统筹全市应急志愿服务工作和应急志愿服务队伍建设，牵头成立

---

* 林学军，张家港市应急管理局副局长；陆仲，张家港市红盾综合减灾救援服务中心总干事；鲁文俊，苏州大学传媒学院硕士研究生。

张家港市新时代文明实践志愿服务总队应急志愿服务支队，调动全市应急管理力量，整合资源、拓展阵地，大力推动应急志愿服务制度化、规范化发展，打造贴近各方需求的志愿服务项目，不断提升完善志愿服务治理体系和应急管理体系，提升社会治理效能，为构建共建共治共享社会治理新格局提供有益助力。

一 张家港市应急志愿服务体制机制建设情况

（一）工作部署

为更好地推动张家港市应急志愿服务工作开展，市文明办、新时代文明实践工作指导中心、应急管理局联合发布《关于在全市应急管理系统开展新时代文明实践工作的通知》。文件确立了以提升应急管理文明实践成效为目标，通过整合全市现有资源，依托各类安全文化工作阵地，开展系列安全宣传活动，构建新时代文明实践安全发展体系，打造贴近各方需求的志愿服务项目的发展方向，以打通服务群众的"最后一公里"为总体目标，制定了打造实践载体矩阵，优化志愿服务队伍，完善管理制度机制的组织体系；明确了加强政策理论宣传、开展主题宣教活动、深入开展志愿服务、打响安全宣传"五进"活动品牌、培育选树先进典型的5项重点任务。

（二）阵地建设

在推进应急志愿服务阵地建设方面，市应急管理局充分发挥行业部门优势，大力推进应急（安全）文化教育基地资源整合和共享力度，在充分发挥市安全生产警示教育馆新时代文明实践点功能的基础上，联动公共安全教育馆、市民急救体验馆、气象科普馆、凤凰实训基地等打造市级场馆阵地，结合宣传教育、展览体验、演练实训开展应急文明实践志愿服务活动。同时通过引导各区镇（街道）结合辖区实际，建设具有区域特色的新时代文明实践阵地，鼓励一定规模的企业建立安全文化体验馆，村（社区）推进以

"一站三室"应急志愿服务阵地建设的方式设立新时代文明实践阵地，逐步打造全市应急管理文明实践和应急志愿服务矩阵。

（三）队伍建设

为进一步整合、优化全市应急志愿服务队伍，市应急管理局发挥"安全到家·应急先锋"党建联建作用，整合相关职能部门、各级志愿服务队伍、社会救援力量、企业救援队等，建成具备一定规模、涵盖重点领域的"市—区镇（街道）—村（社区）"三级应急志愿服务队伍架构。为全面加强重点行业领域的专业应急力量，与张家港市经济社会发展相适应，市应急管理局初步形成了统一指挥、反应灵敏、功能齐全、运转高效的志愿服务应急响应体系；组建了市级应急志愿服务支队，并将其纳入全市新时代文明实践志愿服务总队，统筹全市应急志愿服务队伍；广泛凝聚社会力量，加强与社会应急队伍的协调与合作，充分发挥专业服务特点，积极参与突发事件应对。张家港市蓝天救援队作为政府救援队伍的补充力量，充分发挥自身优势，向社会提供防疫支持等应急救援服务，以及安全知识宣传推广等应急志愿服务。截至目前，蓝天救援队面向社会开展应急志愿服务1000余次，服务群众3万余人次。张家港市翔宇救援社拥有专业教官及应急志愿者300多人，团队拥有国际R3R4及EMT-1教官，AHA-HS导师、PADI救生员多名，开展各类应急防灾和安全宣传活动1000余次，服务群众6万余人次。张家港猎鹰救援队秉承"互助不求回报"的公益精神，遵循"互帮互助，助人自助，无私奉献，不求回报"的宗旨，无偿为社会提供救援服务，推动公益事业发展，团队目前共有志愿者150人，其中10人具备森林消防员资质。成立以来，猎鹰救援队开展志愿服务活动100余次，服务群众800余人次。目前，张家港全市共有各级、各类应急志愿服务队伍13支，社会（企业）应急救援力量27支，参与应急志愿服务志愿者1800余名。

（四）制度建设

为促进张家港市应急志愿服务有序开展，建立健全志愿服务活动管理机制，应急管理局建设市新时代文明实践应急管理分中心，牵头成立全市应急志愿服务协调小组，统筹协调全市应急志愿服务工作，推进全市应急志愿服务体系建设。结合工作实际，应急管理局起草了《关于进一步推动张家港市应急志愿服务发展的指导意见（试行）》《张家港市应急志愿服务管理办法（试行）》，并整理编写了《张家港市应急志愿者基础培训教材（试行）》，制定了有制度、有培训、有标识、有信息发布、有活动组织、有总结、有评估的"七有"工作要求，规范张家港市应急志愿服务的开展，保障应急志愿者、应急志愿服务组织、应急志愿服务对象的合法权益。

二　张家港市应急志愿服务经验做法

应急志愿服务是新时代文明实践工作的重要组成部分，更是基层应急体系的重要辅助力量。近年来，张家港市应急管理局发挥行业主管部门作用，以培育发展村（社区）应急志愿力量为切入点，结合村（社区）新时代文明实践站，积极推进应急管理新时代文明实践工作和应急志愿服务点建设，推动新时代文明实践应急志愿服务的发展。

（一）搭建基层应急志愿服务平台

通过与村（社区）新时代文明实践站、微型消防站相结合，依托新时代文明实践站现有的志愿者招募、培训、管理平台，微型消防站阵地，整合融入应急志愿服务资源，通过共建队伍、共享阵地，构建社区应急志愿服务平台。同步搭建"张家港市应急志愿服务智慧云平台"，实现应急志愿者的在线宣教培训、考核评定、监督管理、信息交互等功能，为应急志愿者队伍建设和活动开展提供重要支撑。

（二）明确应急志愿服务工作要求

应急管理局联合市文明办、新时代文明实践工作指导中心，加强对应急志愿服务工作的指导，各应急志愿服务队伍严格落实"七有"工作要求，即"有制度"，建立和完善应急志愿服务管理制度，保障科学调度、有序开展；"有培训"，编写应急志愿服务培训教材，制定培训内容，对应急志愿者开展有计划培训；"有标识"，统一应急志愿者服装和身份标记；"有信息发布"，通过志愿服务信息平台、微信群、手机短信等方式及时发布应急志愿服务信息；"有活动组织"，结合应急管理实际，及时组织开展志愿服务活动；"有总结"，对应急志愿服务活动中表现突出的及时表彰并推荐上级表彰；"有评估"，对应急志愿服务活动效果及时进行总结分析。

区分应用场景，市应急管理局研究制定相应的应急志愿服务内容和规范，明确应急志愿者的权利和义务，明确应急志愿服务的流程、要求，分析可能面临的风险、隐患，制定对应的方法、措施；引导广大应急志愿者抓好应急志愿服务规范的学习宣传和实际演练，鼓励定期参加理论考试和模拟考核；以友爱港城新时代文明实践智慧云平台为依托，实现应急志愿者的网上注册审核、志愿服务时长登记和星级志愿者评定。

（三）推动应急志愿服务规范运行

一是完善应急志愿服务保障机制。引导应急志愿服务组织为应急志愿者从事应急志愿服务活动提供必要的安全、防护等条件，开展相关的知识和技能培训；根据应急志愿服务活动的实际需要，为应急志愿者提供交通、食宿、通信等保障；确需安排应急志愿者参与可能发生人身危险的应急志愿服务活动的，就可能发生的人身危险和相应的防范措施向应急志愿者作出必要的告知和说明，并事先为应急志愿者购买人身意外伤害保险，保障应急志愿者权益。

二是整合资源，构建应急志愿服务阵地网络。充分发挥安全生产警示教育馆新时代文明实践点功能，联动公共安全教育馆、凤凰实训基地等市级场馆，鼓励引导区镇、街道及企业结合安全文化建设，建立应急安全文化体验馆等，设立新时代文明实践阵地，打造文明实践载体矩阵。鼓励属地相关部门以推动应急力量共训共练、有序开放训练场地、向专业培训机构购买服务等方式，为辖区内的应急志愿服务组织解决训练场地不够、培训力量不足等问题。依托新时代文明实践中心（所、站）、志愿服务站、微型消防站等，打造应急志愿服务点和社会力量共训共练基地。目前，全市已设置应急志愿服务点 5 个，社会力量共训共练基地 2 处，常态化面向群众开展交流、讲座和培训等活动，不断扩大应急志愿服务工作的社会影响力。

三是孵化培育应急志愿服务项目。结合安全宣传"五进"活动，孵化培育基层应急志愿服务组织，为开展应急志愿服务活动提供必要的支持；同时发布张家港市应急管理系统新时代文明实践志愿服务项目，按照项目化运作、规范化管理、常态化开展的工作思路，挖掘培育优质志愿服务品牌项目，推动应急志愿服务出新出彩。

（四）加强应急志愿服务队伍建设

一是抓好应急志愿者招募工作。倡导符合条件的社会力量依法成立应急志愿服务组织，在友爱港城新时代文明实践智慧云平台登记并发布招募公告，向社会广泛招募志愿者。鼓励积极从事应急志愿服务的个人，特别是取得相应资格或具备相关应急知识技能的专业人员，按照程序登记注册成为应急志愿者。凡年满 18 周岁、身心健康、具备完全民事行为能力、具备参加应急志愿服务相应的基本能力和身体素质、能够保证参加应急志愿服务的时间，均可注册申请为应急志愿者。根据友爱港城新时代文明实践智慧云平台最新数据统计，全市参与应急志愿服务的志愿者人数超 1800 人，除应急管理系统内的干部职工以及社区应急志愿者外，其余主要分布在蓝天救援队、猎鹰救援队等社会应急救援力量中。应急管理局持续推动社会应急力量建设发展，充分发挥各类社会志愿者组织覆盖面广、组织灵活、反应迅速、贴近基层、人数众多、热衷公益等优势，保障各类救援抢险工作。

二是指导应急志愿者业务能力培训。按照"覆盖全面、师资完备、教材规范、分级分类"的思路，建立规范化、系统化的应急志愿者培训体系。组建应急志愿服务工作专家库，整合行业协会、优质企业等资源，培训应急志愿者骨干力量。指导和组织各级应急志愿服务队伍立足现实需求、紧贴自身实际，积极开展应急志愿者培训活动以及应急志愿服务赋能社区行动，组织涵盖安全生产、志愿服务、应急救援、社会工作、心理辅导等相关领域的专家 8 人，整理汇编《张家港市应急志愿者基础培训教材》，涉及应急志愿服务的基本概念、各类事故灾害的基础知识与应对措施、突发事件初期搜索与救援处置、应急救护等相关内容，先后开展各项培训活动 30 余场次，培训志愿者 1800 余人次。

三是开展应急志愿服务业务技能竞赛。区分级别和专业类别，举办以搜救演练、授课演示、装备使用、技能比武、演练观摩等为主要内容的应急志愿服务竞赛，鼓励广大应急志愿服务队伍和应急志愿者积极参与，并分级分类推选先进典型，发挥"头雁"引领作用，营造比学赶超的良好氛围。

（五）打造应急志愿服务活动品牌

应急管理局聚焦全市应急管理工作面临的新形势、新特点、新任务，围绕防灾救灾、安全生产等领域，整合优化服务资源，打造社会好评度高、群众认可的应急志愿服务品牌。为此，应急管理局广泛开展科普宣传活动，以"5·12 防灾减灾日""安全生产月"等为重要时机，推进应急志愿服务宣传工作进企业、进农村、进社区、进学校、进家庭，积极推动应急志愿服务常态化；定期组织应急志愿服务专项活动，打造"安全到家""救在身边""益安先锋"等一批具有张家港特色的应急志愿服务品牌活动，提升公众对应急处突的知识储备，激发公众参与应急志愿服务热情，营造应急志愿服务"人人可为、时时可为、处处可为"的浓厚氛围。应急管理局鼓励各应急志愿服务组织结合自身实际，开发求实、创新、富有特色的应急志愿服务项目。安全到家志愿服务队深入社区街角、田间地头开展应急知识大讲堂、应急知识大篷车、企业安全能力提升等品牌活动；联合市文明办等单位，以"安全生产、幸福你我"科普文明实践为抓手，在全市开展安全宣讲、安全科普巡展、送安全科普图书进企业等活动，有效推进安全文化与新时代文明实践志愿服务深度融合，让安全文化宣传实现全覆盖。

（六）建立应急志愿服务激励机制

区分级别和专业类别，以工作热情、专业能力、工作经历、社会影响、服务时长、项目成效等作为主要依据，应急管理局每年评选和表彰一批优秀的应急志愿者、应急志愿服务组织和应急志愿服务项目，并推荐表现特别优异或有突出贡献的应急志愿者和应急志愿服务队伍参与全市"四个100"先进典型评选，对于特别优异的同时推荐参与评选"最美应急人"。目前，全市应急志愿者获评"张家港最美应急人"1人（翔宇救援社 陈翔宇）、"张家港市十佳青年志愿者"1人（张家港市红盾综合减灾救援服务中心 陆仲）。同时，利用"张家港应急与管理"微信公众号和"应急志愿服务智慧云平台"的宣传功能，加强对应急志愿者的宣介，强化志愿者学习标杆意识，推动形成踊跃参与应急志愿服务的社会新风尚。

三 张家港市应急志愿服务特色项目

（一）"应急安全大篷车"——应急科普"五进"

1.项目简介

"应急安全大篷车"——应急科普"五进"项目立足张家港市实际，以"推广普及应急安全文化、提高社会风险应对能力"为目标，通过整合各方资源，吸收了安全生产、应急救援、心理疏导、灾害社工等领域的各类专家，走进企业、社区、农村、校园、家庭开展政策宣讲、安全宣传和应急技能培训。

在项目开展中，团队通过 VR、游艺等趣味互动体验以及技能普及培训等形式，充分调动活动参与者的学习热情，让大家在轻松愉快的氛围中学习掌握相关的应急安全知识和技能，并且针对不同人群、不同对象设计菜单式、沉浸式、体验式活动内容，以"大篷车"形式送活动至群众身边。全年项目共开展活动 38 场次，受益 1.2 万人次，受到了各基层实践站的欢迎和好评，也获得了群众的赞誉。

2. 项目路径

（1）完善制度，规范项目管理

为确保项目有序开展，项目团队制订项目实施计划，建立项目管理制度，并落实专人负责。同时，团队借助友爱港城新时代文明实践智慧云平台进行规范项目信息化、流程化管理，并利用平台同步掌握项目数据信息，了解群众需求变化、项目实施状况和志愿服务效果等。

（2）统筹力量，协调资源保障

项目团队通过对前期项目做出反馈以及走访征集等形式，了解群众所需所盼，准确把握群众需求，建立需求清单。针对群众迫切所需的方面，如燃气安全、急救护理、房屋安全等，协调统筹行业专家资源，建立项目支持"专家库"，并整合吸收安全生产、应急救援、心理疏导、灾害社工、志愿服务骨干等领域资源，培育项目执行志愿团队，创新活动内容和形式，设计符合群众需求的项目活动，从专业背景、活动设计到服务实施提供全流程、多方位保障。

（3）强化宣传，扩大项目影响

项目通过现场宣传、媒体报道、志愿者发动等形式，积极开展项目宣传，大力营造氛围。在普及应急安全常识的同时不断扩大项目宣传覆盖面，编写项目简报，利用融媒体、互联网自媒体平台等多渠道、多举措推动项目宣传到位。

（4）落实评估，确保活动成效

项目在执行过程中，结合活动参与者现场反馈、志愿者意见，以及活动现场监测等方式，对活动准备工作、活动开展过程进行评估，并在每次活动结束后开展活动小结，及时总结项目开展中的各类经验做法，确保项目各项活动取得实效。

3. 特色亮点

"应急安全大篷车"——应急科普"五进"项目，以推广普及应急安全文化、提高社会风险应对能力为目标，通过完善需求调研、设计紧贴群众需要的项目活动，主动下沉，把群众所需送至群众身边。项目活动整体设计以构建沉浸式、体验式的互动宣传方式，将枯燥的理论宣讲、技能教学变得生动有趣，并结合活动内容打卡参与的形式，激发群众的参与热情。

（二）社区"急先锋"——基层应急力量培育行动

1. 项目简介

社区作为群众生活、工作的主要场所，是联系和服务群众的"最后一公里"。在"关口前移、重心下沉"的应急体系中，社区成为城市危机预防和应急管理的前沿阵地。社区"急先锋"——基层应急力量培育行动项目，依托全市应急管理行业专家、应急救援专业人士，组织应急志愿服务讲师团，面向全市村（社区）开展应急志愿服务指导和应急志愿能力培训，在提升社会公众安全应急意识和自救互救能力的同时，培育基层应急志愿服务力量，筑牢基层安全防线。

2. 项目路径

（1）编写应急志愿者培训教材，提升社区应急志愿者能力

开展应急志愿服务、传播应急安全文化、宣传安全知识、普及应急避险自救互救技能，都对应急志愿者提出了专业要求，需要具备较为丰富的安全应急常识，掌握辨识风险、消除隐患、开展自救互救的能力。为推进应急志愿服务发展、满足志愿者能力提升需求，应急管理局联合新时代文明实践工作指导中心编制了《全市应急志愿服务基层培训教材》，统一纳入全市志愿者培训教材中，内容涵盖了应急志愿者概述、相关知识与技能、政策法规等内容，为提升应急志愿者能力提供了保障。

（2）"一站三室"打造社区应急志愿服务点，拓展应急志愿服务阵地

在推进社区应急志愿力量培育过程中，张家港市结合社区新时代文明实践站和微型消防站创新打造了"一站三室"社区应急志愿服务阵地。所谓"一站"即应急志愿服务站；"三室"即社区应急值守室、应急装备室、宣传培训室。通过这一举措完善社区应急志愿服务空间，满足社区应急志愿服务中的装备存放、志愿者培训、应急科普宣传和志愿者招募管理的需求，并在遇到突发情况时，能够第一时间做出应急响应。

（3）规范社区应急志愿服务管理，夯实常态化机制

为进一步规范社区应急志愿服务活动，应急管理局针对社区应急志愿者试点建立了"16+32+64"的常态化志愿服务模式，即"16小时演练""32小时培训""64小时宣传"，并鼓励志愿者结合安全生产月、消防宣传月组织开展应急综合演练，每月开展专项培训，每周开展应急志愿宣传。确保定期有培训、日常有宣传，夯实社区应急志愿服务常态化机制。同时，结合应急志愿服务站建设，完善值班备勤制度、物资出入库制度、宣传教育制度等，进一步规范社区应急志愿服务。

3. 特色亮点

社区"急先锋"——基层应急力量培育行动项目以提升应急管理系统精神文明建设成效为目标，通过整合全市应急行业资源，依托各类安全文化阵地，开展应急志愿队伍培育、安全宣传等系列活动，孵化基层应急志愿服务队伍，打造贴近群众的应急志愿服务项目，打通服务群众"最后一公里"。

（三）"童心育安"——儿童青少年安全成长营

1. 项目简介

"童心育安"——儿童青少年安全成长营是针对张家港市儿童青少年群体开展的安全自护志愿服务项目。项目采用构建主义学习理论，从儿童青少年安全需要视角出发，整合全市应急管理行业资源，组建"专家+社工+专业志愿者"服务模式，开展寓教于乐、生动直观、富于创新的安全教育体验活动，培养儿童青少年的安全意识，提升儿童青少年安全辨识能力、自我保护能力，帮助儿童青少年树立正确的生命观和安全观。

在项目开展过程中，成长营通过整合各方资源，吸收安全常识、心理疏导、灾害社工等领域专家5人，链接张家港市安全生产警示教育馆、张家港市城市公共安全教育馆、巨星美术空间、消防中队等活动阵地资源，结合趣味游戏、实地参访、实操学习等形式，针对不同年龄层的儿童青少年设计开展兼具知识性与互动性的体验式活动，让儿童青少年在"玩中学、学中玩"。在项目周期内，团队走进了企业、校园、村（社区）等开展活动29

场次，直接受益 1240 人次，间接受益 4960 人次，活动受到了儿童青少年与家长们的欢迎和好评。

2. 项目路径

（1）安全小课堂，安全意识驻心间

"安全小课堂"以宣传普及安全常识理论为主旨，通过主题安全讲座、安全绘本阅读、体验安全文化等多种形式，向儿童普及涵盖自然灾害、消防安全、用火安全、电气安全、运动安全等日常生活中必备的安全知识，并结合不同时段特性开展相对应的安全教育内容，例如寒暑假期间突出居家安全教育，夏季高温时重点开展防暑降温、防溺水宣传。

（2）安全训练营，安全技能护成长

"安全训练营"借助特定情境、利用专业模拟道具，向儿童青少年传授应对灾害的方法与措施，使其学习掌握自救互救技能，提升应急判断和行动的能力，同时增强协作配合的意识。训练营通过组织安全教育场馆参访，提高儿童青少年对事故灾害的直观认知；通过开展安全隐患辨识与自救互救能力培训等，让儿童青少年学会从容且科学地应对各类灾害事故；通过开展家庭备灾亲子活动，激发儿童青少年与家庭成员之间沟通与协作，提升家庭安全教育的氛围和效果。

3. 特色亮点

"童心育安"——儿童青少年安全成长营项目立足于儿童安全教育数据统计，有针对性地开展活动，增强儿童青少年对安全问题的关注度，丰富儿童青少年的安全知识储备，提高儿童青少年面对突发事件时需具备的思考、判断和行动等能力；强化儿童青少年家庭和公众安全教育理念，帮助儿童青少年培养安全意识与自护意识，实现儿童青少年的安全教育与共同保护。

（四）应急志愿服务"青创营"

1. 项目简介

应急志愿服务"青创营"是为推动张家港市青年群体应急志愿服务落地，由市应急管理局团支部主导的青年专业志愿服务培育项目。项目从青年视角入手，立足青年志愿者需求，由应急管理局团支部主导，通过挖掘整合资源、打通渠道，为青年志愿者参与应急志愿服务搭建平台。

2. 项目路径

（1）制定实施方案

项目筹备时，由市应急管理局团支部牵头，依托市应急管理局安全到家志愿服务队建立青年应急志愿服务分队，并制定青年参与应急志愿服务实施方案，健全完善青年应急志愿服务的注册、培训、预案、人员管理等制度；同时，厘清明确青年应急志愿服务的职责和服务边界，为青年志愿者参与应急志愿服务提供制度保障。

（2）搭建智慧云平台

为更好地推动青年应急志愿服务落地，有关部门联合搭建"张家港应急志愿服务云平台"，包括搭建组织管理平台、技能提升平台和资源保障平台，为青年应急志愿服务开展提供平台保障。

（3）开发培训教案

市应急管理局团支部整合全市资源，联合参与编制应急志愿者培训教材，打造"16小时演练+32小时培训+64小时宣传"的培训机制，建立队伍训练保障体系并大力开展培训演练，为青年参与应急志愿服务提供了能力保障。

（4）联合开展服务

项目开展以来，市应急管理局团支部通过单独开展、联合开展等形式，组织青年志愿者积极参与应急宣教、安全巡查、隐患随手拍等应急志愿服务活动，并通过指导活动开展，打通青年参与应急志愿服务渠道，让广大青年志愿者能够发挥自身优势，在应急志愿服务领域展现风采。

3. 特色亮点

应急志愿服务"青创营"借助团组织枢纽作用，通过联合参与张家港市应急志愿者教材的整理汇编、张家港应急志愿服务云平台建设，积极挖掘、整合资源，为青年志愿者参与应急志愿服务工作打通了渠道。同时，通过走进村（社区）、学校，开展青年应急志愿者培训活动，指导青年应急志愿者开展青少年暑托班安全成长营、社区安全巡查、"安全仲夏夜"应急安全夜游会、校园安全宣传等系列活动,为青年志愿者参与应急志愿服务搭建了平台。截至目前,共培训青年应急志愿者 220 余人,组织开展各类应急志愿服务 42 场次,服务群众 3740 余人次。

四 张家港市应急志愿服务面临的挑战与未来展望

(一)面临的挑战

迄今为止,志愿者参与应急管理的相关权利与义务还不明确、不具体,对应急志愿者的法律保护也不完善。同时,各类应急志愿服务队伍建设在国内还处在初始阶段,在法规和政策方面,相应的配套和支持政策短缺,资金紧张的问题也尤为突出,造成许多应急志愿服务活动形式化、阶段化,影响了应急志愿服务队伍建设,制约了应急志愿服务的正规化、专业化和制度化。此外,由于应急志愿服务属于主动涉险范畴,未能纳入国家保障性保险体系和市场化商业保险,缺乏专项保险保障。志愿服务组织要担负"赔偿兜底"责任,存在部分赔偿落实难的风险。外加志愿活动的自愿性和非营利性等特殊属性,对志愿者提出了更高要求,一方面是应急志愿队伍的收入来源不确定,合理权益得不到保障,缺乏身份认同感,导致专业骨干人才流失严重;另一方面是志愿者队伍整体技能不高,知识储备不足,特别是应急专业知识更是严重匮乏,多数应急志愿者的知识储备还停留在入门水平上,导致应急志愿活动的可持续发展存在较大的不确定性。

(二)未来展望

张家港市坚持"政府领导、社会参与、专业指导、服务社会"的原则,以张家港市应急管理局为牵头单位,进一步推进全市应急志愿服务工作。

一是健全应急志愿服务统筹协调机制。打造新时代文明实践应急分中心,完善应急志愿服务议事协调和管理服务机制,畅通应急志愿服务组织参与应急救援的途径，强化全市应急志愿服务活动的业务指导和工作统筹。

二是提升应急志愿服务的专业技能水平。按照"覆盖全面、师资完备、教材规范、分级分类"的思路，建立规范化、系统化的应急志愿者培训体系，并积极争取资源开展应急志愿者共训共练、互学互助活动，强化应急志愿服务能力建设。

三是完善应急志愿服务激励保障措施。探索开发与应急志愿服务相匹配的政策性保险险种，做好与社会保险、商业保险的有效衔接，健全应急志愿者保险资金保障机制，解决应急志愿者的后顾之忧。依托"应急志愿服务智慧云平台"实现应急志愿者的在线宣教培训、考核评定、监督管理、信息交互等功能，为应急志愿服务队伍建设和应急志愿服务活动提供重要支撑。提高应急志愿者待遇，进一步强化激励措施，从精神和物质层面给予志愿者嘉许，提升应急志愿服务的社会认同感。

B.5
张家港市生态环境志愿服务发展报告

陈 浩　严红莲　鲁文俊*

摘　要: 　张家港市环保志愿者协会始终秉承"聚众人之力,建生态港城"的宗旨,致力于生态环境志愿服务事业的发展。在业务主管单位苏州市张家港生态环境局的指导下,张家港市环保志愿者协会共计开展 36 个环保公益项目,推出"长江大保护,你我共参与""'阅'享自然读书会""'生态环境 80·90 宣讲团'宣讲"等多个典型项目。未来,张家港市环保志愿者协会将吸纳更多具备专业知识、技能的人才加入生态环境志愿服务队伍,丰富生态文明理念宣传方式,用实际行动践行生态文明建设和绿色发展的责任。

关键词: 　生态文明　生态港城　生态环境志愿服务　生态环保志愿者

　　生态文明建设是关系中华民族永续发展的根本大计。以习近平同志为核心的党中央站在实现中华民族伟大复兴中国梦的战略高度,把生态文明建设摆在全局工作的突出位置,一体治理山水林田湖草沙,决心之大、力度之强、成效之好前所未有,生态文明建设从认识到实践发生了历史性、转折性、全局性变化。位于长江经济带和 21 世纪海上丝绸之路交会处的张家港市,先后获评全国首个县域"联合国人居奖"、首批"中国生态文明奖"、"中国率先全面建成小康社会范例城市"等多项国家级荣誉称号。面对地域面积不大、资源优势不足等经济社会可持续发展的瓶颈,张家港人牢固确立

---

* 陈浩,苏州市张家港生态环境局党组成员、机关党委书记;严红莲,张家港市环保志愿者协会秘书长;鲁文俊,苏州大学传媒学院硕士研究生。

"绿水青山就是金山银山"理念，始终沿着经济社会与生态环境保护互融并进、相得益彰的生态文明之路阔步前行，全力打造人与自然和谐共生的"美丽中国"县域城市样板。

张家港市生态环境志愿服务主要依托张家港市环保志愿者协会（以下简称"协会"）开展。协会于 2018 年 4 月正式注册成立，是由关注和热爱生态环境保护事业的社会各界人士自愿组成的非营利性社会组织。协会以"聚众人之力，建生态港城"为宗旨，以"让港城天更蓝、水更清、山更绿"为使命，以"打造港城生态环境志愿服务的枢纽性平台"为愿景，以"让生命更有意义"为价值观。

协会在业务主管单位苏州市张家港生态环境局的指导下，坚持以习近平生态文明思想为指导，围绕贯彻落实生态环境国家战略，积极探索创新，大力实施长江沿岸及水源地生态环境保护、生物多样性保护、生态环境宣传教育、青少年环保公益行动等生态环境志愿服务项目及活动，走出一条既具有张家港特色、又彰显时代特色的生态环境志愿服务组织之路。截至目前，协会已有 35 个会员单位、16 个伙伴志愿服务团队、1 万余名环保志愿者，共计开展 40 个环保公益项目，其中有 17 个项目实现了在全市范围内的持续性、常态化开展。

一　张家港市生态环境志愿服务体制机制建设

（一）工作部署

为落实《志愿服务条例》和《"美丽中国，我是行动者"提升公民生态文明意识行动计划（2021-2025 年）》相关要求，进一步推动生态环境志愿服务工作，2021 年 6 月，生态环境部和中央文明办联合印发《关于推动生态环境志愿服务发展的指导意见》（以下简称《指导意见》），促进生态环境志愿服务制度化、规范化、常态化。在《指导意见》指引下，苏州市张家港生态环境局加强顶层设计，注重科学规划，不断完善制度建设，积极探索和打造具有张家港特色的生态环境志愿服务工作体系，着力推动构建生态环境治理全民行动体系。紧密围绕人民群众对优美生态环境的需要、以及生态文明建设和生态环境保护面临的重要任务广泛开展志愿服务，培育建立特色生态环境志愿服务品牌，为持续改善生态环境、建设美丽港城贡献志愿服务力量。

（二）阵地建设

为推动协会长足发展，充分发挥协会平台作用，协会建立了办事机构（以下简称"基地"）。基地占地 200 平方米，由接待大厅、多功能活动室、亲子活动室、科普实践室组成，可同时满足 50 人的活动需求。基地以图文、模型和多媒体等形式宣传生态环境保护法律法规政策及生态文明知识，设置不同的互动板块，结合体验型互动设备、实践活动等提高参与者积极性，从而提升生态环境教育体验效果。

此外，协会还充分利用张家港市生态文明暨环境教育中心、张家港生态环境教育中心两个展馆，开展生态环境志愿服务活动。展馆总布展面积约 430 平方米，以图文、声光电、智能化互动设备、新媒体技术宣传习近平生态文明思想，展示张家港生态文明建设之路及建设成效，普及生态环境保护法律法规，传播生态文明理念。

（三）队伍发展

协会设立志愿服务领导工作组，对目前协会各部门及岗位进行明确分工，同时设置一批适合志愿者担任的工作岗位，吸引有专长的志愿者参与到协会日常工作中来，探索协会运营"志愿者+"的新模式，具体见图1。

协会目前有注册志愿者 11002 人，先后组建了"党员先锋队""绿色倡导者""环境守护者""生态践行者"以及"环保服务者"5 支志愿服务队伍。此外，协会还面向社会广泛吸纳了 16 支下级志愿服务团队，各团队依托自身优势，在协会的统一领导下开展各类生态环境志愿服务活动。

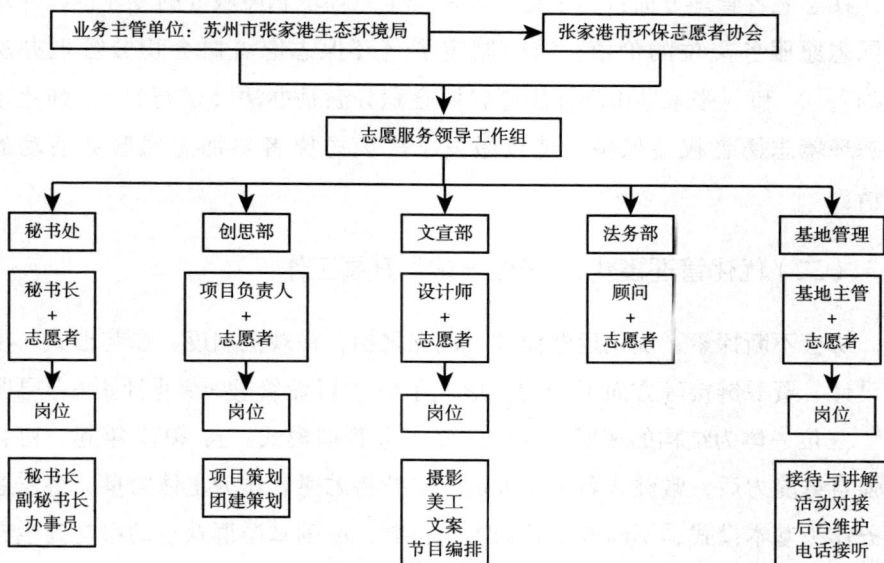

图1 张家港市环保志愿者协会常务工作架构

注：协会80%的岗位面向志愿者开放。

二 张家港市生态环境志愿服务经验做法

（一）推动制度创新，促进志愿服务健康发展

为规范开展各类项目活动，推动生态环境志愿服务活动健康发展，协会制定、完善了各项规章制度。

在志愿服务项目管理方面：协会制定了《环保公益项目管理办法》，由各项目负责人负责项目活动的策划和实施，目前设有自然读书会、笔记自然、环保酵素、长江大保护、环保科普、垃圾分类我先行、一平方米静心等17个常态化开展的生态环境志愿服务项目。协会通过量化服务指标的形式，要求下属志愿服务团队每月至少开展一次特色志愿服务活动，进一步推动实践活动走深走实。

在志愿者管理方面：为了更好地提升生态环境志愿服务的专业性，体现不同志愿服务岗位的价值，协会制定了《环保志愿者协会积分管理办法（试行）》和《张家港市环保志愿者协会积分激励办法（试行）》，强化了生态环境志愿者权益保障，持续激发了广大志愿者参加志愿服务活动的热情。

（二）优化管理模式，"三位一体"开展工作

协会不断探索、优化运营模式，成立之初，在规范制度、参与形式、项目设计、资源链接等方面下苦功，形成了以"行业管理+专业社工+志愿服务"三位一体为结构的多层次立体志愿服务管理模式。自2021年起，协会增强自身能力后，常驻2名工作人员，坚持将志愿者作为主体力量，将志愿服务作为基本模式，不断健全公众参与机制，激励基层群众主动参与到生态文明实践教育活动中去。

（三）推动管理规范，促进协会健康发展

协会是在张家港市民政局注册登记的具有独立法人资格的社会团体组织，按照《社会团体登记管理条例》的要求，建立健全组织架构，促进协会健康有序发展。协会在业务主管单位苏州市张家港生态环境局的指导下规范地开展各类生态环境志愿服务活动，既保证了协会工作的合法合规，也让协会通过行业组织和政府部门链接到更多的资源。

三 张家港市生态环境志愿服务特色项目

（一）长江大保护，你我共参与

为践行习近平生态文明思想，全面贯彻落实"生态优先、绿色发展""共抓大保护，不搞大开发"等理念，切实保障长江流域的生态安全，2019年协会启动"长江大保护，你我共参与"项目，围绕"同饮一江水，共筑

绿篱笆"主题，组建"绿篱笆先锋队"苏州分队，通过生态环境保护宣传教育、巡江巡湖、长江沿岸生物多样性观测等活动形式，调动群众参与的积极性，传播绿色理念，促进社会共治，加强对长江生态环境治理的有效监督，为长江筑起一道"绿篱笆"。该项目获评江苏省首届"绿篱笆环境奖"。

同年，协会开展《长江保护法》主题宣传活动，以法治力量守护长江。协会深入学校、社区、乡村开展宣传活动，通过开展专题普法讲座、发放宣传资料等形式，宣传《长江保护法》，进一步提升《长江保护法》的社会知晓度，引导全社会切实增强"共抓大保护，不搞大开发"的法治意识和行动自觉。

项目实施以来，共开展各项志愿服务活动 80 场，参与志愿服务的志愿者 1221 人次，志愿服务时长 3334 小时，受众 15689 人次。

（二）"阅"享自然读书会

"阅"享自然读书会以自然教育为切入点，通过亲子阅读、户外游戏、线上阅读分享会等多种形式，倡议公众投入大自然的怀抱，聆听大自然的声音，让书中的美好和自然的美好净化心灵，增强生态文明意识。一是重点针对青少年开展自然阅读活动。为引导青少年树立"尊重自然、顺应自然、保护自然"的生态文明理念，逐步增强青少年生态环境保护意识，协会通过"阅读+实践+手工"的方式开启青少年自然阅读之旅。生态环保志愿者以植树节、世界地球日、世界无车日等节日为契机，开展主题读书分享活动，通过引导青少年走进大自然，阅读《寂静的春天》《美丽的地球》《听大树在说话》等经典环保书籍，让青少年爱上自然、享受自然，增强青少年的生态文明意识。二是将自然阅读和行动倡导相结合。在开展阅读的过程中，志愿者注重引导参与者将书本上的知识落实到具体的环保行动中。如阅读完《孤独的巨人》，参与者每人认领一棵绿植，通过观测植物生长的过程，让参与者了解绿色家园建成的不易。通过环保行为与书籍阅读之间的相互促进作用，让参与者更清楚地了解环保行动的意义，在感受阅读魅力的同时提升生态环境保护意识。

该项目自2019年实施以来，共开展活动46场，受众2131人次，参与志愿服务的志愿者186人次，志愿服务时长507.5小时。该项目获评首届江苏省"环保网络文化季优秀活动项目"，并入选生态环境部"美丽中国，我是行动者"主题实践活动典型案例。

（三）宣讲进企业，科普进课堂

为提升企业生态环境保护主体责任意识，助推企业绿色发展，2019年，协会开始实施"生态环境80·90宣讲团"宣讲项目。宣讲团由来自苏州市张家港生态环境局各业务岗位的15名志愿者组建而成，主要从事生态环境法律法规政策标准宣传和服务指导工作。目前，宣讲团常设13个宣讲主题，包括大气污染防治、环保信用评价、执法典型案例、固废规范化管理等内容，基本涵盖了生产经营者在生产经营活动中的生态环境责任的方方面面，亦可根据企业、区镇需求提供定制化服务，通过送"课"入企，为企业发展注入绿色动能。自项目实施以来，已开展活动55场，受众达4000人次。

同时，协会开展一系列针对青少年的环保科普进课堂活动，依托"环保小天使"青少年暑期环保实践夏令营、全市各中小学课堂以及"三色花开，快乐成长"未成年人社会实践平台，增强青少年的生态环境保护意识，小手牵大手，让青少年带动家人一起参与到生态环境保护行动中来。项目设置《初识自然》《清洁能源》《镜头下的七彩鸟》《野生动植物》《白色污染》《向雾霾Say No》等多个主题科普课程，并设有水测定实验、观鸟等体验类活动，让科普活动有益有趣。自项目实施以来，共开展活动95场，参与志愿服务的志愿者483人次，志愿服务时长973.5小时，受众5782人次。该项目获评"2020年度苏州市最佳志愿服务项目"。

为探索线上志愿服务模式，保障生态环境保护宣传"不打烊"，协会在2020年实施了"云上环保，绿见未来"环保云课堂项目，通过整合优质课程资源，搭建线上环境教育平台。该项目由生物多样性科普讲座、创意手工课堂、好书分享会等部分组成，多渠道向市民开展生态文明理论宣传。此外，围绕绿色消费、低碳生活、生物多样性等主题，定期开展线上环保知识竞赛，让生态环保科普教育接地气、聚人气。云课堂的开设，也让更多的青年志愿者参与进来，他们利用新媒体赋能生态环境志愿服务新发展格局。项目实施以来，共开展活动 17 场。

除此以外，随着《江苏生态文明 20 条》（以下简称公约）的出台，协会于 2021 年开始实施公约宣讲项目。为推动宣讲走深走实，协会组建了由 25 名团员组成的宣讲团，通过开展培训、创思会，将公约内容进一步深化。志愿者深入机关、学校、社区、乡村，以通俗易懂的语言开展宣讲活动。在推广公约的过程中，志愿者将理念落地为实践活动，重点围绕人们的衣食住行用、办公及公共场所等方面，针对现阶段普遍存在的突出生态环境行为问题，着眼细微、注重细节，引导公众从具体的小事做起，积极践行公约，让全国首个省级生态文明公约在港城落地生根。自项目实施以来，共开展宣讲活动 650 场，参与志愿服务的志愿者 10024 人次，志愿服务时长 20316 小时，受众超 10.3 万人次。

（四）"六五环境日"志愿服务

"六五环境日"① 是广泛动员全社会参与生态文明建设、践行绿色生产生活方式的重要时间节点，张家港市每年举办"六五"主题宣传活动。协会成立以来，积极参与"六五环境日"主题活动，并广泛动员公众参与。例如，2019 年承办"美丽中国，我是行动者"张家港市新时代文明实践环保志愿服务，现场开展"绿动港城"健步行活动，由志愿者承担线路引导、物品补给、纪念牌发放等现场保障工作，同时举办环保公益集市，展示生态环境志愿服务项目，开展现场宣传，广泛动员全社会做生态文明理念的积极传播者和模范践行者，为建设人与自然和谐共生的现代化奠定坚实的社会基础。

---

① 即世界环境日，为每年的 6 月 5 日。

（五）美丽张家港，我们在行动

为积极打造文明、和谐的城市氛围，保护优美的城市环境，增强市民的绿色环保意识，引导市民自觉履行生态环境保护的责任，推动形成简约适度、绿色低碳、文明健康的生活方式，协会策划开展了"美丽张家港，我们在行动"项目。项目成立 4 支志愿服务队伍，分别负责城东、城南、城西和城北四个片区。在项目实施过程中，不断丰富内涵，从最初的开展路面及店铺环境巡查、垃圾捡拾、对不文明行为进行劝导，延伸到同步开展环保宣传，呼吁市民从自身做起、从小事做起，为建设美丽张家港贡献力量。寒暑假、国庆假日期间，协会积极发动青少年参与志愿服务活动。项目实施以来，共开展活动 605 场，参与志愿服务的志愿者 9829 人次，志愿服务时长 19710.5 小时，受众超 10.1 万人次。

（六）变废为宝 手工 DIY

为践行绿色发展理念，推进垃圾分类，提高资源再生利用率，确保垃圾减量化、资源化、无害化，协会策划了"变废为宝 手工 DIY"项目。项目以卫生纸芯、旧羽毛球、塑料瓶、旧衣服、报纸为主要制作材料，同时配以少许装饰元素等辅助材料进行加工制作，以此引导社区居民在日常生活中赋予旧物新生，倡导绿色生活理念。该项目自实施以来，共开展主题活动 33 场，参与志愿服务的志愿者 153 人次，志愿服务时长 398 小时，受众 1324 人次。

四 张家港市生态环境志愿服务面临的挑战与未来展望

（一）面临的挑战

随着生态文明公众参与度的提升，张家港市环保志愿者协会的发展有两个亟待提升的方面。

一是志愿服务专业化程度有待提高。随着公众的生态文明意识不断增强，生态环境志愿者队伍日渐壮大，志愿者们在美丽张家港建设中发挥了重要的作用。但由于志愿者多参与城市美化领域的志愿服务，提起生态环境志愿服务，一般公众往往对服务内容产生思维固化，联想到捡拾垃圾，行业亮点无法得到彰显。生态环境志愿服务的开展除了需要志愿者的服务热情，更需要志愿者提升生态环境志愿服务能力，如习近平生态文明思想理论宣讲、开展环境污染监督等活动都需要具备相应的专业知识和技能。协会需要大力发掘、引进人才，只有充分发挥生态环境领域专业人才的作用，才能为公众提供多样化、系统化的志愿服务。

二是组织体系网络有待进一步完善。生态环境志愿服务正处于深化拓展的关键阶段，志愿服务工作的有效供给可以让广大人民群众都能享受到生态文明建设的成果。党的二十大提出"广泛形成绿色生产生活方式"的目标任务，需要推动生态环境志愿服务高质量发展，广泛动员全社会参与生态文明建设，把建设美丽中国转化为全体人民的自觉行动。目前，协会有5支志愿服务队伍，并吸纳了16支下级志愿服务团队，但对于基层志愿服务力量的利用还有待提升，应积极推动区镇（街道）、村（社区）成立生态环境保护志愿服务支队和分队，充分利用基层力量推动生态环境志愿服务纵深发展。要充分运用电视、广播、网络等多种媒体，采取制播公益广告、举办知识讲座、设置生态文明行动小贴士和指示牌等多种形式加大宣传力度，积极开展群众性生态文明宣传教育和主题科普活动，提高广大市民参与的积极性和主动性。

（二）未来展望

未来，张家港市生态环境志愿服务将围绕以下要点全面助推生态文明建设：一是持续完善制度机制。规范和推行志愿者激励保障机制，建立健全生态环境志愿服务培训体系和人才培养机制，结合志愿服务工作需求开发系列培训课程，创新开展规模化培训，提升生态环境志愿者的综合素质和服务能力，在保护生态环境、监督举报污染等方面发挥更大作用。二是加强生态环境志愿服务队伍建设。在广泛动员社会各方力量加入生态环境志愿服务行列的基础上，鼓励、支持具备专业知识、技能的优秀人才加入生态环境志愿服务队伍，形成生态环境志愿服务的专业力量。三是发挥协会的枢纽作用。协会将进一步完善生态环境志愿服务网络，深度挖掘、策划和培育生态环境志愿服务项目，打造一批具有张家港特色的品牌项目，发挥典型项目的示范带动效应，从而进一步推动张家港生态环境保护工作和生态环境志愿服务事业发展，构建广泛参与、齐抓共管的生态环境保护新发展格局。

B.6
张家港市养老志愿服务发展报告

汤伟刚 鲁文俊*

摘 要: 2023 年，我国已经进入了深度老龄化阶段。张家港市人口老龄化、高龄化、空巢化趋势日益明显。为适度化解老年人的"夕阳焦虑"，让老年人度过一个幸福的晚年，逐个破解难题，为爱老、孝老交出一份"幸福答卷"，张家港市民政局牵头成立张家港市养老志愿者协会，开辟了养老政策、养老人才、志愿服务、养老在线办事、养老课堂等服务版块，形成了银龄互助志愿服务项目、"伴"亩田特色服务项目，满足多元化养老服务需求，使养老志愿服务成为完善养老服务体系的重要补充力量。

关键词: 人口老龄化 养老志愿服务 养老服务体系

　　根据国家统计局发布的数据，2023 年 2 月，全国 60 岁及以上老年人口达到 2.8 亿人，占总人口的 19.8%；65 岁及以上老年人口达到 2.1 亿人，占总人口的 14.8%。这意味着中国已经进入了深度老龄化阶段。而且，老年人口比例还在不断上升。预计到 2035 年左右，60 岁及以上老年人口将突破 4 亿人，在总人口中的占比将超过 30%，我国将进入重度老龄化阶段。

　　截至 2022 年底，张家港市共有 60 周岁以上老年人 27.24 万人，老年人占户籍人口的比例为 29.38%，人口老龄化、高龄化、空巢化趋势日益明

---

* 汤伟刚，张家港市民政局党委委员、副局长；鲁文俊，苏州大学传媒学院硕士研究生。

显。面对养老服务的巨大需求，张家港市积极探索志愿服务和养老需求相互促进、政府管理与全民参与协同发展的养老服务模式。

一　张家港市养老志愿服务队伍概况

2019 年 5 月，张家港市民政局牵头成立张家港市养老志愿者协会，开辟了养老政策、养老人才、志愿服务、养老在线办事、养老课堂等服务版块，满足多元化养老服务需求，使养老志愿服务成为完善养老服务体系的重要补充力量。

养老志愿者协会充分发挥枢纽型社会组织功能，形成了五社联动工作机制，链接专业院校、医院等资源开展 75 期养老志愿服务培训，提升为老服务供给能力；开展 80 期志愿礼遇活动，激发志愿服务活力；培育孵化 59 个志愿服务团队和 30 个志愿服务项目。养老志愿者重点实施银龄互助志愿服务项目，依托互联网平台，将"老有所为"与"老有所养"相结合，调动低龄健康老人积极参与社会事务，有效缓解了社会养老服务供给不足问题，从一定程度上呈现个人和社会的双赢局面，发挥着社会治理的功能。

经过多年不懈努力，养老志愿者协会走出了政府主导、多种社会力量参与共享、打造示范重点项目的新路子，先后获得了苏州市"敬老文明号"、江苏省文明实践志愿项目银奖、全国学雷锋志愿服务"四个 100"先进典型之最佳志愿服务项目等荣誉。

二　张家港市养老志愿服务特色项目

（一）银龄互助志愿服务项目

1.总体情况
银龄互助主要是借助信息化平台，鼓励 60~69 周岁低龄老人（女性放宽至 50~69 周岁）为 70 周岁及以上的高龄、空巢、独居等困难老人提供志愿服务，将服务时间进行存储，待自己年满 70 周岁或急需帮助时再兑换服务。为解决高龄、空巢、独居等困难老人无人陪护、缺乏慰藉以及养老护理人员短缺等问题，2019 年 5 月，养老志愿者协会成立，民政局启动养老服务时间银行项目筹备工作。2020 年初，赴南京、上海、南昌、广州考察学习，同年 7 月，启动该项目。2021 年起，在全市范围内推行，实现村（社区）全覆盖，基本建立起具有张家港特色的常态长效运行机制。

2023 年 3 月项目更名为银龄互助志愿服务项目。运行至今，银龄互助志愿服务项目市镇村三级管理网络基本建立，确立了 11 个区镇（街道）工作站、247 家村（社区）服务点，点位覆盖率达 100%。截至 2023 年 9 月，共有服务对象 2455 名、低龄老年人志愿者 1398 名和志愿者团队 92 个，完成志愿服务 7.3 万个，发放时间豆 28.4 万个，有过多起救助案例，发生过多个暖心故事。

2020 年 7 月 16 日，银龄互助志愿服务项目启动以来出现了首起救助案例。晨阳村一名独自在家的老人突发脑梗，幸被银龄互助志愿者及时发现并送去医院救治，挽回了宝贵生命。2022 年 7 月 14 日，乐杨村一名银龄互助服务对象在田间劳作时因天气炎热而中暑，打电话给志愿者寻求帮助，志愿者根据志愿培训应急演练经验及时成功救助服务对象。

2. 经验做法

银龄互助志愿服务项目是着眼于互帮互助，邻里守望的互惠性、便捷性的志愿服务项目，项目运行主要有以下三个特点。

一是组织实施科学化。项目形成了政府推动、社会多方力量参与的网络体系：民政局牵头制定全市实施方案；文明办提供业务指导；慈善总会设立专项基金（用于时间豆托底保障、日常运行维护、信息系统建设升级、志愿者保险购买、服务对象评估、宣传等）；养老志愿者协会统筹项目运行。26 家养老服务社会组织积极参与，96 家爱心商户入驻。志愿者通过时间豆兑换服务，爱心商户将时间豆捐赠，从而使整个项目实现了闭环流转，保障了志愿服务的可持续发展。

二是流程管理信息化。项目引入专业机构摸排服务对象，多渠道招募低龄老年志愿者，并鼓励不符合年龄准入条件的志愿者以团队形式参与服务。整个服务流程依托微信小程序实现，并与友爱港城新时代文明实践智慧云平台互联互通，保证志愿服务全流程规范、便捷。从老人需求出发，确立19项服务内容，涵盖日常生活的方方面面，其中12项为非专业性内容，7项为专业性内容。

三是志愿服务专业化。积极推行五社联动机制，汇聚力量助推为老志愿服务。在布点上充分利用全市社区居家养老服务中心（点）社会化全覆盖的优势，动员各养老服务社会组织积极参与，其中200多名专职社工成为项目运行的重要力量。同时，链接社区公益慈善资源，常态化开展"让爱更专业"志愿者培训活动，累计服务3000人次以上；定期开展志愿者礼遇、优秀志愿者及先进单位表彰活动，增强志愿者认同感和归属感。选拔4名银龄互助代言人，充分发挥党员、优秀志愿者模范作用。

依托区镇（街道）银龄互助工作站，打造包括助医、助行、传承传统文化、体验智能生活等在内的特色项目，使项目展现出多种多样的形式与内容。银龄互助志愿服务项目把"老有所为"与"老有所养"结合起来，通过数字化方式精准匹配老年人需求，引导志愿者就近就便服务，建立高效养老服务供给平台，打通了居家养老的"最后一公里"。

3. 开展情况

银龄互助志愿服务项目各项机制基本建立，运行情况基本稳定，管理体系完善，服务流程规范，并链接多方资源，引导各类社会力量参与其中，取得了良好的社会效应。

（1）完善管理体系

管理架构。银龄互助志愿服务项目现为市镇村三级管理架构，市级工作组以民政局、文明办、慈善总会以及养老志愿者协会为主体，各区镇（街道）设立银龄互助工作站，各村（社区）设立银龄互助服务点。2021年3

月发布了《张家港市养老服务时间银行工作职责细则（试行）》，明确了工作职责。

布点情况。布点充分利用了社区养老服务中心（站）社会化全覆盖的优势，共有 247 个村（社区）服务点，负责招募志愿者、摸排服务对象、协助服务需求发布对接等。26 家社会组织积极参与其中，张家港市两家最大的本土养老服务社会组织——永联惠民和华夏乐龄分别有 56 个点位和 47 个点位。

平台载体。设计开发了微信小程序以及银龄互助网站，开通服务对象和志愿者登记注册、服务接单派单、服务时间记录和储存、时间豆兑换、问题反馈及意见评价等功能。由养老志愿者协会设专人进行平台运维。小程序和网站均与友爱港城新时代文明实践智慧云平台实现了端口对接，志愿者参与志愿服务后，需上传服务照片，这样既可以积攒时间豆，又可以在云平台上兑换积分（无照片不予以发放积分）。

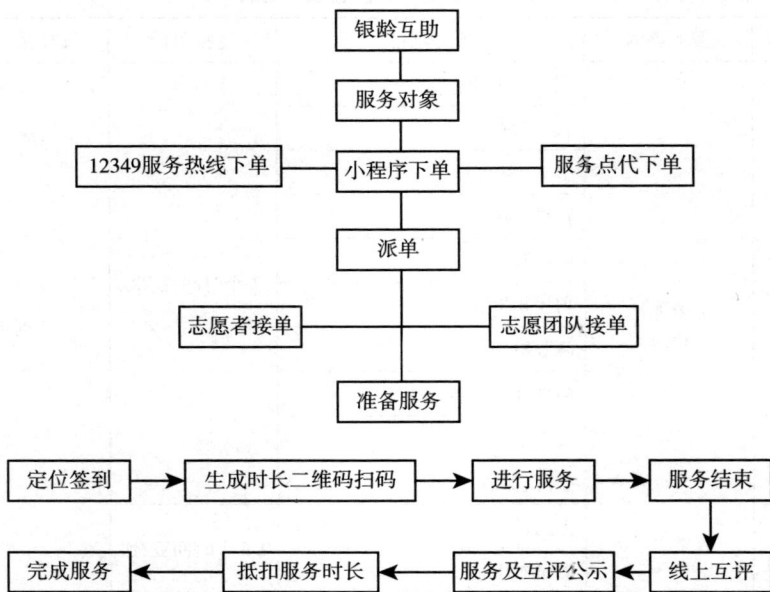

图 1　银龄互助志愿服务运作模式

（2）规范服务流程

服务对象。服务对象分时间豆赠送对象和时间豆兑换服务对象，其中时间豆赠送对象为高龄特殊困难老年人，时间豆兑换服务对象指存有时间豆的老年人。银龄互助志愿服务项目引入专业第三方评估机构精准摸排时间豆赠送对象，截至 2023 年 5 月，摸底上报 3051 人，通过评估已将 2455 名高龄、空巢、独居等困难老年人纳入关爱服务体系。

服务内容。服务提供者为 1398 名低龄老年志愿者和 92 个志愿服务团队。目前共有 19 项服务内容，其中 12 项为非专业性内容，包括陪伴聊天（24.15%）、测量血压（19.17%）、读书读报（10.45%）等；7 项为专业性内容，包括义诊（16.24%）、烧菜做饭（2.02%）等。此外，通过实地调研、座谈会等形式遴选出包括助医、助行、传承传统文化、体验智能生活等在内的 9 个基层特色亮点项目，均已顺利落地实施。

表 1　银龄互助志愿服务内容

序号	服务类别	服务项目	兑换单价	每日兑换上限
1	非专业性内容	居家安全检查	1 个时间豆/次	2 个时间豆
2		代买代购		
3		磨剪（菜）刀		
4		代缴费用		
5		陪伴聊天		
6		剪手指甲、脚指甲		
7		晒收被子		
8		陪伴外出散步		
9		读书读报		
10		整理、保洁		
11		上门送餐	0.5 个时间豆/次	
12		测量血压		

序号	服务类别	服务项目	兑换单价	每日兑换上限
13	专业性内容	洗头、理发	2个时间豆/次	2个时间豆
14		水、电、天然气等维修		
15		管道疏通		
16		烧菜做饭		
17		义诊（自带设备）		
18		心理咨询		
19		智能设备使用教学		

注：非专业性内容中的陪伴聊天需服务30分钟及以上才计时间豆。

监管情况。由养老志愿者协会专人进行线上日常监管，综合比对工单信息，运行至2023年5月发现异常工单686个，均已进行现场查验并处理。每年年初发布相关评估细则对区镇（街道）银龄互助工作站基础设施、工作机制、指导功能以及服务成效四个维度进行评估；对村（社区）银龄互助服务点基础设施、工作机制、志愿服务、服务成效及特色工作五个维度进行评估。

（3）整合社会资源

队伍建设。运行至2023年5月，共组织开展76期志愿者礼遇活动，增强志愿者社会认同感，累计服务1907人次；开展106期主题培训活动，累计培训3180人次；连续3年在全市范围内开展银龄互助优秀志愿者和先进单位表彰活动。

爱心商户。为促进时间豆的使用与流转，提高志愿者活跃度，在全市范围内发布爱心招募令，经实地走访、认真商谈后，共有96家商户成为银龄互助爱心商户，包括餐饮店、药店、百货超市、摄影店、美容美发店、口腔诊所等，授予"张家港市银龄互助爱心商户"牌匾，并于多渠道推广宣传，在全社会营造崇德向善的良好氛围。

经费保障。银龄互助志愿服务项目经费来源包括慈善专项基金、福彩公益金、99公益日募捐资金以及苏州市慈善总会心悦晚霞项目拨款，共计约

时间豆流转

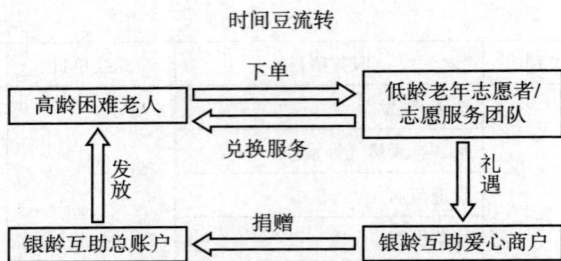

图 2 时间豆流转闭环

166.60 万元，用于时间豆托底保障、日常运行维护、信息系统建设升级、志愿者保险购买、服务对象评估、宣传等。

（4）突出优势

一是文明城市创建，志愿服务氛围浓厚。张家港素来以文明著称，"文明张家港"是全市人民共同的荣耀。依托文明城市创建工作，全市志愿服务氛围浓厚。银龄互助是志愿服务在养老服务领域的特色项目，得到了市文明办的大力支持。

二是社区居家养老，社会化基础良好。早在 2014 年，张家港市就进行了社区居家养老服务体系建设社会化探索，2017 年举办了首届社会化运营推介会，以养老服务为主要内容的社会组织已达 26 家，基本打通了社区居家养老服务的全流程。252 家社会化运营的社区养老服务中心（点），200余名专职社工，成为银龄互助志愿服务项目的坚实基础，政府与社会力量拧成合力。

三是全市统一标准，规范制度保障。全市搭建统一的运行机制、服务标准体系、信息管理平台，加强项目制度设计。以国家《志愿服务条例》为上位法依据，结合国家和我市相关文件要求，在"供需对接、服务标准、时间存取、监督管理"等各运行节点制定了全市统一的标准规范。

4. 存在的问题

一是志愿者积极性有待增强。在实地调查和访谈中不难发现，参加银龄互助的志愿者难免会对未来的时间豆兑换服务产生怀疑，年龄越小对延期支付越不信任。即使物质奖励更能动员志愿者参与，但民政局一直强调银龄互助的公益属性，对市场化激励机制保持审慎的态度。在实践中引入了公益慈善的理念，用"鼓励爱心商户加入并提供时间豆兑换服务，爱心商户用所得时间豆捐赠给有需要的老年人"这一模式尝试时间豆即时兑换，但更多老年人关注的是未来用时间豆兑换养老服务的可能性。未来，仍然需要更多年轻志愿者参与，增加时间豆捐赠频率，促进时间豆的使用及流通。以爱心商户、慈善超市、颐养1号店等项目为切入口，丰富银龄互助业务类型与应用场景，增强银龄互助的激励性，确保银龄互助的可持续性。

二是服务供给与需求匹配不足。鉴于服务提供者的特点，银龄互助需以非专业性服务为主、专业性服务为辅。但是仍然需要发展有专业特长的志愿服务团队，满足服务对象就近、应急、专业性的养老服务需求。从服务供给上看，银龄互助志愿者所提供的服务主要停留在日常生活照顾层面，老年人的社会事务与精神慰藉等方面的服务供给相对较少，针对失智失能等特殊老年人的专业服务尤为稀缺。此外，专业化与个性化的养老服务供给更加不足，难以满足老年群体日益增长的多样化养老服务需求。因此，应建立以低龄老年人为主力、各类专业养老服务团队为补充、年轻群体为辅助的银龄互助志愿服务团队，一方面联合养老机构、医院、康复中心等专业机构和部门，建立一个稳定的培训专家库，构建培训机制，为志愿者提供种类齐全、专业性强的培训内容；另一方面整合上述机构和部门资源，建立多支专业志愿者团队，也可探索开展专业化、定制化志愿服务。

三是地方特色未凸显。银龄互助本身是一个创新项目，但项目特色并不等同于运行特色。运行期间，探索可持续模式、打造点位特色极为重要。目前参与银龄互助的点位有247个，仅有2~3个点位的银龄互助具有自主特色（如志愿者送餐服务），其余点位仅以开展常规居家养老志愿服务为主，未有推进重点和创新点。从项目整体而言，也缺乏有别于其他地区银龄互助的特色亮点，亟待思考和挖掘。下一步，在夯实前期试点运行基础的前提下，要在各区镇（街道）选择1~2个点位，着力打造具有村（社区）或社会组织特点的特色点位，指导点位探索各类合作机制，尝试"银龄互助+党员志愿服务+退伍老兵+社工站+老年协会（法律咨询等）"和"银龄互助+助餐助浴助残"等模式，适当融入社区治理，营造邻里互助的良好社会氛围。

（二）"伴"亩田——张家港市南丰镇银龄互助志愿服务项目案例

1.背景介绍

农村养老服务是养老事业和基本养老服务体系的重要组成部分，依据习近平总书记关于老龄事业的重要指示批示精神，贯彻落实积极应对人口老龄化国家战略和江苏省委省政府关于农村养老服务体系建设的重大决策部署，农村养老服务高质量发展逐步提上日程。中共中央、国务院印发了《国家积极应对人口老龄化中长期规划》，强调要构建养老、孝老、敬老的社会环境，打造高质量的为老服务和产品供给体系，有效应对人口老龄化带来的挑战，积极发挥老年人人力资本在经济社会发展中的作用，推动老龄事业与老龄化社会的协同发展，促进老年人变"无用"为"有用"，实现老年人的积极老龄化。

全国第七次人口普查数据显示，2021年全国60周岁及以上人口达到2.6亿人，其中农村老人已超过1.2亿人，农村老人占全国老人总数的38.5%。张家港市南丰镇总户籍人口为57812人，其中60周岁及以上人员为18295人，老年人口占比达31.67%，近90%的老年人为务农出身，城乡发展差距的扩大使得农村老龄化问题与城市相比更加严重。南丰镇老年人多为务农出身，以土地为主要生活来源，以农民为主要职业。同时，伴随着工业化、城镇化进程的加快，农二代、农三代相继离土出村，造成家庭日渐"空巢化"。随着青壮年劳动力外流，传统家庭养老功能逐渐弱化。农村养老服务存在先天不足，成为养老服务领域的短板。再加上农村老年人受传统习惯影响比较大，不愿意走出"老屋"，更习惯于"田园式"的居家养老模式。南丰镇农村散居型社区老年人的自留地就在其自己家门前屋后，因此，南丰镇农村散居型社区老年人面临着居住较为分散、家庭养老功能弱化、经济基础较为薄弱、情感寄托缺失等养老问题，但他们也具有较好的区域优势等资源。

为破解农村养老难痛点问题，积极探索农村邻里互助养老服务模式，通过前期不断的调研、分析、定位，运用张家港市银龄互助服务平台，张家港市永联惠民服务中心于 2021 年 3 月起正式开展"伴"亩田特色服务项目，以此探寻在农村散居型社区解决老年人养老问题的可行性，将农村老年人的区位劣势转换为区位优势，以农村老人家门前屋后的土地为媒介，引导农村老年人积极参与互助养老服务，实现老年人之间的自助-互助服务，提高南丰镇农村散居型社区老年人生活和生命质量，维护老年人尊严和权利。

2. 项目目标

该项目旨在厘清农村散居型社区老年人需求，打造专业服务团队，试点解决农村散居型社区老年人养老问题；搭建农村散居型社区老年人养老服务平台，总结提炼服务模式，进行模式可复制性探索；解决部分农村散居型社区老年人养老问题，为农村养老服务体系发展注入新思想、新动力，在真正意义上实现共建、共治、共享。

3. 服务计划

该项目以村级为单位，以农村散居型社区、银龄互助为服务契机与平台，运用老年人门前屋后的土地，以农村散居型社区老年人居家养老需求为核心，以农村村民为纽带，以"伴"亩田的服务形式，由专业服务团队有目标、有策略地解决大部分农村散居型社区老年人的养老服务问题。

（1）打造"土地"媒介，实现资源赋权

以南丰镇各农村散居型社区为单位，首先由村级社区将村中闲置土地利用起来，打造村级互助平台，村中共享土地交由村民通过村民田间议事会的形式讨论种植品种、责任人以及成果享用者等，将村中集体闲置土地打造成为村民凝聚催化剂、村中资源链接地和"伴"亩田人才培养试验田。村中有居家养老需求的老年人将自家门前屋后的土地提供出来，在由专业团队人员上门打造田地的同时，每日为居家养老服务对象提供日常探访、慰藉、基础医疗护理等服务，通过村级+个人级双级"土地"媒介，在实现农村社区资源赋权、解决农村散居型社区养老服务问题的同时，实现共建、共治、共享。

（2）整合"团队"力量，实现能动性赋权

该项目团队分为评估团队与服务团队，由"社工+养老评估师+医护师+心理咨询师+公共营养师"构成的 5 人专业服务评估团队通过科学的量表、统一的标准对有需求的老年人进行前期全面评估，包括生理、心理及能动意愿。根据评估结果，制定个性化养老援助方案，定期对服务对象进行动态评估，不断更新优化援助计划，增强服务有效性，实现服务精准化。服务团队采用"7+"的服务模式，主要由 7 名老年居民志愿者、1 名社工、1 名养老护理员、1 名医护人员以及 1 名园艺师组成。7 名志愿者主要为受过专业训练，拥有种地、访谈、陪护等经验的当地低龄老年人。团队分工协作，以满足居家服务对象身、心、社、灵等全方位需求。

（3）建设"制度"规范，实现成果赋权

通过时间豆虚拟积累，让低龄老年人看到自己参与志愿活动能获得"被服务"时长，激发其服务潜能，使其增强改变现状的信心。另外，时间豆的积累过程会给参与者带来荣誉感以及与他人账户数额的良性竞争。建立时间豆积分使用和继承机制，保障参与银龄互助养老服务人群的权益，有利于该模式的可持续性发展。张家港市银龄互助管理系统互助养老服务过程更为规范化、系统化，使得"伴"亩田项目的开展更有认可度和公信力。

将"伴"亩田服务对象确定、服务团队打造、服务流程规范、志愿者准入与培养、内部支持系统组建等环节进行可操作化、标准化提炼，不断形成具有创新性、标准化、可复制性的服务模式，最终实现"伴"亩田成为解决农村散居型社区养老问题的一剂良药。

4. 项目方案实施过程

（1）组建服务团队

服务团队由志愿者、社工、养老护理员、医护人员、园艺师 5 类人员组成，分工协作，前期主要对志愿者进行招募、培训与考核，使其能够拥有专业志愿服务的能力。现南丰镇海坝村村级服务平台已建立，联合学校、医院等共建单位以及村民个人共同构建了村级土地流转服务平台。对拥有个人级土地的 2 户老年人进行了服务探索，培育了一支 17 人的稳定、专业的志愿服务团队，这个服务团队成员的能力如表 2 所示。

表 2　服务团队成员能力

序号	角色	能力
1	志愿者	志愿者服务精神、时间银行系统使用、蔬菜瓜果种植技巧、老年人基本知识、沟通技巧、基本陪护技巧、应变能力等
2	社工	需求整合、个案管理、资源链接、服务跟进与反馈、应变能力等
3	养老护理员	老年人护理基础知识、基本技巧、应变能力等
4	医护人员	常见老年病诊断辨别、老年人基本医疗知识、应变能力等
5	园艺师	老年人基本知识、植物种植与养护、色彩搭配等

（2）确定服务对象

服务对象的来源有三个。第一，摸盘发现。项目团队主要针对独居、空巢、孤寡且有田地无能力种植的老年人进行摸排，将有相关养老需求的老年人进行登记记录并通过专业的团队进行综合评估，制定有针对性的服务方案，达成合作协议，确定服务对象。第二，主动求助。由有需求的服务对象或其家属主动向第三方机构求助，第三方机构专业评估团队上门进行评估，确定服务对象。第三，村（社区）转介。由村（社区）工作人员发掘，将适合本项目的服务对象进行转介，进而由第三方机构专业评估团队上门进行评估，确定服务对象。

（3）供需精确配比

由社工、养老评估师、医护师、心理咨询师、公共营养师组成的评估团队上门对老年人进行评估，由社工出具老年人综合评估报告，根据评估报告结果，同老年人一起制定服务提供计划，与服务对象签订异地养老个性化定制服务协议，做到供需精确配比。

（4）联动线上平台

进行志愿者及服务对象平台信息注册工作，由志愿者以线上接单、系统派单的形式，定期对田地进行种植并照料田间蔬菜瓜果。与此同时，与医护师、社工、养老护理员等专业人员共同陪伴、护理老年人，解决老年人部分养老困境，给予老年人生活新乐趣与新希望。通过联动银龄互助服务平台将项目真正落实、转活、持续。

（5）打造服务闭环

在村级层面，将闲置的集体土地利用起来作为"伴"亩田的村级核心资源，让其作为村民田间议事会的场地，鼓励村民参与解决本村老年人居家养老这一现实问题，将村内及周边的共建单位进行整合，以服务本村真正有需求的老年人。服务模式如图3所示。

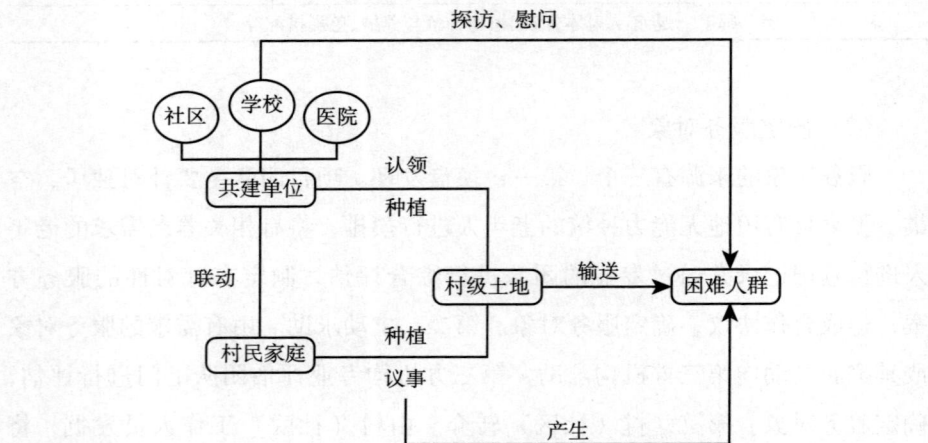

图3 村级层面服务模式

在个人层面，将特殊老年人无能力打理的门前屋后的土地交由第三方组织进行打理，由专业的服务团队根据评估结果、双方签订的服务协议进行定期入户服务，在打理田地的同时做好老年人的居家陪护照料工作，利用田间现成资源解决老年人蔬菜采买等问题，将老年人地里产出的多余的应季蔬菜输送给周边其他有需要的老年人，形成良好的邻里互助循环系统。服务模式如图4所示。

5. 总结评估

（1）个人层面

"伴"亩田这一项目，以"一亩良田"为媒介，系紧老年人与邻里间的

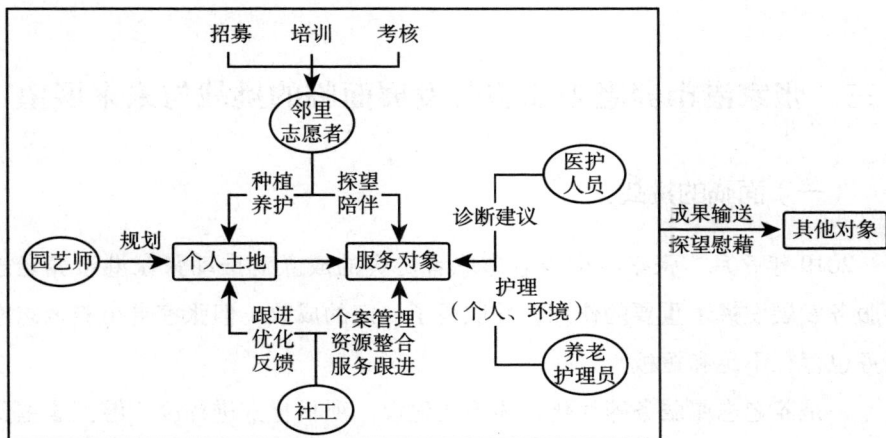

图 4　个人层面服务模式

互助纽带，老年人提供田地，志愿者通过银龄互助服务平台，有计划地为老年人照料田间蔬菜瓜果，同时，陪伴老年人。这一过程解决了农村散居型社区老年人居家养老问题，又发挥了老年志愿者的特长优势，提升了其晚年价值，也发扬了整个村（社区）邻里互助的精神。

（2）村级层面

在实施过程中，不断推行"助人自助、社区主导、多元参与、协同发展"的服务理念，借助社工丰富的志愿服务经验，注重村中能人的挖掘，组建专业评估团队、邻里互助志愿者团队；促进多元主体参与，搭建邻里互助平台，形成强大的村级支持网络，拓宽参与互助的途径。盘活村（社区）各项资源，共同致力于养老问题的解决，实现村民、共建单位的有效联结，真正实现共建、共治、共享的美好愿景。

（3）服务模式层面

通过各村（社区）积极参与，筛选服务主体，挖掘互助志愿者，联动银龄互助服务平台，推动构建各主体积极参与的服务模式，以"专业打通服务，服务串起资源，资源实现共享"的服务理念，让"伴"亩田特色服务项目为探索"以地养老"的服务新模式提供内生的原动力，以实现"老有所养、老有所医、老有所为、老有所学、老有所乐"。

三　张家港市养老志愿服务发展面临的挑战与未来展望

（一）面临的挑战

2019年5月，张家港市养老志愿者协会的成立对推动张家港市养老志愿服务发展发挥了重要的作用，并取得了一定的成效。但张家港市养老志愿服务也存在不足和短板。

一是养老志愿服务碎片化，体系化建设、项目化推进程度不够。这主要是因为张家港养老志愿服务的配套政策和保障体系不完善，各项相关政策仍缺乏针对性和具体性，以至于志愿服务项目发展规模较小，调动居民参与积极性的能力弱。

二是缺乏集中展示和宣传的平台，项目的社会知晓度和影响力还有待提升。以银龄互助志愿服务项目为例，银龄互助作为公益性和有偿性并存的新型养老服务模式，老年人对其的认知水平低，大部分老年人只知道银龄互助这一概念，对于时间豆兑换流程、时间存储方法都不甚了解，甚至有部分老年人对于银龄互助存在错误认知，将其看作单纯的志愿服务。同时，受中华传统文化中"养儿防老"等观念的影响，部分老年人认为养老是子女应尽的责任，只接受家庭养老的形式。老年人群体对于新生事物的接受能力弱，部分老年人不了解银龄互助的运作形式，担心上当受骗因而不愿意接受志愿者提供的服务。

（二）未来展望

张家港市将围绕以下要点推进养老服务创新工作。一是建设全市养老志愿服务交流、展示阵地。结合养老志愿者协会新址建设，建立全市养老志愿者培训、交流阵地，全市养老志愿服务宣传、展示阵地。对养老志愿服务的组织架构、工作机制、优秀案例进行梳理总结和集中展示，提升品牌影响力。二是印发"张家港市养老志愿服务工作指引"，全流程梳理养老志愿服务团队组建、岗位设置、志愿者招募与注册、志愿者培训、志愿服务开展、服务记录、服务评价、服务保障和激励等环节，为全市养老志愿服务的规范开展提供政策依据。三是发挥养老志愿者协会枢纽作用。完善养老志愿者服务网络，广泛开展志愿者培训和礼遇活动，积极做好优秀志愿项目孵化，持续提升养老志愿者服务的影响力，增强实效性。

B.7
张家港市社会治理志愿服务发展报告

武 斌　姚雪明　成 娅　顾 倩　王友艳　孙晓岚　万佳运*

摘　要： 社会治理志愿服务是维护社会稳定、推动社会进步和文明发展的
　　　　重要力量，不仅有助于提升社会凝聚力和促进共享价值观的实
　　　　现，对志愿者个人的成长和发展也具有积极影响。张家港市社会
　　　　治理志愿服务以制度化、规范化、专业化为目标，探索新的发展
　　　　途径，由公安局、社会治理现代化指挥中心、城管局、司法局、检
　　　　察院、法院等多部门共同参与，全方位、多层次提升服务质量、扩
　　　　大受众群体，在基层社会治理中发挥了化解居民矛盾、优化民生服
　　　　务的作用，为社会治理提供了宝贵的经验，但也存在资源分配不均
　　　　衡、志愿队伍不稳定、专业技能有待进一步提升等方面的不足。

关键词： 社会治理　平安志愿　法治宣传　未成年保护

一　张家港市社会治理志愿服务发展背景及现状

党的十八届三中全会首次提出，要推进国家治理体系和治理能力现代化。
党的二十大指出："完善社会治理体系。健全共建共治共享的社会治理制度，提
升社会治理效能……畅通和规范群众诉求表达、利益协调、权益保障通道……

---

* 武斌，张家港市公安局蓝盾志愿者协会秘书长；姚雪明，张家港市社会治理现代化指挥中心
办公室主任；成娅，张家港市城管局城市管理志愿者协会办公室工作人员；顾倩，张家港市
司法局普法与依法治理科科长；王友艳，张家港市人民检察院党组成员、政治部主任；孙晓
岚，张家港市人民法院政治部行政人员；万佳运，中国志愿服务研究中心科研助理。

建设人人有责、人人尽责、人人享有的社会治理共同体。"① 志愿服务是创新社会治理的有效途径。经过多年发展，志愿服务与基层社会治理形成了相互促进、相互融合的良性关系，其发挥矛盾化解、民生服务等的作用日益显现。张家港市在社会治理志愿服务推进过程中，始终坚持党的全面领导，以公安局、社会治理现代化指挥中心、城管局、司法局、检察院、法院等为代表的治理部门以共建共治共享的社会治理制度为目标，完善社会协同、公众参与、法制保障、科技支撑的社会治理体系，强化全周期动态治理、全方位依法治理、全要素智慧治理，全面提高张家港社会治理现代化、法治化、智能化、专业化水平。

2014 年，张家港市积极探索将志愿者引入城市管理的新路径，创新推出"志愿服务+行业协会"模式。2014 年 4 月，张家港市成立江苏省首个县（市）级城管志愿者协会，并在制度设计、队伍建设、管理体系、激励措施等方面逐步形成社会协同、公众参与的城市管理新格局。目前协会拥有会员单位 130 家、志愿服务团队 14 支、注册志愿者 8000 多名，开展志愿服务活动 4000 余场，参与志愿服务人数 7.5 万余人次。城管志愿者协会主动融入社会管理创新大局，以"城市管家、品质家园"的服务品牌运营理念为宗旨，以"协会建在中队、窗口开在大街、服务融入群众"为工作理念，围绕"引导公众参与，扩大城管影响，开展志愿服务，提升城管正能量"来开展志愿服务活动，依托城管志愿服务队伍，围绕文明城市创建、生活垃圾分类、市容环境整治等主题，有计划、有步骤地开展宣传劝导活动，把城管工作的政策、法规知识送到街道、社区，传播城市文明，弘扬道德新风尚。

为推进多层次多领域依法治理、进一步提升张家港市社会治理法治化水平，2018 年 4 月，司法局成立了法润沙洲法治志愿服务支队，以习近平法治思想为统领，以创新构建大普法格局为动力，招募并组织社会各界力量参与法治宣传教育、法治文化建设，共同推进全民普法事业，目前拥有团队志愿者 247 人，累计开展活动近 300 次，受众人数达 6 万人。支队成立以来，

---

① 《习近平：高举中国特色社会主义伟大旗帜 为全面建设社会主义现代化国家而团结奋斗——在中国共产党第二十次全国代表大会上的报告》，http//www. gov. cn/xinwen/2022-10/25/content_5721685. htm。

利用丰富的法律资源优势，将文明实践和法律服务有机结合起来，持续开展"法润沙洲"各项志愿服务项目，引导全社会办事依法、遇事找法、解决问题用法、化解矛盾靠法，促进公民法治素养提升，助推法治张家港建设，传递法治正能量。2020年，该团队被评为张家港市"最佳志愿团队"。

为深入贯彻落实习近平总书记关于加强社会治理创新的指示精神，把开展志愿服务与创新社会治理结合起来，积极构建平安志愿服务体系，2019年8月，公安局牵头成立张家港市蓝盾志愿者协会，下属公安蓝盾志愿服务团队39支，注册志愿者43579人。协会秉持"共建、共治、共享"理念，紧贴公安工作和平安建设，以"志愿蓝盾，共筑平安"为主题，常态化组织开展治安巡逻、文明创建、安全宣传等志愿服务，助力平安港城建设和文明城市创建。协会被评为2021年度苏州市"最佳志愿服务团队"。

2019年4月，张家港市整合原有的网格化管理中心、数字化城管两个机构，以及12345政府服务热线部分职能，组建成立了社会综合治理网格化联动中心，2020年9月更名为社会治理现代化指挥中心，主要承担网格化社会治理和联动指挥职能。按照"科学合理、统一规范、便于管理、上下衔接"的原则，全市共划分基层综合网格1051个，同步完成250个警务网格与社会治理网格的"双网融合"，全市有专职网络员1380名。经过两年多的摸索实践，2022年8月，社会治理现代化指挥中心正式成立"一网情深"网格志愿服务总队并同步在各区镇网格分中心成立网格志愿分队，各团队均在友爱港城新时代文明实践智慧云平台注册。目前全市1.2万余名网格志愿者已逐渐成为我市城市治理体系和治理能力现代化的有效构成和有生力量。

二 张家港市社会治理志愿服务经验做法

（一）公安局蓝盾志愿者协会：打造平安志愿服务

1. 规范组织架构

成立自上而下的三级管理组织构架，即市局层面成立蓝盾志愿者协会，配置 4 名工作人员、专门的办公及活动场所,加强对全市蓝盾志愿服务工作统筹协调和指导管理;在各警署、各派出所和交警中队分别设立蓝盾志愿者协会分会和蓝盾志愿者工作站,警署、派出所和交警中队的分管领导分别担任分会会长、工作站站长,具体负责本单位的蓝盾志愿者队伍建设工作,加强与协会、志愿团队的沟通交流;同时,由人口管理大队牵头成立工作专班,大队长主抓并明确项目具体实施人员,确保重点任务组织有力、推进有序。此外,协会还积极吸纳党员群众、网格员、楼栋长、门店长、大学生、治安积极分子等群防群治力量加入志愿者队伍,广泛开展巡逻防范、法治宣讲、电诈宣防、矛盾调解、信息采集、隐患排查等工作。目前,全市公安蓝盾志愿服务团队累计开展活动 12561 次,参与人员 36.5 万多人次、服务时长超 79.8 万小时,为建设平安和谐港城保驾护航。

2. 完善规章制度

制定出台《张家港市蓝盾志愿者管理规定(试行)》《蓝盾志愿者工作站建设标准》《张家港市蓝盾志愿者守则》《蓝盾志愿者联勤联防制度》《派出所志愿者协会工作站组织机构》等系列制度,明确工作职责,规范日常管理,促进蓝盾志愿服务工作常态化、规范化发展。

3. 健全工作机制

先后印发《全市公安机关创新建设平安志愿者队伍工作方案》《关于深入开展"志愿蓝盾 共筑平安"主题志愿服务活动的通知》等文件,明确了工作目标、职责任务、相关保障等,并纳入派出所基础防范工作考核,加强工作推动。每年年初召开专门会议总结上年工作成效,表彰先进,安排部署新一年工作;每季度组织专题研析会,听取工作进度,交流推广经验;定期督促进度、考核成效、通报全局。率先推出集警方、校方、家长、社区和社会力量为责任主体的文明交通"一校五方"共建共治机制,有效缓解校园周边道路压力。

4. 开发线上平台

依托友爱港城新时代文明实践智慧云平台开发建设了蓝盾志愿者协会门户网站及微信公众号,明确专人负责网站管理和数据维护,有效实现对下属志愿服务团队和志愿服务活动的集中管理和监督指导，定期编发工作简报、活动动态等内容，及时推广志愿服务中好的经验和做法，为各志愿服务团队和志愿者提供交流学习的平台。

5. 打造特色项目

不断丰富活动载体，创新推出红蓝绿"三色"志愿服务系列项目："红色"指查纠违法行为的"红色先锋"，"蓝色"是开展宣讲活动的"蓝盾卫士"，"绿色"为代办警方服务的"绿色行者"。按照分类，志愿服务团队围绕交通整治、文明养犬、网吧管理、安全宣传、跑腿代办电动车牌照、申领犬证等公安管辖项目，全力配合警方攻难点、除乱点、治顽疾，共同书写文明城市"张家港样板"。

6. 加强考核表彰

协会结合蓝盾志愿服务工作的考核，每年评选表彰优秀志愿者、优秀志愿团队、优秀团队管理员、优秀志愿服务项目、优秀志愿者工作站等先进典型，对反诈宣传、疫情防控等专项活动中表现突出的志愿者及时进行表彰奖励，每年组织开展优秀典型春节走访慰问，组织志愿服务主题团建活动，不断激发志愿者的积极性和荣誉感，为蓝盾志愿服务工作长期规范开展提供保障。

（二）社会治理现代化指挥中心"一网情深"网格志愿服务总队：打造"网格+志愿"协同服务新模式

1. 加强制度设计，统领"网格+志愿"协同服务模式

2022年8月，社会治理现代化指挥中心正式成立"一网情深"网格志愿服务总队，建立工作领导小组，并根据各区镇（街道）实际情况以及网格员个人技能，因地制宜、因人制宜划分分队。各区镇（街道）分队均在张家港市志愿服务专门网站（友爱港城新时代文明实践智慧云平台）注册并开展服务，总队建立了一套完整的包括招募、培训、实施、监督、奖励的网格志愿工作制度，并印发《在全市网格系统全面推进志愿服务工作的指导意见》，从而全面实施网格志愿服务。同时，总队以网格为单位，形成"网格员+志愿者队伍"的形式，建立问题发现报告、网格志愿者协调处置

的工作机制，让志愿者成为网格员的助手，实现问题精准发现、快速解决、"小事不出网格"的目标。

2. 整合全民力量，壮大"网格+志愿"协同服务队伍

为积极探索将文明实践志愿服务融入网格，引导网格员做"随手志愿"，第一时间发现基层矛盾，通过开展"网格+志愿"协同服务模式，网格员积极引导社区内的退休干部、老党员、热心居民、楼栋长、单元长成长为网格志愿者，从而成为网格社会治理中的一支新生力量，提供安全隐患排查、平安家庭创建、扫黑除恶知识宣传、邻里互助、政策宣传、应急处置等服务，打通宣传、教育、关心、服务群众的"最后一百米"。网格员充分利用"人员熟、情况熟、地理熟"的优势，相继成立邻里互助、政策宣传、应急处置等志愿服务队伍，特别在应急事件处置中，由于1名网格员负责1个网格，因此很难独自完成应急任务，而和志愿服务队的有效配合，就能够最大限度发挥志愿者效能，全面提升群众"参与感"，从而使社会治理的最小"细胞"迸发最大力量。

3. 注重宣传培训，提升"网格+志愿"协同服务模式效能

为提升"网格+志愿"协同服务模式效能，社会治理现代化指挥中心从开展专题培训、开发数字化平台等方面发力，促使网格志愿服务项目的实施更加精准高效。一是市总队、区镇分队与相关单位、团体、协会积极对接，通过"张家港网格学院"平台加强对全市网格员的培训，充分发挥网格员和志愿者各自特长优势与主体带头作用，努力做到网格志愿服务人员"行业全覆盖""群体全覆盖"；二是摸排网格内群众的各类需求，整合人力、物力、财力，根据网格志愿者的岗位特点和专业特长，在志愿服务"专业化""特色化"上下功夫，打造集政策宣传、民意收集、安全隐患排查、矛盾化解、服务代办等事项为一体的"全科志愿服务网格"，实现"多网融合、一网统管"；三是拓展群众参与社会治理的新途径，创新开发"联动张家港"App、"网上市民诉求中心"平台，并对市民反映的问题进行分析研判，逐渐建立"志愿发现—分析—推送—处置—协调—监督—反馈"闭环管理机制，从而实现问题精准发现、服务清单快速派送、问题迅速解决的高效运作模式。

（三）城市管理志愿者协会：城市守望者，市民大管家

1. 以规范管理为重点，全新打造团队建设

城管志愿者协会自 2014 年 4 月成立以来，先后组建了 14 个城管志愿服务团队，包括市区的沙洲工学院、江苏科技大学、开放大学、梁丰生态园、万达广场、公共自行车和垃圾分类等 9 个团队，以及金港街道、冶金园（锦丰镇）、乐余镇、高新区（塘桥镇）、南丰镇等 5 个区镇组建的志愿服务团队，14 支志愿服务队分别与辖区城管中队结对共建，紧密合作。团队主要围绕市民关注的重点、难点、焦点问题，开展多形式、常态化的志愿服务活动，引导市民群众关注城市管理、关心周边环境，共同创建整洁优美的城市环境。

协会设立 6 个中队分会，按照创建标准，引导和鼓励具备条件的中队创建城管志愿者协会分会和城管志愿服务站，发挥城管中队在志愿服务中的主渠道作用，实现志愿服务与辖区中队管理的有效衔接，打造行业志愿服务和具有特色的团队，不断扩大城管志愿的影响力。

2. 以系列活动为载体，全力服务城管工作

协会围绕文明城市同创共建，打造城市管理新亮点，组织志愿者参与卫生整治、同创共建、文明引导工作。以公益活动、便民服务、宣传咨询为主题，搭建市民、商家宣传服务平台。围绕垃圾分类、餐厨垃圾收运扩面，组织志愿者走进社区、门店、单位开展上门宣传、第三方测评和民意调查工作。创新"志愿者+行业服务"新模式，拓展志愿服务内涵，重点做好志愿服务项目。具体包括以下几个项目。

（1）"我是文明城市监督员"暨"车窗抛物"专项治理行动。2019 年 12 月，张家港市启动"我是文明城市监督员"暨"车窗抛物"专项治理行动，协会招募了 100 名车主驾驶员（其中 90% 是出租车驾驶员）成为"文明城市监督员"，由协会副会长单位江苏永钢集团有限公司特别赞助 100 台高清行车记录仪，重点对全市范围内机动车驾乘人员向车外抛撒（洒）废弃物的违法行为进行监督抓拍，探索建立了"视频抓拍+举报奖励+依法处罚"的长效机制。开展专项治理行动 3 年多来，效果显著，为打造干净、

美观、有序的城市环境做出了贡献。

（2）"烟头不落地，港城更美丽"志愿服务活动。协会积极响应城管委号召，开展"烟头不落地，港城更美丽"志愿服务活动。发动志愿服务团队、会员单位等社会力量，在全市主次干道、公共广场、绿化带等区域开展烟头捡拾活动，在公园、广场等地开展劝阻乱扔烟头等不文明行为活动，引导市民自觉维护城市形象。志愿者捡拾收集烟头后，可到指定地点兑换鸡蛋、面包等奖品。截至目前，累计兑换烟头 200 多万个，已兑换面包超 1000 个、鸡蛋 1220 斤、盐 10080 包、纸巾 9384 包、垃圾袋 11830 卷、毛巾 2810 条、洗衣液 2062 瓶、雨伞 341 把，共计投入 20 万余元。同时邀请融媒体中心进行宣传报道，进一步扩大社会效应，形成"文明城市你我他、美丽家园靠大家"的共建共治氛围。

（3）垃圾分类志愿督导项目。自 2020 年 6 月《苏州市生活垃圾分类管理条例》正式实施以来，协会各志愿服务团队自发组织志愿者们定点定时进入全市各小区进行垃圾分类督导协助，并利用下班后、节假日等业余时间在人流量大的广场、公园开展垃圾分类宣传，受到了市民的一致好评。组建培育垃圾分类宣讲团，对团队核心骨干进行培训，从中培育出一批能授课宣讲的讲师团，走进新农村、街道社区、机关学校等地，重点宣传普及垃圾分类专业知识，让宣传化作推动力，让垃圾分类真正走进城市的每个角落。

3. 以创新激励为抓手，全面畅通市民参与渠道

为鼓励广大市民群众积极参与城市管理工作，发现并报送城市管理问题，共同打造干净整洁、安全有序的城市环境，2022 年 10 月，城管局启动开展"城市守望"随手拍行动。城管局联合社会治理现代化指挥中心、融媒体中心依托市城管局微信公众号"张家港城管"以及"联动张家港"、"今日张家港"搭建问题上报平台。对于成功报送问题的市民和志愿者给予话费、志愿者积分、新市民积分等奖励，综合年度上报问题情况还将授予"热心城管好市民"等荣誉称号。建立健全激励机制，每年评选优秀志愿者、优秀志愿服务团队，给予表彰奖励，并提供外出专业考察学习交流的机会，激发更多的市民群众加入志愿者队伍，不断增强协会凝聚力。

（四）"法润沙洲"法治志愿服务支队：法治，让城市更美好

一是夯实全民普法宣传阵地。2021 年 12 月，张家港市法治宣传教育中心正式开馆，涵盖展示宣传、学习交流、互动实践等功能，先后挂牌"张家港市未成年人法治教育基地""张家港市职工法治教育基地""张家港市法律明白人培育实训基地""张家港市新时代文明实践法治分中心"。司法局依托法治宣传教育中心，汇聚各方普法资源，联动各级普法力量，创新多种普法举措，探索开展形式多样的普法活动，提高社会公众的法律意识。此外，还将法治文化元素充分融入公园、广场、菜场等公共场所，建成主题鲜明的法治文化阵地，让村民在休闲娱乐的同时，也能体验法治精神、接受法治熏陶、提升法治素养。

二是健全长效机制队伍保障。法润沙洲法治志愿服务支队在依托"八五"普法宣讲团、民法典宣讲团、长江保护法宣讲团等的基础上，统筹整合人民调解员、公证员、"法律明白人"、群众志愿者等各类热心人士等资源建成队伍。制定出台支队志愿服务工作制度、支队志愿服务工作守则，推动法治宣传志愿服务常态长效化开展。不定期为团队成员开展法律知识培训和相关技能培训，提升志愿者的专业素养和服务能力。

三是打造普法特色品牌项目。坚持以满足群众需求、让群众满意为出发点和落脚点，以"法润沙洲"为主题，针对不同对象策划八大重点项目，包括"美好生活 法典相伴"项目、"法润沙洲 未爱护航"项目、"法润沙洲 携手筑梦"项目、"法润沙洲 与法同行"项目、"法与生活"网络公开课、"法治的力量"法治文化惠民项目、"法润沙洲 提质赋能"项目、"律管家"志愿服务项目等，先后走进 200 余个村（社区）开展讲座，策划组织群众性法治文化活动 50 余场，累计播放 1000 余场法治电影，直接受众 5 万余人。通过系列普法教育活动，推动群众用法实践能力的养成，持续提升港城公民法治素养，进一步增强市民群众的法治获得感。

三 社会治理志愿服务特色项目

（一）反诈防骗，助力平安港城建设

为有效遏制电信诈骗犯罪案件高发的态势，提高群众识骗防骗能力，张家港市努力构建系统性、长效性的反诈防骗志愿服务活动体系。自 2020 年 9 月起，公安局蓝盾志愿者协会积极策划、组织开展"反诈防骗 共促和谐"志愿服务项目，推动"无诈机关、无诈社区、无诈校园、无诈企业"创建，助力平安港城建设。

1. 实施背景

近年来，电信网络诈骗案件持续多发，诈骗分子的作案手段不断翻新，群众识别防范的意识能力薄弱，受侵害面广、财产损失大，成为影响群众安全感的突出治安问题。根据全市公安机关打击治理电信网络新型违法犯罪的部署，协会在全市范围内集中组织开展"反诈防骗 共促和谐"志愿服务项目，协助公安机关构建全民反诈宣传体系。

2. 具体做法

（1）循势而为促联动。为构建"全警反诈、全社会反诈"新格局，协会迅速响应，广泛发动蓝盾志愿者积极投身反诈宣传，并举办团队负责人和志愿者骨干专题培训班，邀请相关警种部门领导结合典型案例，对志愿者开展防范电信网络诈骗知识的培训，提高志愿者反诈防骗宣传的能力和水平。同时，协会印制了 10 万余份宣传海报、宣传折页、宣传拎袋等多种宣传品，下发各派出所志愿服务团队，为志愿活动开展提供保障，警民联动迅速掀起反诈宣传的热潮。

（2）多措并举广覆盖。针对电信网络诈骗涉及人群广的特点，协会下属各派出所义警服务队采取集中宣传、走访宣传和线上宣传等形式，组织志愿者走进辖区旅游景区、商业广场、疫苗接种点等人员密集场所，深入村、社区以及企业、学校，采用摆摊集中宣传、微讲座、张贴海报、发放宣传单等形式开展面对面反诈防骗宣传活动；组织志愿者开展"扫街""扫楼"行动，对沿街店铺、居民家庭进行上门走访宣传。同时，结合志愿者来自各行各业的特点，利用微信群及时推送转发反诈防骗的新知识，努力提高老百姓识骗、防骗、拒骗能力，做到形式多样化、宣传广覆盖，营造浓厚的全民反诈氛围。

（3）把握重点求实效。活动中，协会加强与相关警种部门的沟通联络，及时了解把握宣传的重点，指导各志愿团队以老年人、大中专院校在校学生、个体商户业主、财会人员、务工人员等易受骗人群为重点，完善宣传手段、丰富宣传形式，努力提高宣防的精准性和有效性。针对"校园贷"的特点和危害，组织志愿者走进大中专院校，结合"开学第一课"开展反诈宣传；组织志愿者走进沿街店铺、各类市场，对个体商户业主、从业人员开展防范"刷单""杀猪盘"等诈骗案件的宣传，推广安装反诈 App；开展"守护夕阳红"打击整治养老诈骗专项宣传活动，着力增强市民群众防范意识和能力，从而减少了案件的发生。

3. 初步成效

项目开展以来，各派出所义警服务队共开展活动 1320 余次，走访宣传商业门店、企业学校 1.04 万多家，居民家庭 1.26 万多户，举办专题讲座 50 余次，宣传群众 16 万多人次，全市电信网络诈骗发案数和经济损失数实现"双下降"，反诈宣传群众满意度苏州第一。"反诈防骗 共促和谐"志愿服务项目获评 2021 年度张家港市创新社会治理"优秀创新奖"。

（二）"网格蓝"：让文明生根，让实践生动

近年来，南丰镇网格化联动分中心通过打造"网格蓝"志愿服务品牌、盘活网格资源、注重活动实效、彰显亮点特色，让新时代文明实践深入网格，厚植于民，生"根"结"果"，网格内居民对网格志愿服务从认知到认同，形成了"我为人人，人人为我"的良好氛围，构建了"10 分钟网格志愿服务圈"。

1. 强化阵地建设,用"网格蓝"为新时代文明实践培"根"

南丰镇地形狭长,部分网格距离镇实践所、村社区实践站都较远。为了更好地服务居民,在打造镇级新时代文明实践所的同时,中心在镇区打造了"10分钟网格志愿服务圈"。一方面,建设了"志愿V站"、便民小站等镇级网格服务点。另一方面,在各村(社区)实践站、网格化联动工作站设立"学雷锋志愿服务站";深入村埭,在微网格内建设近百个百姓身边的"志愿岗",努力把文明实践延伸至网格的每一个角落,扩大文明实践的辐射半径,使文明实践所站与网格联动工作站、"网格驿站"等场所"一室多用"、资源共享,实现便民服务"零距离"和服务效能"最大化",构建了覆盖全镇网格的志愿服务网络。

2. 整合多方资源,用"网格蓝"为新时代文明实践添"枝"

2023年,为了切实满足群众多元化需求,中心印制发放了志愿服务需求征集卡,由志愿者和网格员定期开展联村包片行动,全覆盖巡查走访,倾听民众心声,收集需求清单。通过搭建议事服务平台,中心积极发挥"网格吹哨、部门报到"作用,整合"两代表一委员""援法议事"团队、职能条线、党群代表、志愿者、物业服务等力量下沉网格,协助群众解决急事难事。截至2023年9月,共收集到需求清单300余条,处理简易问题200余个,破解难题35项。中心始终坚持"群众在哪里,文明实践就延伸到哪里"的理念,让理论宣讲、教育文化、体育科普、志愿服务等资源进网入格,用"网格蓝"将文明实践"送入寻常百姓家",为南丰镇经济社会发展提供源源不断的道德滋养。

3. 培育特色品牌,用"网格蓝"为新时代文明实践加"叶"

在全镇62个三级网格内组建62个安家小组,将11名女性专职网格员以及200余名各村(社区)女性微网格联络员纳入安家"南荷格格"志愿服务队伍中,培育组建"网格蓝"特色志愿服务团队,擦亮"网格蓝"志愿服务品牌,通过女性"网格员+微网格联络员"组团志愿服务模式,创新探索"四色走访"+"一户一策"的微关爱方式,变"被动处理"为"主动服务",变"基础服务"为"精准服务"。通过"网格化联动""一点通

App""400电话"等形式多样的平台,团队积极推行居民"点单"、网格"接单"的志愿服务新模式。截至目前,安家"南荷格格"特色志愿服务团队在网格内有效化解夫妻矛盾、赡养老人、家庭教育等各类问题95起,为全镇困境家庭妇女、儿童提供精准帮扶302次,帮助农村妇女再就业32人,并为846个家庭解决了假期子女看护的难题。

4.力求创新突破,用"网格蓝"为新时代文明实践结"果"

大力推行"网格化管理,小单元作战"志愿服务模式,通过全镇600余个"网格微信群"畅通民生诉求反映渠道,形成源头发现、任务分派、问题处理、跟踪反馈的动态流转过程,实现线上需求与线下服务有效衔接,满足群众多元化需求。以提高服务水平为关键点,让服务成效落在实处,坚持"听群众说"和"向群众讲"相结合,通过民情问答卷、民意收集箱等方式,让群众评议志愿服务活动成效,切实增强实践活动的凝聚力、吸引力、影响力,真正实现一张"网"覆盖民生琐事,众多"格"志愿服务惠民,推动文明实践在全镇网格多点开花、结出硕果。

(三)交通安全劝导,助力文明出行

高新区(塘桥镇)人口超过17万人,部分非机动车驾驶人、行人的安全意识淡薄,文明交通意识不强,非机动车在机动车道上行驶、逆向行驶、驾驶人不戴头盔等不文明现象时有发生。为杜绝此类现象的发生,2015年8月,交警塘桥中队凝聚辖区志愿者力量,在全市成立了首个"文明交通志愿服务团队",注册志愿者4000余人,志愿服务时长53万余小时,常态化开展文明交通劝导活动,助力交通管理,引领文明风尚,获评张家港市优秀团队等荣誉称号,168名志愿者先后荣获"蓝盾志愿优秀管理者""张家港市见义勇为先进个人"等称号。主要做法有以下几种。

1.加强岗前培训

志愿团队成立之初仅有队员20人,随着活动的开展和影响力的增大,加入团队的志愿者越来越多。为提高志愿队伍水平能力,交警塘桥中队组织民警为志愿者集中开展岗前培训,新招募的志愿者由中队集中培训后,再由各项目负责人组织开展项目岗位培训，促进志愿者尽快熟悉服务区域交通环境和掌握交管技能，规范开展文明交通劝导、安全宣传等工作。

2. 规范团队制度

团队由交警塘桥中队总负责，明确一名骨干辅警全面负责志愿服务团队的日常工作，在志愿者队伍中发展 12 名骨干为项目负责人，负责各项活动有序开展。成立之初，团队起草了相关的管理制度，8 年来，经过几次修改，规章制度不断完善。建立了《志愿服务团队工作制度》《交警塘桥中队交通志愿者管理制度》《文明交通路口志愿执勤服务规范》《平安护学岗志愿执勤服务规范》《文明停车劝导志愿执勤服务规范》等一系列规章制度，志愿管理更加规范、运转更加顺畅、成效更加显著。

3. 拓展服务项目

团队成立时仅每天早上 7 点到 8 点和傍晚 4 点到 5 点在镇区主要交通路口开展文明交通劝导一项活动。随着时间的推移，团队根据实际情况，不断拓展新的服务项目。在上放学阶段各学校门口开展"平安护学岗"、镇区拥堵路段倡导"规范停车"、进入社区开展宣传文明交通和安全使用煤气等的"安全宣传"、暑寒假期间组织学生开展"文明交通体验"志愿活动等。

文明交通志愿服务取得了较为明显的成效：一是镇区道路交通环境不断优化。通过开展文明交通劝导、文明规范停车等志愿活动，大幅提升了道路交通管理水平，有效遏制了不文明交通现象的发生；路口车辆、行人遵章率达到 91%、移车堵车警情下降 82%。志愿者服务路段事故下降 28%，其中南京路镇中路志愿服务示范路口事故下降更是高达 87%。二是校园周边交通秩序持续改善。文明交通志愿服务活动的开展，有效缓解了中队"护学岗"警力不足的矛盾；全镇主要道路中小学校门口在上放学高峰时段，每天有不少于 4 名志愿者在路口、校门口开展护学活动。在他们的带动下，学生、老师尤其是家长们自觉礼让、遵守秩序，形成了塘桥一道亮丽的风景线。2015 年至今，塘桥各个学校周边未发生重大交通事故和交通拥堵，校门口在早晚高峰期秩序井然。三是志愿服务团队影响力不断扩大。自 2015 年 8 月至 9 月，已开展各项活动 5700 余期，共计 24 万余人次参加活动，活动时长 50 余万小时，社会参与度、社会影响力等方面效果突出，高新区（塘桥镇）的交通文明指数大幅提升，为镇区经济建设创造良好的交通环境。

（四）"法润沙洲"，与你同行

党的二十大报告提出，要"深入开展法治宣传教育，增强全民法治观念"。法治离不开全民参与，推进守法普法是全面依法治国的一项重要基础性工程，是全面依法治国不可或缺的重要一环，只有深入推进全民守法普法，才能筑牢全面依法治国的根基。正是在这样的背景下，司法局以普法责任制落实为重点，以创新普法载体为依托，以精准普法为抓手，以法治文化建设为核心，主动作为，务实奋进，打造"法润沙洲"系列普法教育品牌，先后开展宪法、民法典、未成年人保护法等各类主题宣讲 200 余场，不断创新法治直播、法治沙龙、法治文艺创作、法治集市等各类普法载体形式，受众超 10 万人，努力开创法治宣传教育工作新局面，推进全市普法依法治理工作高质量发展。具体做法包括以下几种。

1. 坚持政治导向，形成普法专业合力

司法局始终坚持正确的政治导向，成立由人民调解员、公证员、法律明白人、群众志愿者等组成的法润沙洲法治志愿服务支队，持续做强"法律早市""法治文化夜市"普法活动。依托法治宣传教育中心，招募 10 名"小小普法宣讲员"、50 余名"小小普法志愿者"，引入文艺爱好者、文化传播者等社会资源，每周开展"法治光影厅""周末工作室"。特邀专业律师每年定期推出"法与生活"网络公开课线上直播课，举办法治沙龙，共同推动全民普法宣传。在村（社区）培育一批"法律明白人"，开展"法律明白人素养提升工程"，加强基层普法志愿队伍的普法能力，让法治理念在基层落地生根，提升基层依法治理能力。

2. 丰富普法内容，激活群众学法动力

始终紧扣群众法律需求与社会热点，紧抓各类节日契机，围绕宪法、民法典、长江保护法等主题广泛开展法律七进活动，重点推出"法护人生"

系列活动、"美好生活 法典相伴"月月宣讲活动、"家在长江边·守护长江美"等志愿服务活动，通过形式多样、举措新颖的系列普法活动，广泛推动十进宣传、百场宣讲、千场集市、万人学法，形成媒体平台竞答法律、公园广场展示案例、商圈集市解答疑惑、学校社区上好法治课的浓厚氛围，助推群众增强法治意识，基层提高依法治理能效。

3. 点燃项目引擎，放大普法品牌效应

着眼扩大普法宣传覆盖面，提升普法宣传实效性，以"法润沙洲"为主线，聚焦国家工作人员、企业经营管理人员、职工、青少年、新市民、村居民等不同群体，重点推出"美好生活 法典相伴"项目、"法润沙洲 未爱护航"项目、"法润沙洲 携手筑梦"项目、"法润沙洲 与法同行"项目、"法与生活"网络公开课、"法治的力量"法治文化惠民项目、"法润沙洲 提质赋能"项目、"律管家"志愿服务项目、"强国复兴有我·法治进高校"公益普法项目，做精做优每一项普法志愿服务活动，推动"法润沙洲"品牌深入人心。

通过法治宣传教育，进一步引导广大市民明辨是非、崇礼守法，有力提高居民群众的法律意识，增强群众法治观念和依法办事能力，学会运用法律武器维护自身合法权益，在全社会营造了良好的法治环境，公民法治素养显著提升。同时，公众对法治的认同和支持度得到了显著提升，法治观念逐渐深入人心，有助于减少法律纠纷和社会矛盾的发生，维护社会秩序。

（五）"城市守望"随手拍，共护港城环境

为进一步弘扬"美丽家园 共建共享"新风尚，鼓励广大市民群众积极参与城市管理工作，发现并报送城市管理问题，共同打造干净、整洁、有序、安全的洁美港城，自2022年10月起，城管局启动"城市守望"随手拍行动，聚焦市民关注的重点、难点、焦点问题，引导广大市民群众自觉践行文明，争当城市管理的"主角"，浓厚了共建共享城市环境的氛围。

一是精心组织，全力推进。印发活动实施办法，对志愿者招募、问题报送范围、问题报送渠道、报送问题的处置和志愿者奖励办法等制定详细方

案。城管局联合社会治理现代化指挥中心、融媒体中心依托市城管局微信公众号"张家港城管"以及"联动张家港"、"今日张家港"搭建问题上报平台,方便群众多渠道参与行动。

二是宣传发动,强化引导。通过微信、抖音等新媒体渠道,发布"城市守望"随手拍行动相关图文、视频,介绍行动参与方式、具体形式和奖励办法等,吸引市民群众参与行动,并以此为契机进一步向市民群众宣传城市管理相关规定,引导市民了解、支持并参与城市管理志愿服务工作。定期发放活动奖励并进行公示,进一步激发市民群众参与城市管理志愿服务热情,截至目前已累计发放话费奖励共计 6268 元。

三是全民参与,共治共建。结合"洁美港城"同创共建、城管志愿者协会、"典范城管 党员先行""城商协作"道路培育等工作多渠道发动市民群众、党政机关人员、沿街商户成为"城市守望"志愿者,积极参与行动。截至 2023 年 9 月,市民群众通过"城市守望"随手拍上报有效问题 2.44 万余起,办结 2.43 万余起,办结率超 99%。

(六)"爱立方"未成年人保护项目:"未"爱前行,"检"护明天

为切实保护未成年人合法权益,大力推进青少年维权工作,进一步推进未成年人保护社会治理体系建设,近年来,张家港市人民检察院立足未成年人检察工作,精心打造"爱立方"青少年维权品牌,致力于依托司法办案,推动未成年人司法保护综合体系建设,用全方位、立体式的呵护和关爱,让每一名青少年都拥有灿烂明天。该项目获评苏州市"成长护航工程"示范项目一等奖。

一是打造法治教育阵地。立足于青少年法治宣传和企业合规文化传播,检察院打造了人民检察院刑事法律风险防控中心新时代文明实践点,集法治教育、司法保护、业务培训等于一体,是预防青少年和企业违法犯罪的教育阵地。主要包括青少年法治教育基地和企业合规法治护航中心两大部分,其中青少年法治教育基地以扬帆、定向、避险、破浪、远航五个篇章,全面展示青少年教育的核心内容,寓意用法治为青少年的人生航船

保驾护航。

二是组建专业骨干团队。针对青少年法治教育的特点，检察院整合精干力量，发挥个人专业特长，依托该院专业化办案团队，成立"爱立方"青少年维权宣讲团。团队依托司法办案，精心挖掘典型案例，深入总结发案原因，为前来防控中心参观学习的老师、学生讲解法律风险防控知识，同时深入学习、社区、企业开展法治宣讲，努力向青少年传播遵纪守法、自我保护观念，向企业传播依法诚信经营、重视合规建设的理念。

三是坚持综合多方保护。检察院在办案中坚持教育、感化、挽救的理念，对符合条件的未成年人犯罪依法宽缓处理，联合社工、心理咨询师等开展帮教，帮助重返学校或顺利就业。在加强对涉罪未成年人帮教挽救的同时，注重对未成年被害人保护。联合团市委、公安局建立未成年被害人"一站式"工作场所，避免多次询问被害人造成二次伤害。推动张家港市未成年人保护工作委员会办公室制定《张家港市突发困境未成年人干预保护实施办法（试行）》，扩大对未成年人的干预保护范围，制定个性化、定制化一人一档帮教方案，推进未成年人综合保护。

四是强化家庭教育指导。检察院联合市妇联、法院、公安等部门在全省率先出台《关于责令未成年人监护人接受家庭教育指导实施办法》，规范化、专业化、精准化开展亲职教育。如办理的陈某非法拘禁案，经过为期一年的帮教，陈某各方面表现良好，与家人共同制定了继续学业的目标规划，家庭关系融洽。该案例获评江苏省检察院优秀亲职教育案例，家庭教育指导的创新做法获评江苏省检察院、省妇联涉案未成年人家庭教育指导工作典型事例。

五是开展公诉专项行动。针对侵害未成年人权益问题，检察院开展"未爱护航"涉未成年人公益诉讼专项行动。分别针对校园周边食品安全、交通安全、旅馆违法违规接待未成年人等问题，向有关部门制发公益诉讼诉前检察建议，推动加强治理，切实保障未成年人的安全和健康。积极牵头推进落实强制报告、入职查询工作制度，与市纪委监委、教育局、公安局等成员单位会签《张家港市侵害未成年人案件强制报告制度实施方案》《关于对密切接触未成年人的机构从业人员违法犯罪记录加强审查监管的意见》，筑牢对未成年人的保护屏障。

（七）"张法飞雁"法治宣讲团：法治宣讲助推基层社会治理

为推进新时代法治建设，用法治宣讲助推基层社会治理，2022年12月，张家港市人民法院成立了"张法飞雁"法治宣讲团。"张法飞雁"法治宣讲团由张家港市人民法院的青年干警组成，涵盖民事、商事、刑事、立案以及行政部门，主要针对青少年、基层群众、企业单位等不同普法群体，深入学校、村（社区）、企业开展法治宣讲，不断增强青少年学生、市民群众的法律意识，培育法治理念，涵养社会新风，让社会主义法治理念深入人心、扎根基层土壤。

一是校园法庭——体验式普法。针对在司法实践中发现的未成年人缺乏必要的法治教育和基本法律意识的问题，自2021年5月起，法院联合教育局、团市委、关工委共同建立将模拟法庭引入学校思政课堂的机制，通过思政课堂对法院案例进行模拟重现，让青少年学生在课堂上就能身临"法"境，切实体会法律的基本含义、罪与非罪的临界点，进一步提升全市青少年学生的法律意识。

二是巡回审判——实境式课堂。选取贴近民生的典型案件、常发易发类型案件，到案件发生地的村（社区）开庭，组织群众、调解员、人大代表、政协委员等现场观摩，庭后审判法官现场答疑，用鲜活的案例普及法律知识，传播诚信、友善、公正、法治的社会主义核心价值观，让审判活动成为普法的"实境课堂"。

三是"一十百千"——优化营商环境。2020年启动，通过召开"一次"典型案例新闻发布会、举办"十场"专题法律座谈、邀请"百名"企业家旁听庭审、组织法官走进"千家"规上企业，聚焦企业关切，积极拓展和延伸审判职能，依法服务和保障全市企业高质量发展，努力营造亲清和谐、公平竞争的法治化营商环境。

四 张家港市社会治理志愿服务未来展望

"基础不牢，地动山摇。"社会治理关系着基层的稳定，关系着社会主义根基的稳定，社会治理志愿服务作为其中重要的一环，既连接党和群众，也连接政府和群众。在未来，张家港市要将志愿服务作为为基层治理提供长久稳定活力的工作重点。

（一）加强资源整合，优化资源配置

一是加强跨部门协作和资源整合。针对资源不均衡的挑战，需要建立跨部门的协作机制，实现资源的整合和共享。各级政府部门、社会组织、企业和志愿者服务平台等应该密切合作，共同制定资源分配策略和计划。通过整合现有资源，可以更有效地满足各个地区和领域的志愿服务需求。二是建立精细化资源调查和评估体系。通过建立精细化资源调查和评估体系，更准确地了解不同地区和领域的志愿服务需求，更好地识别资源不足地区的志愿者分布、服务需求、社会问题和资源供给等信息。通过精准的数据分析，有针对性地配置志愿服务资源。三是设立资源倾斜政策。针对资源不足的地区和群体，可以考虑设立资源倾斜政策，提供额外的支持和激励措施，包括提供志愿者津贴、培训补贴、项目支持等方面的政策措施，以吸引更多志愿者和资源投入资源不足的地区和领域。

（二）改进引才模式，创新育才管理

一是拓宽多途径引才渠道。从志愿服务工作实际需求出发，既要通过加大网上招募宣传力度、多范围张贴招募公告等方式，充分吸纳深入了解志愿情况的基层人才进入志愿团队，又要通过开展特色招募活动、积极联动各事业单位与重点企业，吸引高端人才到志愿者队伍中，进一步拓宽志愿服务领域。二是建立多层次培训计划。为了提高志愿者的专业技能，应该建立多层次的培训计划，以满足不同层次志愿者的需求。在培训范围上涵盖各种社会

治理领域和技能要求，从而让志愿者可以根据自己的兴趣和能力选择适合自己的培训课程，提高专业技能。三是施行多项实践训练。考虑到志愿者队伍能力差异，不仅可依托志愿者微信群，常态化推送志愿服务培训视频，让志愿者方便学，还可以通过志愿项目，让志愿者将理论知识应用到实践中，提高自己的专业技能，让广大志愿者在干中学、在战中练，系统提升队伍能力。

（三）创新项目设计，增加工作成效

一是丰富项目内容。为了激发志愿者的积极性和兴趣，应该丰富志愿服务项目的内容，提供多样化的任务和活动。不仅应该关注常规的志愿服务工作，还可以考虑引入创新和有挑战性的项目，以满足志愿者的不同需求和技能。这将增加志愿者的参与度和满足感。二是定期评估项目设计。为了确保志愿服务项目的质量和吸引力，应该定期评估和改进项目设计。可以通过志愿者反馈调查，了解他们的需求和意见，并相应地进行项目调整和改进。这将确保志愿服务项目能够持续满足志愿者的期望。三是建立志愿者社群。通过建立志愿者社群增强志愿者的凝聚力和稳定性。志愿者社群为志愿者之间的交流提供了平台，以志愿者之间互相分享经验为基础，以提升志愿者的价值感为着眼点，加强彼此之间的联系和友情，增强志愿者的参与意愿。

（四）规范制度建设，完善保障制度

一是统一在友爱港城新时代文明实践智慧云平台注册备案，统一接受新时代文明实践工作指导中心管理，统一服务标识，统一接受培训，努力把社会治理志愿服务活动打造成为展示张家港志愿者的形象品牌活动。二是在志愿者提供志愿服务的过程中做好志愿者的后勤保障工作，包括为志愿者提供精神上的鼓励和物质上的帮助。通过提供志愿者津贴、发放志愿工时奖励、为志愿者提供医疗、保险等保障，让志愿者实实在在得到物质上的好处，从而加强他们服务的积极性。通过颁发荣誉称号等激励措施，表彰杰出志愿者的贡献，使志愿者在精神层面得到满足，从而增强志愿服务的可持续性。三

是利用友爱港城新时代文明实践智慧云平台，及时关注志愿者的反馈，从而调整志愿服务的组织策略，志愿活动的开展模式等，通过沟通和反馈机制增加志愿者的参与感和归属感。及时考虑到志愿者在提供服务过程中可能会遇到的风险与挫折，通过多种形式搜集志愿者在服务过程中遇见的难点与痛点，及时进行制度上的更新，以确保志愿活动能够持续进行，为志愿者提供志愿服务营造更舒适的环境。

（五）加大宣传力度，扩大社会影响

一是丰富宣传形式，增加宣传传播力。加大媒体投放力度，确保在报纸上有文字、在广播里有声音、在电视上有图像，实现多维度宣传，切实提升志愿服务的知名度。二是结合本地特色，增加宣传吸引力。进一步创新内容载体，注重挖掘地方文化特色，拉近志愿服务与群众的距离。三是突出服务典型，增加宣传感染力。突出先进典型的示范引领作用，增强志愿活动宣传的情感性。通过将典型事迹故事化，让整个社会对社会治理志愿服务产生心理认同感，从而实现基层治理新格局，为书写张家港市志愿服务新名片提供保障。

新时代文明实践所（站）志愿服务发展报告

Reports on Development of Volunteer Service at the
Chinese Civilization Centers in the New Era

B.8
张家港市经开区（杨舍镇）新时代文明实践志愿服务发展报告

王文华　黄宇毅　梅嘉浩*

摘　要： 经开区（杨舍镇）坚持把阵地建设作为志愿服务工作开展的基础性保障，以区镇、街道（办事处）、村（社区）三级为单元，以志愿服务为基本形式，在城乡普遍建立新时代文明实践站，整合人员队伍、资金资源、平台载体、项目活动，达到"七有"标准，大力培育和践行社会主义核心价值观，把新时代文明实践所（站）打造成具有思想政治引领、传播党的声音、传承优秀文化、培育文明风尚、提供惠民服务等多种功能的综合性宣传教育阵地，切实提高群众的思想觉悟、道德水准、文明素养、法治

---

*　王文华，杨舍镇党委宣传（统战）委员；黄宇毅，张家港经济技术开发区党群工作局文明指导科科长；梅嘉浩，吉林大学哲学社会学院博士研究生。

观念，推动区镇全面进步。创新使用"群众点单、实践所（站）下单、志愿者接单"的"三单制"模式开展志愿服务，协同群团组织、社区、社会组织与企业多方合作，为推进新时代文明实践，贡献了正式与非正式志愿服务有效衔接、服务内容兼顾传承与发展、关注新业态群体与党组织建设等宝贵经验。

关键词： 经开区（杨舍镇）新时代文明实践　志愿服务　党组织建设

一　经开区（杨舍镇）新时代文明实践志愿服务发展背景

张家港经开区成立于 1993 年，2008 年 9 月起与城关镇杨舍镇实行一体化管理，2011 年升格为国家级开发区。区域面积为 152 平方公里，总人口 57 万，其中户籍人口 28 万。下辖 4 个城区街道、5 个城郊办事处，管理 53 个社区、22 个行政村。经开区获得了国家级绿色园区、国家生态文明建设示范区等 20 多项国字号荣誉。杨舍镇位列全国千强镇第二。

经开区（杨舍镇）坚持以民为本，全方位提升公共服务水平，推动教育、医疗、养老等优质均衡发展，打造"海棠·暖新窝"等特色服务阵地，建成"15 分钟便民服务圈、10 分钟医保服务圈"，群众的幸福指数节节攀升。加快推进农业农村现代化建设，引导支持村级抱团发展，村级可支配总收入超 10 亿元，村均可支配收入超 2600 万元，杨舍镇被评为"中国乡村振兴示范镇"、蝉联苏州市率先基本实现农业农村现代化考核第一等次。创新基层社会治理，探索开展"民生面对面"等活动。经开区（杨舍镇）具有经济发展程度高、服务业发达、地区类型多样的特点，在志愿服务与新时代文明实践发展建设中，该特点作为发展背景，为开展多元、优质的志愿服务，提升居民幸福感、满足感、获得感的新时代文明实践提供了重要支撑。

2018 年以来，中央就加强新时代文明实践中心建设工作作出一系列部署，明确要求以志愿服务为基本方式加强新时代文明实践中心建设，根据中共中央办公厅印发的《关于建设新时代文明实践中心试点工作的指导意见》和江苏省的相关要求，经开区（杨舍镇）精心谋划、周密部署，结合自身实际，扎实推进新时代文明实践所（站）建设，形成了区镇、街道（办事处）、村（社区）三级联动的体制机制，密切党群干群关系，将思想政治工作延伸到基层末梢，有效调配资源、协调各方力量，增强群众凝聚力、社会动员力，强化与落实基层党组织和党员干部履行宣传群众、教育群众、引领群众、服务群众责任，提升城乡社区群众自我管理、自我服务、自我教育、自我监督的实效。

二 经开区（杨舍镇）新时代文明实践志愿服务发展概况

（一）加强统筹谋划

经开区（杨舍镇）坚持把阵地建设作为志愿服务工作开展的基础性保障，以区镇、街道（办事处）、村（社区）三级为单元，以志愿服务为基本形式，区镇层面建立新时代文明实践所，村（社区）普遍建立新时代文明实践站，整合人员队伍、资金资源、平台载体、项目活动，达到"七有"标准（有健全的组织机构，有固定的活动场所，有科学的管理制度，有详细的工作计划，有稳定的志愿队伍，有明确的经费保障，有浓厚的宣传氛围），大力培育和践行社会主义核心价值观，把新时代文明实践所（站）打造成具有思想政治引领、传播党的声音、传承优秀文化、培育文明风尚、提供惠民服务等多种功能的综合性宣传教育阵地，切实提高农村群众的思想觉悟、道德水准、文明素养、法治观念，推动区镇全面进步。截至 2023 年 9 月，经资源整合，区镇已建成 1 个新时代文明实践所、75 个新时代文明实践站和 3 个新时代文明实践点，覆盖所有村和社区。区镇新时代文明实践志愿服务支队下辖各村（社区）、学校、企业、社会志愿团队 134 个，注册志愿者 14500 余名，常态化开展便民服务、文化生活、个性定制等各类公益项目 63 个。2022 年累计开展文明实践志愿活动 5200 余次，志愿服务时长累计超 11 万小时。

（二）多元主体参与

经开区（杨舍镇）充分整合多方资源，在党员干部率先示范的基础上，挖掘企业、社会组织等社会资源，鼓励广大群众加入志愿者队伍，重点发动道德模范、退休教师、各行各业先进人物、大学生等成为志愿者主体，让每位市民都成为新时代文明实践的传播者、实践者和示范者。一方面，联动各方形成多元主体参与格局。如群团组织，工会、妇联结合自身工作特色开展相应志愿服务，惠及职工、妇女及连带儿童、家庭；各社区根据自身特色情况，以新时代文明实践站为基点，链接各项资源，打造各类品牌，开展各种活动，切实满足社区居民生活需求，提升居民获得感、参与感，将志愿服务精神向外传递、惠及更多人。另一方面，着力发挥社会组织与企业特点优势。指导其注重服务群体的需求满足与和谐社会建设，设计、开展有专业性、企业特性的文明实践志愿服务活动，并以志愿服务为载体，借助多元活动形式，让志愿服务精神在新时代文明实践中广为传播，将中国特色社会主义文化建设融入其中，在用心用情用力解难题中温润人心、温暖心灵，在见小见微见实中教育群众、引领群众。

（三）打造品牌项目

经开区（杨舍镇）始终坚持将"群众要什么"与"我们有什么"相融合，以新时代文明实践所（站）为抓手，以理论宣讲、教育服务、文化服务、科技与科普服务、健康促进与体育服务为框架，按照"群众点单、实践所（站）下单、志愿者接单"的"三单制"模式开展全域化、精准化、常态化的志愿服务活动，精心设计服务项目清单，用心用情打造志愿品牌，切实构建"互助友爱"的新时代文明实践服务圈，不断提升居民满足感、获得感。

一是紧贴群众生产生活实际，紧扣群众所思所想所盼，用群众喜闻乐见的方式，把习近平新时代中国特色社会主义思想讲清楚、讲明白，为群众开展听得懂、愿意听、记得牢、用得上的理论宣讲。如"杨舍故事汇""红燕助学""童眼里的党史"等理论宣讲品牌，深受群众欢迎。

二是注重让崇德向善根植在人们的心田，积极营造"积小德为大德，积小善为大善"的良好风尚，为群众提供以学习身边好人事迹、弘扬身边好人精神、传承好人道德力量为主的教育服务。如梁丰小学的文艺思政实境课堂项目，用锡剧形式的文艺作品在新时代文明实践所（站）开展表演活动，赞英雄、话党史、颂党恩，帮助未成年人"扣好人生第一粒扣子"。

三是深化群众性精神文明创建活动，深入开展"文明家庭"系列创评活动，倡导文明、健康、和谐的节日理念，传承中华优秀传统文化和传统美德，培育特色鲜明、气氛浓郁的节日文化，着力为群众提供文化服务，丰富其精神文化生活。如"爱心服务银行"项目，秉承"付出、积分、回馈"的双向服务机制，既联动多部门力量化整为"一"，也凝聚办事处、辖区各村（社区）、企业志愿力量，协力推动辖区垃圾分类、社会治安、村居环境整治等各项工作齐头并进。

四是以市级科普志愿团队为引领，依托文化馆、博物馆等阵地资源、项目资源、人才资源，发挥基层阵地优势，以提高群众科学文化素质、培育青少年创新精神为目标，定期组织开展科技与科普活动。如依托社区的邻里港湾创新打造"暨阳七彩鸟科普馆"，集知识性、趣味性、教育性、科学性、宣传性于一体，开展鸟类科普知识展、摄影展等活动，全方位、多层次、宽领域地提供人鸟和谐科普宣传。

五是积极动员广大体育爱好者、健身爱好者以及运动能人，开展各类体育健身活动，指导居民科学健身、体育养生，营造全民健身氛围，使市民在愉快的气氛中陶冶情操、锻炼身体。如"幸福杨舍　悦享美好夜"项目，吸引文化文艺志愿者积极参与，编创排演了《文明实践幸福夜》三句半、广场舞《一路生花》、"杨舍之音"音乐汇等舞台类展演节目，为市民群众带来满足感和幸福感。

（四）发展成效

经开区（杨舍镇）把开展新时代文明实践工作作为学习贯彻习近平新时代中国特色社会主义思想的重要抓手，注重阵地规范化建设，形成了标识显著、布局合理、阵地完善的"所、站、点"三级阵地网络，通过"走出去+引进来"的模式常态化组织开展文明实践活动，精准对接回应群众需求，推出以福前村"五福客厅"、李巷村"民情小店"、棋杆社区"西溪茶社"等为示范的服务阵地，真正将区镇全覆盖的新时代文明实践阵地打造成了引领区镇群众的"思想高地"、提升群众的"艺术空间"、服务群众的"活动中心"。注重志愿队伍建设，通过整合部门条线力量，定期召开专题会议，在平台搭建、组织培育、活动开展、典型推选等方面加强协作，常态化做好幸福杨舍志愿者的培育、激励，建立志愿者礼遇制度，让志愿服务更有温度，构建各负其责、各展所长、联动高效的工作格局。近年来，区镇涌现了一大批优秀志愿者、志愿服务团队和志愿服务项目。如金塘社区被评为全国学雷锋志愿服务"四个100"先进典型之最美志愿服务社区，善港村葛剑锋被评为"全国岗位学雷锋标兵"，区镇居民崔艳入围"江苏省十佳青年志愿者"提名，城北社区志愿服务队马秀凤被评为张家港市文明实践志愿服务优秀典型"最美志愿者"，杨舍镇群星志愿服务队周娉婷参与排练的《推呀拉呀》入围全国最高群众文艺领域奖项"群星奖"并登上苏州市、江苏省乃至全国的舞台。

三 经开区（杨舍镇）新时代文明实践志愿服务特色项目

（一）群团组织典型项目——经开区（杨舍镇）总工会"接咱爸妈来过年"

每年春节，都会有许多新市民职工因为岗位职责、生产任务等选择坚守在工作一线，无法回老家过年。为圆他们的团圆梦，经开区（杨舍镇）总工会连续多年开展"情暖职工·欢聚杨舍"——"接咱爸妈来过年"幸福行动系列活动，通过提供来回路费和派车接送的方式，把新市民职工父母从全国各地接到张家港过年。

据统计，截至 2023 年 9 月，区镇共有新市民务工人员近 20 万人，其中80 后、90 后新市民职工占比近一半。为切实解决他们在工作、生活、家庭、情感等方面的问题和困难，区镇总工会首创开展"情系新市民·工会伴你行"主题活动，着眼于新市民职工"父母、子女、个人"三大群体，紧扣亲情、爱情、事业等重点元素，依托工会组织和资源优势，创设"情暖职工·欢聚杨舍""情牵候鸟·快乐助飞""情定暨阳·爱在杨舍"三大服务品牌，以情感人、以情塑人、以情留人，使新市民职工感受到来自第二故乡的温暖，收获更多的归属感、获得感和幸福感，在张家港开启新生活、成就新梦想。

自 2014 年启动以来，区镇总工会组织来自 22 个省市的 247 组新市民家庭参与活动，以活动圆留守港城新市民职工的团圆梦，帮助新市民感受港城的活力、文明和发展机遇，鼓励新市民子女来港城就学、就业、安家，成为港城发展的新生力量，真正实现从"欢聚"到"团聚"的转变。2016 年，"情系新市民·工会伴你行"以最高得票数被评为苏州市工会服务职工示范项目。

（二）社区服务特色项目——悦盛社区"苏递先锋"

悦盛社区有 6 个居民小区，常住人口 1 万多人，2020 年被评为党建引领物业管理服务工作省级示范点。社区内居民区密集，商户林立，还有不少电商，区域内快递外卖业务量比较大。据统计，活跃在区域内的快递小哥有150 人左右，其中 42 人居住在该社区。为了更好地服务这类群体，社区于2021 年 5 月在第二集贸市场门口打造了"海棠花红·苏递先锋"服务项目，设置智能专柜方便群众收寄快递，集合休憩歇脚、饮水热饭、学习阅读、政务服务等功能，聚力提供暖心服务、贴心服务。

社区联合行业主管单位、经开区（杨舍镇）等 12 家单位，下沉资源，提供 19 项具体服务。着力对快递、外卖、网约车等新业态就业群体开展四大行动：以党建引领发挥群团合力，成立包含党员 279 人、团员青年 1100 人等在内的行业党委，开展扎根行动；坚持以社区党组织和行业主管部门共同推荐等方式着力发展党员的培育行动；每月 5 日邀请周边医院医生上门提供义诊服务的关爱行动；通过驿站代销、小哥下田保障农产品保鲜进城的赋能行动。

"海棠花红·苏递先锋"服务项目不仅为社区开展服务和活动提供了场所，也为社区志愿者参与治理、发挥作用提供了平台。创新形成的海棠先锋"1+3+N"治理体系设有海棠基金，用于动迁安置小区的物品维修、绿化补种等，带动引导快递小哥积极参与社区治理，转化为社区的副楼道长，开展扫楼行动，服务时长计入新市民积分并有一定补贴待遇，在个人融入基层治理的新路径中助推社区建设向善向好。

（三）社会组织特色项目——暨阳社区"109"公益服务队

暨阳社区"109"公益服务队于 2014 年 1 月 9 日由暨阳社区龙潭党支部委员沈海卫成立，隶属于暨阳社区党总支（居委会）。截至 2023 年 9 月，服务队已由原先的 10 名志愿者发展至 512 名，以来自全市各行各业的青年志愿者为主力，新市民志愿者超过 40%。服务队的服务阵地位于杨舍镇梁丰路 460～464 号，面积约 100 平方米，内设 3 个功能区，即为辖区居民提供便民理发、配钥匙、维修小家电等的便民服务区，展示志愿者团队建设、志愿者风采、志愿者手工作品等的展示区，接受办事群众的咨询求助、开展指引志愿服务和志愿者招募的咨询服务区。暨阳社区"109"公益服务队主要服务于社区管辖范围内的居民，居民有任何困难都能求助服务队，服务队负责人根据群众的需求招募安排志愿者，依托站点资源，提供线上线下、站内站外等多方位服务，成为志愿者培训、志愿团队孵化、志愿服务成果展示的市级亮点。

暨阳社区"109"公益服务队积极配合社区和上级部门，多次承接大型广场志愿服务活动，开展了城西街道"远方的家，乡音传千里""我的玩具去新家""党建服务广场行""中国红·诚信伞""巧手创造中国年""志愿服务进家门，贴心活动暖人心"等特色项目。项目得到了"学习强国"平台、中国文明网、光明网、文明张家港、张家港电视台、张家港日报社、张家港新闻网等媒体的跟踪报道。

暨阳社区"109"公益服务队还组织医疗服务站的医护志愿者对社区中生活困难的人群开展义诊、对行动不便的患者开展上门送诊服务，并建立了社区居民健康档案。同时，服务队在每个周末定期开展"巧手创造中国年"DIY学习培训班；每周开展垃圾分类督导活动，帮助小区居民进行正确的垃圾分类。服务队以磨炼青少年志愿者的道德品质、弘扬中华民族助人为乐的传统美德为主要发展方向，大力倡导践行志愿服务精神，努力将志愿服务普及到每一户居民家中，为建设和谐幸福社会做出贡献。

（四）新时代文明实践特色项目

1. 经开区（杨舍镇）新时代文明实践所"杨舍故事汇"

为积极开拓宣传思想工作思维，经开区（杨舍镇）新时代文明实践所创新建设了"杨舍故事汇"品牌项目。通过挖掘身边资源，收集群众需求，以小品、快板、诗朗诵等党员群众喜爱的舞台表演形式，创作形成了一批党员群众愿意听、听得懂的优秀故事宣讲稿，定期更新宣讲菜单，以经开区（杨舍镇）新时代文明实践所为主阵地，分类分层分众开展扎实有效的理论宣讲文明实践活动，通过发现、讲述、传播故事，增强宣传思想教育的吸引力和感染力，汇聚道德正能量，弘扬文明新风尚，切实打通宣传群众、引导群众、服务群众的"最后一公里"，主要做法有三。

一是培育"故事团"，让宣传思想教育更接地气。广泛动员和运用社会力量，从机关、学校、村（社区）干部、老党员、老干部、道德模范中精心挑选一批讲政治立场、懂基本政策、善用群众语言的宣讲志愿者，举办学生组与成人组的讲故事比赛，挖掘一批优秀故事和优秀讲演人才，让群众成为基层"宣讲员"，推动宣讲志愿者构成多元化，组建一支百人"杨舍故事团"。

二是注重内容提炼，让宣传思想教育入脑入心。"杨舍故事汇"紧扣中央大政方针政策、重要会议精神等，以群众喜闻乐见的讲故事等形式，用生活化、通俗风趣的语言和丰富多彩的故事内容，宣讲好党的二十大精神、习近平新时代中国特色社会主义思想、社会主义核心价值观、中华优秀传统文化以及道德模范、身边好人等事迹，开展宣讲活动400多场次，参与群众6万余人次，有效推进党的理论创新成果和政策宣讲活动在基层推广普及。

三是创新载体平台，让宣传思想教育更聚人气。针对群众的多样化、个性化需求，创新方式方法，拓展学习平台，综合利用村（社区）新时代文明实践站、农家书屋、道德讲堂等阵地与百姓面对面宣讲。围绕人文风情、道德模范事迹等进行调研，收集、整理资源，定期汇编"杨舍故事汇"专辑，同时通过电台录播、微信推送等方式，将优秀故事送到百姓家门口，立体式打造理论具体可感、群众愿意倾听、资源开放共享的宣传教育平台。

2. 经开区（杨舍镇）团委"杨小青研学社"

"杨小青"是经开区（杨舍镇）团委于2020年创立的志愿服务品牌，其宗旨是强化青少年思想政治引领，鼓励青少年积极投身区镇社会经济发展，凝聚正能量，贡献青春力量。该品牌主体为杨小青志愿服务总队，下属各街道办事处自主成立支队，协同参与各项志愿服务活动。品牌下设"杨小青研学社"，组建了10人的青年讲师团，一方面围绕党的历史、国家政策、创新创业、乡村振兴、一线工匠、励志奋斗等主题开展宣讲，另一方面链接各类党政、社会资源，以专业研讨、头脑风暴、拓展交流、TED演讲、故事分享等方式面向区镇全体青少年，开展分类服务、分类引航。

项目突出研习合一，服务区镇全体青少年，主要做法有二。一是注重钻研，通过走访调研、一线攻坚，聚焦社会治理、创新创业、党团建设、文明创建、安全生产等课题，推动研究、研讨、研判，着力发现问题，探索解决问题的对策建议。二是注重学习，关注政策学习与交流分享，既学习党和国家的方针政策，也邀请青年典型结合自身工作、成长经历探讨所思所悟、分享故事经验，在思想碰撞中促成长、共进步。

项目突出阵地提质，以基层团干示范学、线上线下全员学、青年群体创新学等形式帮助团员青年全面准确理解党的二十大精神，组织开展"五四"青年节、"三五"学雷锋、联青服务站等主题活动，开设青少年暑托班，开展"青春有你，志愿同行"学雷锋系列活动，引导青年树立志愿服务理念，强化思想引领。

（五）特色阵地建设

1. 文明实践所：经开区（杨舍镇）新时代文明实践所

经开区（杨舍镇）新时代文明实践所是顺应群众需求、依托原有闲置的训练场馆，投入 1800 万元打造而成的群众家门口的新时代文明实践阵地，于 2019 年正式启用。场馆建筑面积 3200 平方米，共有 3 层，建有理论学习、展示展览、互动体验、洽谈交流、志愿培训等 18 个功能性服务空间，为广大群众参与新时代文明实践活动提供了广阔平台。

实践所强化资源整合，依托下辖的 134 支新时代文明实践志愿服务队伍、超 7 万名志愿者，围绕"学起来、慧起来、艺起来、趣起来、动起来"五大平台，创设"三五"工作法，常态化开展思想引领、文明创建、文化文艺等 90 余个文明实践志愿服务项目，年开展活动超 500 场次，辐射全镇 57 万群众。通过"建在身边"的文明实践阵地，把最优质的志愿服务送到群众"家门口"，让新时代文明实践所（站、点）成为百姓身边的"精神加油站"、引领群众的"思想高地"、提升群众的"艺术空间"、服务群众的"活动中心"。

2. 文明实践站：花园浜社区"小木屋"

花园浜社区地处张家港市区东郊，管辖区域东至华昌路，南至沙洲东路，西至新市河，北至东横河，辖区面积 1.72 平方公里，管辖 10 个居民小区、374 幢居民住宅楼，常住人口 6263 户共计 20000 余人，社区内多为老旧开放式小区，呈现范围广、居民多、社区老、任务重的管理特点。花园浜社区小木屋始建于 2010 年 8 月，基于居民需求多元化、社区用房紧张的实际，利用老城区改造中高压线落地下埋的契机，打造了 17 间错落有致的小木屋，总面积 600 多平方米。其前身为城东街道梁丰社区"先锋文明驿站"，现为花园浜社区新时代文明实践站。实践站设有先锋志愿服务 V 站、24 小时自助图书馆驿站、党员之家、五老之家、侨之家、家庭能量屋、家风馆、安康爱心驿站、城市 e 管家等 17 个具有特色与个性化的服务项目，以贴近群众需求、坚持志愿服务为原则，不断挖掘群众服务需求与社区服务资源，在小木屋"新时代文明实践站"平台进行交会对接，承载精准服务，在城区老旧社区探索出一条"党员带动、志愿撬动、项目驱动"的新时代文明实践之路，真正做到了服务群众零距离。

实践站以坚持正确政治方向、坚持贴近群众需求、坚持志愿服务为引领，以坚持鼓励探索创新、坚持统筹谋划推进为原则，充分发挥党员的带头作用、榜样作用、促进作用，以需求为导向、服务为根本、活动为载体，层层融入居民生活，输送幸福动力。"先锋志愿服务 V 站"作为整个实践站的起点，发挥招募志愿人才、凝聚志愿力量、宣扬志愿风采的作用，有效联动其余 16 间小木屋的多样化功能；"党员之家""五老之家""家庭能量屋"则采用传统与创新相结合的方式，深化中国梦宣传教育，弘扬民族精神、时代精神和张家港精神。

实践站的每一间小木屋，都有志愿者和自治员负责日常管理和运作，建立了文化、巾帼、党员、法律维权、青少年等志愿者服务队伍，广泛开展社区邻里守望和关爱空巢老人、留守儿童、残疾人、侨胞眷属等形式多样的服务活动。同时，依托"红色木屋""活力花园""幸福传家"等项目精准开展文明实践活动，按照"办好小事情，实现大管理"的理念，用专业素养成就金牌服务，为居民打造一个文明社区的典范、幸福宜居的家园。小木屋积极吸引吸纳社工组织、居民议事会加入实践站的管理和运作，推动形成"党建引领、居民自治、多元共治、智慧管理"的治理模式，真正实现自我管理、自我服务、自我监督、自我完善，让老小区焕发新生机，成为传播实践习近平新时代中国特色社会主义思想的窗口。

作为享誉全国的文明实践阵地，近年来，小木屋成为重点考察交流点位，接待了考察团队 2000 余个，其工作模式和经验做法被"学习强国"等平台宣传和推广，影响深远。

3. 文明实践点：李巷村"民情小店"

李巷村是四村合一的行政大村，户籍人口 6800 余人，外来人口 13000 余人，人流量大，群众需求日益多样化。李巷村坚持以服务民生为支点、乡村治理为依托，通过辐射式布局和"店小二"的服务方式，依托"巷"阳花开志愿服务团队，通过创新文明实践载体、汇聚志愿服务力量、拓展文明实践方式，在辖区虎泾口、刘市口、河头口设立 3 家"民情小店"新时代文明实践点，立足阵地建设聚人气、理论宣讲有"深度"、志愿服务有"温度"、文化传播有"厚度"、基层治理有"力度"，打造收集民意、服务群众、凝聚民心的温馨驿站，实现真正打通服务群众的"最后一公里"。"民情小店"以"用心服务、精准服务、全面服务"为基点，通过"听巷声、理巷事、聚巷心"，正逐渐成为"红色加油站""民情气象站""便民服务站"。

一是突出党建引领，打造"红色加油站"。"民情小店"设立党建宣传文化墙、先锋党员阅读区，安装电子宣传屏、信息公开栏、民情民意收集箱等，充分发挥离任村干部、德高望重老党员等志愿者余热，发挥他们群众基础好、本地情况熟的优势，让"民情小店"成为基层党员的"加油站"。及时播报发布政策信息及工作动态，使"民情小店"成为党建宣传以及群众参与党建活动的重要阵地。

二是聚焦乡村治理，打造"民情气象站"。"民情小店"按照"一名店长+若干服务员、一个茶话场所、一本民情记录本、一套村民家庭档案"四个一的标准，打造收集民意、解决民困、凝聚民心的窗口，夯实村级组织引领乡村治理的一线阵地。充分发挥新时代文明实践点及志愿者们在倡导乡风文明方面的示范引领作用，积极培育文明乡风、良好家风、淳朴民风，助力乡村振兴。多次组织志愿者入户进行慰问、帮扶，在辖区形成爱老敬老、互帮互助的良好乡风，积极开展"文明家庭"评比活动，引领文明新风尚。

三是整合资源力量，打造"便民服务站"。以"就近就便、便民惠民"为原则，以"志愿、服务、奉献"为宗旨，整合为民服务资源力量，常态化实行村干部值班制，带动辖区党员中心户、宅基小组长等一批热心村务的党员群众参与，为村民提供对接社会资源、村民福利发放、交管服务、免费修伞、线上医疗咨询服务等一系列便民服务，着力将小店建设成为"累了歇脚喝茶、闲了聊天解闷"的家门口的特色阵地，有效延伸服务群众工作，有力促进"我为群众办实事"工作落实，进一步提升了群众的幸福感和获得感。

自"民情小店"投入使用以来，共收集村情民意 150 余条、解决 130 余条，开展"我为群众办实事"活动 60 余项。"民情小店"日益成为民有所呼、我有所行的"连接器"，让老百姓办事更方便，让干部和群众走得更近。

四　经开区（杨舍镇）新时代文明实践志愿服务经验做法

（一）正式与非正式志愿服务的有效衔接

非正式志愿服务一般由个体直接或间接发起，与正式志愿服务由非营利机构、权威组织等正式组织发起，且具有计划性与周期性不同，非正式志愿服务往往无须通过组织参与，当事人可以根据具体情况提供志愿服务，具有自发性、即时性与灵活性的特征。在具体服务层面，二者的区分并不明显；在社会意义上，二者也具有相似特征。在经开区（杨舍镇）的实践中，部分社区积极把握非正式志愿服务资源，通过提供场地、纳入项目设计等手段，将非正式志愿服务制度化，使之产生有序性，增加了场域内的可利用资源，使得区域内的志愿服务资源得以加强且变得可操作、可控制，让无序、偶然的志愿行为能够通过组织对接到具体有需要的人群中，使之更为契合，发挥更大作用。

如"109"公益服务队的 DIY 编织学习班、西门社区剪纸服务队等，将社区能人的资源利用起来，通过社区提供场地，能人提供技术、服务，丰富社区内志愿服务内容，打造特色的志愿服务文化。同时，在关注社区内资源打造的同时，经开区（杨舍镇）部分社区也积极与社区周边人群、资源联系，通过打造居民生活圈、人群共生体等特色服务，加强与周边人群的联系，带动志愿服务与新时代文明实践精神的广泛传递。如悦盛社区关注新业态群体——快递小哥的发展需求，通过驿站的打造，为快递小哥提供了集休闲、工作与志愿服务为一体的平台，结合快递小哥日常工作技能，使他们在工作中提供志愿服务，在志愿服务中拓宽工作外延，实现双向发展。南杨社区的商居共建驿站也发挥了类似作用，将社区居民与周边商户联系起来，以驿站为平台建立起共生机制，共同推进新时代文明实践，建设和谐有序的生活环境。

（二）服务内容兼顾传承与发展

经开区（杨舍镇）新时代文明实践志愿服务在关注民生发展的同时，不忘以历史的视角进行文化的传承和传递，新时代文明实践所的"杨舍故事汇"、李巷村的"民情小店"项目通过对传统故事、民俗文化进行收集，通过讲述、汇编成册、多元宣发进行传承与宣传，通过对物理空间的历史保留与现代化改造，将传统文化中的优秀文化与现代生活相结合，使得传统文化在现代生活中依旧鲜活灵动。同时，经开区（杨舍镇）新时代文明实践志愿服务高度关注市民发展，以多元活动满足市民发展需求，为市民生活提供精准促进项目，如梁丰小学公益文体课堂和美益家——家校社协同共育项目等，将市民技能、对下一代成长的关爱协同起来，以新时代文明实践志愿服务形式为下一代发展提供积极支持，为社会的和谐发展提供重要保障。

（三）关注新业态群体与党组织建设的新时代文明实践导向

新时代文明实践相较于单纯的志愿服务，是拓展理论常态化进基层的重要途径，也是理论与实践深度融合的平台载体，新时代文明实践要密切党群干群关系，推动基层思想政治工作落实、做强。同时新时代文明实践也具有中国特色志愿服务的内涵和精神——友爱、互助、进步。经开区（杨舍镇）的新时代文明实践与志愿服务活动关注到了新业态群体——快递小哥。习近平总书记在党的二十大报告中就加强党组织建设作出部署，强调要坚持大抓基层的鲜明导向，加强城市社区党建工作，加强混合所有制企业、非公有制企业党建工作；强调加强新经济组织、新社会组织、新就业群体党的建设。花园浜社区的"小木屋"项目、悦盛社区的"苏递先锋"项目等将快递小哥这一新业态群体纳入新时代文明实践，发挥志愿服务精神，通过平台打造为快递小哥提供歇脚、充电、加热午餐等便利服务，提升其融入社会的获得感与满足感，同时为其提供双向的志愿服务通道，使他们不仅享受志愿服务也能够参与志愿服务，在双向的参与中深化志愿服务精神，提升精神文明水平。此外，通过社区基层搭建平台，结合党建特征，把握增强党组织政治功能和组织功能的关键任务，把发挥新业态、新就业群体党员作用贯穿始终，实现了加强新业态、新就业群体党组织建设必须坚持党的全面领导，建立集中统一的领导体制机制，落实管行业与管党建、抓平台与抓人群的责任，把分散在各部门的行业管理、监督执法和党建工作力量整合起来，形成一体推进、协同发力的工作格局。

五　经开区（杨舍镇）新时代文明实践志愿服务面临的挑战与未来展望

（一）面临的挑战

经开区（杨舍镇）在推进新时代文明实践志愿服务建设上还存在一些不足之处。一是资源分配不均。经开区（杨舍镇）大部分志愿服务建设依托于所在区域、社区的整体发展水平，发展水平高的社区资源多、易出彩，发展水平低的社区相对较差，从而导致志愿服务的覆盖范围不够广泛，志愿服务的发展不够平衡。二是专业化和技能水平有待提升。经开区（杨舍镇）许多出彩的志愿服务活动需要一定的专业知识和技能支持，但部分志愿者缺乏相关培训和指导，专业化和技能水平不高可能导致志愿者在服务过程中遇到困难，无法提供高质量的服务。

（二）未来展望

经开区（杨舍镇）在推进新时代文明实践志愿服务建设工作上创新劲

头足、发展速度快，全域呈现因地制宜、独具特色的良好局面。未来，区镇应着力完善新时代文明实践志愿服务体制机制建设，进一步整合资源、对接需求、建强队伍、设计项目，推动文明实践和志愿服务工作迈上新台阶、开创新局面。

一是持续提升志愿者服务专业性。聚焦志愿服务队伍建设特别是村（社区）志愿服务团队及志愿者。一方面，注重将能人、贤者、典型骨干挖掘出来，发挥其示范带动作用，做到影响一大片、带动一大片；另一方面，注重志愿者本身技能素养之外的比如应急处置、心理疏导、文艺展示等专业服务技能的培训和提升，真正将志愿服务从"简单服务"转化为"专业服务"，从技术含量不高的"大众性服务"转化为高质量高标准的"精准性服务"。

二是全面激发群众参与积极性。既要提升群众参与志愿服务的积极性，在以村（社区）党员、骨干、教师等为中坚力量的基础上，吸收吸纳更多的普通群众自愿、主动参与进来，提升志愿服务意识，积极争做"服务者"，也要提升群众参与文明实践活动的积极性，精准对接群众需求，以群众喜闻乐见的形式来设计、开展群众所需、所喜的文明实践活动，使他们在参与的过程中倾听好声音、享受好政策，主动争做"宣传者"。

三是培育增强志愿文化持久性。志愿服务文化作为组织的"软实力"，是团结和凝聚广大志愿者的有力抓手。应积极培育和践行社会主义核心价值观，强化宣传志愿服务意义，大力营造志愿服务氛围，不断创新志愿服务项目，表彰优秀志愿者，报道区镇志愿服务工作先进人物和先进事迹，真正将培育志愿服务文化融入日常社会生活，在生活中把志愿服务文化化于无形并躬身践行，让志愿服务文化扎根、丰富和发展。

B.9
张家港市冶金工业园（锦丰镇）新时代
文明实践志愿服务发展报告

王皓琼　林燕峰　张尚明珠*

摘　要： 张家港市冶金工业园（锦丰镇）全面推进全镇新时代文明实践志愿服务的制度化、常态化建设，积极营造健康向上的社会新风尚，不断加强新时代文明实践志愿服务工作的部署落实。目前，锦丰镇着力推进"文明实践+社会治理"的特色项目，积极开展新时代文明实践工作。同时，锦丰镇志愿服务团队以"社工+志愿者"联动为主要模式，采用社工引领志愿者、志愿者协助社工共同开展服务的模式，结合工作实际，着力推动志愿服务的制度化、社会化、专业化，整合工作队伍，打造工作阵地、志愿服务品牌，逐渐形成新时代文明实践志愿服务的锦丰模式。各方合力探索推动冶金工业园（锦丰镇）文明建设提档升级，积极打造新时代颜值与气质兼修的"苏南最美桥头堡"。

关键词： 锦丰镇　志愿服务　新时代文明实践　社工+志愿者

一　冶金工业园（锦丰镇）新时代文明实践
志愿服务发展概况

冶金工业园（锦丰镇）为 2003 年 1 月经江苏省人民政府批准设立，隶

---

* 王皓琼，张家港市锦丰镇党委宣传（统战）委员、锦丰镇工委副主任；林燕峰，张家港市冶金工业园宣传文明科科长；张尚明珠，苏州大学传媒学院硕士研究生。

属江苏省苏州市张家港市，于2013年10月与张家港市锦丰镇实行"区政合一"管理体制。区划面积114.32平方千米，辖2个办事处、23个行政村、11个社区居委会，总人口17万人，其中户籍人口11.48万人。2021年9月，锦丰镇入选"2021年全国千强镇"，排名第11位；2023年9月，入选"2023中国乡镇综合竞争力百强"，排名第7位；2023年10月，入选"2023年全国综合实力千强镇"，排名第8位。获评江苏省乡村振兴先进集体、苏州市推进高质量发展先进地区、苏州市农村人居环境整治提升工作示范镇。

冶金工业园（锦丰镇）现有工业企业超1500家，其中世界500强企业3家，规上企业157家，销售额超5000万元企业79家，省跨国公司地区总部和功能性机构企业2家，苏州总部企业2家，境内上市企业5家，获评国家级专精特新"小巨人"企业1家，培育高新技术企业105家，形成新材料、新医疗、新能源三大优势产业板块，拥有一批龙头型企业，建有江苏省（沙钢）钢铁研究院、高品质特殊钢冶金与制备国家重点实验室张家港产业中心，张家港医疗器械高新产业园跻身苏州生物医药产业十大基地，玖隆物流园获评全国优秀物流园区。2022年，完成地区生产总值694亿元，规上工业总产值1982亿元，一般公共预算收入30亿元，位列全国综合实力千强镇第9。

一个地区的持续健康发展离不开党的政策指引。为推动习近平新时代中国特色社会主义思想更加深入人心，打通宣传群众、教育群众、关心群众、服务群众"最后一公里"，助力乡村文化振兴，在建设中华民族现代文明上探索新经验，加快打造更高水平的全国文明城市，冶金工业园（锦丰镇）全面推进新时代文明实践建设。

为深入贯彻党的二十大精神，大力培育和践行社会主义核心价值观，不断推进全市新时代文明实践志愿服务制度化、常态化，冶金工业园（锦丰镇）新时代文明实践志愿服务在发展中以五大功能为发力点。首先，基于需求发现功能，运用科学方法调查研究社会热点、难点问题，梳理政府购买服务情况，促进社会工作高质量发展。其次，基于项目指导功能，指导辖区内社会组织参与并承接政府购买服务项目，为辖区内村（社区）社会工作室提供专业社会工作服务，开展社会工作服务项目督导，提高项目质量。再次，基于整合服务功能，建立统筹协调工作机制，整合链接服务资源，承担协助社会救助对象入户核查与认定、推动未成年人保护工作站运行、配合推进民生微实事项目等职能，并根据需求调研情况设计项目，提供其他专精服务；也根据实际情况，承担辖区内其他转移职能。然后，基于组织孵化功能，培育发展社会组织，加强对社会组织的政治引领、指导监督和规范管理，提高社会组织服务能力。最后，基于人才培养功能，加大社会工作人才培养与管理力度，组织能力提升培训，凝聚社工合力，促进沟通协作，提升专业水平。

二 冶金工业园（锦丰镇）新时代文明实践志愿服务经验做法

（一）组织运作机制与模式

志愿服务项目是推进新时代文明实践的有效载体和有力抓手。冶金工业园（锦丰镇）文明实践所、站（点）紧密结合乡村振兴、社会治理等工作，坚持以群众需求为导向，突出思想引领，聚焦服务群众，精准设计和实施具有鲜明特色的文明实践志愿服务项目，让基层群众切实感受到党的关爱、社会温暖、美好生活就在身边。着力推进"文明实践+社会治理"的特色项目，积极开展新时代文明实践工作，探索推动冶金工业园（锦丰镇）文明建设提档升级，积极打造新时代颜值与气质兼修的"苏南最美桥头堡"。

"政社合作"的服务方式在一定程度上具有科学性和优越性，突出了社工的主导地位，彰显了志愿者的辅助性作用，整合双方优势可达到"互动、互补、互利、共赢"的成效。辖区内志愿服务团队以"社工+志愿者"联动为主要模式，立足发展实际，采用社工引领志愿者、志愿者协助社工共同开展服务的模式，一方面有效发挥社工的专业性作用，支持志愿者发展，另一方面促进志愿者在社工的引导下，更好地协调服务资源，更好地实施社会救助的具体工作，从而产生"1+1>2"的整体成效。

（二）组织体系建设与管理

近年来，冶金工业园（锦丰镇）结合工作实际，着力推动志愿服务的制度化、社会化、专业化，着力打造新时代文明实践志愿服务的锦丰模式。

1. 工作队伍建设

冶金工业园（锦丰镇）在做到充分整合文明实践资源、聚焦社会治理的同时，不断强化工作队伍培育，增强志愿服务工作力量。

一是构建三级网络。在园镇层面，建有新时代文明实践志愿服务支队 1 支，由园镇主要领导任队长。在村（社区）层面，建有新时代文明实践志愿服务队 30 支，主要力量为各村（社区）的热心群众、能人志愿者等。在园镇单位、企业及社会组织层面，建有行业性志愿服务队伍以及"技能型"志愿服务团队 60 余支。目前，园镇内共有注册志愿者 10933 名。

二是融合网格力量。推行"网格+志愿服务"工作模式，园镇内 159 个网格的网格员充分发挥"走街串巷""进组访埭"的工作优势，对照文明实践工作清单，常态化开展民情走访、政策宣传、文明引导等工作，既收集群众需求，又解决群众困难。同时，发展热心群众，引导其成为志愿者，培育壮大队伍。

三是明确各自职责。新时代文明实践志愿服务队突出"统筹协调、指导管理"职能，对辖区内的志愿服务力量进行培育和扶持，引导其更好发挥作用。村（社区）的新时代文明实践志愿服务队突出"收集需求、用好资源、开展活动"职能，依托热心居民、"五老"人员等群体，为辖区居民提供就近志愿服务。行业性志愿服务组织及社会性志愿服务团队结合各自领域优势、技能优势等，策划开展特色鲜明、内容不同的志愿服务项目，为群众提供精准帮助。

2. 工作阵地建设

冶金工业园（锦丰镇）在结合本地特色的同时，坚持强化工作阵地建设，提升志愿服务工作效能。

一是注重因地制宜。在新时代文明实践所内设有志愿服务站，拥有集理论宣讲、文化服务、教育服务、科普与科技服务、健康促进与体育服务五大平台为一体的功能阵地集群，可为群众提供多方位的志愿服务。各村（社区）内均设有志愿服务岗，与党群服务中心、居家养老服务中心的资源统筹使用。结合群众实际需求，个性化设置各类志愿服务阵地。如新港村利用毗邻江堤的地理优势，新建白鹭"口袋公园"，组织开展法治宣传、理论宣讲、案例展示以及禁渔政策解读等活动，引导动员群众共同参与"长江大保护"；沙洲社区打造"一米书架"阵地，利用单元楼道开展"全民阅读"志愿服务项目；联兴村开设"公益食堂"，为辖区内的老年群众解决"用餐难"问题。

二是拓展受益群体。在坚持做好关爱"一老一小"以及其他弱势群体的基础上，着力扩大志愿服务覆盖面。打造"玖隆卡友之家"阵地，为货车司机群体提供政策咨询、医疗救助、安全教育、法律援助、职工关怀等一站式服务，让货车司机感受到社会关怀。打造"聚蜂联盟"阵地，为外卖员、快递员等新业态群体提供沙发、微波炉、茶水炉等设施，精准对接他们的饮水、休息等需求，同时延伸开展业务咨询、法规宣传、学习教育、文体休闲等活动。打造"幸福家长驿站"阵地，为广大学生家长提供亲子关系调适、心理知识普及等服务。

三是打造网络阵地。充分利用友爱港城新时代文明实践智慧云平台，公开发布志愿服务活动计划，招募热心志愿者，及时上传活动情况。在官微"情牵沙洲"上设置"每周文明播报"专栏，发动广大志愿者通过自己的"镜头"曝光不文明行为，用身边生动案例传播文明新风尚。

3. 志愿品牌打造

冶金工业园（锦丰镇）持续加强党建引领，推进具有品牌效应的志愿服务与社区治理有机融合，不断提升文明程度，丰富志愿服务工作内涵，打造美好生活共同体。

一是加强专业化建设。整合镇村两级志愿服务资源，强化供需对接。组织相关职能部门，设计开展有内容、对口味的志愿服务项目，供村（社区）点单，将服务项目送到群众身边。积极吸纳文艺爱好者、农技达人、"五老"人员等，组建一支群众身边的"授业型"志愿服务队伍。加强与专业社会组织的对接，深化探索"社工+志愿者"联动工作模式（在社会服务过程中，专业社工引导志愿者开展服务，志愿者配合社工提供服务），促进志愿服务的专业化。

二是强化典型式引领。先后举办五届志愿服务典型评选表彰活动，广泛宣传志愿服务典型的先进事迹。制定实施"星耀沙洲·礼遇榜样"项目，通过发放困难资助等，以及发放重大活动纪念证书、寄送表扬信等，增强志愿者的自豪感和荣誉感。引导扶持能力强、有专长的优秀志愿服务团队策划开展特色志愿服务项目，对表现突出的团队和实施效果好的项目予以褒奖，进一步激发其积极性。

三是推动科学化评价。把开展新时代文明实践志愿服务纳入文明村、文明社区创建体系，列入村（社区）干部工作实绩考核内容，科学评价新时代文明实践志愿服务开展绩效。主要要求是：各新时代文明实践站必须成立一支志愿服务队伍，必须有两个以上常态化开展的志愿服务品牌项目，必须定期开展五大平台的服务项目，开展的志愿服务活动群众满意度不低于96%。

三　冶金工业园（锦丰镇）新时代文明实践志愿服务特色项目

（一）社区微治理：书院社区邻家口袋馆项目

书院社区成立于2013年1月，区域面积0.92平方公里。下辖书院新村、书院二村、书院三村、书院五村、永盛花苑东区及西区6个动迁安置小区和锦程苑、湖滨水岸2个商业小区，总户数3898户，常住人口约1.3万人。书院社区首创的邻家口袋馆，以"睦邻"为主题，对闲置仓库进行改造，实行由小区党组织、物业企业、物管会、海棠先锋等共同参与的"四方协同"治理机制，打造了"民族团结"邻家阵地，构建了以"四方协同"为内核的"善治书院"新模式。

邻家口袋馆项目始终坚持党建引领，持续推进文明楼道建设，将提升基层治理水平作为落脚点，以"邻睦家和"为品牌，深入打造"一楼一品"楼道文化，以"家""邻""和"为主题，把优秀的家风家训融入楼道建设，把文明家庭事迹带进楼道，让楼道文明如春风般吹进居民家庭。以"统筹整合"为手段，引导社区工作人员、网格员、居民志愿者等力量共同参与，并不断挖掘培育社区能人，成立由"五老"成员、社区党员能人、学校教师等38名成员组成的能人团队，精准对接居民需求，更新添置楼道内衣架、休息椅等便民设施，定期举行各具特色的志愿服务项目，注重以小楼道带动微自治，让居民主动参与到基层治理中，实现党建引领社区精细化管理，推动楼道成为社区居民参与社区治理、睦邻活动的新平台。

该项目积极探索"网格+楼道"微治理新模式。网格员和楼道长通过走访入户、收集民情民意等方式，深入了解楼道里每位居民的实际需求和问题，以此为导向，帮助社区发现基层治理中需要改进的地方，进一步激发居民主动参与社会治理的意识，为社区居民自治注入新动能。

该项目积极构建"民意+楼道"议事新平台。积极发挥文明楼道作用，创新议事形式，依托楼道周边的口袋公园，打造"倾听民意+成员议事"的花园议事会，充分发挥党员、网格员、楼道长、志愿者等的作用，每月定期召开成员会议，使工作人员与居民坐在一起拉家常、察民情、听民意成为常态。为居民搭建参与社区建设的平台，以共商、共建、共治、共享的方式，吸引居民融入社区大家庭，增强居民对社区的归属感、认同感。

该项目着力凸显巾帼力量，立足"小组织、大服务"，坚持"党建带妇建"基本原则，升级打造巾帼志愿阳光站。通过广泛集聚队伍、多方链接资源，成立了一支以女性志愿者、女性能人为主的"巾帼红"阳光志愿服务队，围绕"一老一小"用心用情开展服务。立足"党政所急、妇幼所需、妇联所能"，做到把"小"的管起来，把"老"的养起来，让中年妇女

"乐"起来，创建有温度的巾帼志愿服务品牌，真正发挥社区巾帼志愿站服务枢纽作用，提升社区自我治理能力和社区"一老一小"幸福指数。

（二）服务微阵地：沙洲社区"一米一家"项目

冶金工业园（锦丰镇）沙洲社区成立于 2017 年底，管辖 10 个商业小区。截至 2023 年 6 月，常住人口 7200 人。5 年来，沙洲社区积极弘扬"奉献、友爱、互助、进步"志愿服务精神，聚焦志愿服务精准化、常态化、便利化、品牌化，开展了疫情防控、科技科普、文化服务、理论宣讲等主题志愿活动 461 场次，参与志愿服务 2958 人次，累计服务时长 13105.5 小时。推出"沙洲未来星""一米一家""少年行动派""共享药箱 2.0"等志愿服务项目 10 余个。关爱新市民子女的"我们是一家人"项目获评张家港市"最佳志愿服务项目"。沙洲社区志愿服务队从刚开始的 3 人，发展为 354 人的大团队。

沙洲社区始终聚焦百姓"微需求"，办好民生"微项目"，内外兼修夯实文明根基，为居民幸福加码。利用楼道入户大厅、商家门店、物业服务中心及社区综合活动中心，新建楼道书架、童心园、会客厅等公共空间，实现"政府资源+社会资源"的双向互动，全方位涵养文明新风。始终秉承"群众在哪里，文明实践志愿服务就延伸到哪里"的原则，凝聚"市民巡查团""党建商圈"等力量，积极开展"少年行动派""书香阅读""我们是一家人"等项目，在实践中不断为城市"美颜升级"。

沙洲社区利用现有资源，依托新时代文明实践站，建设沙洲社区理论驿站、青年学习社等阵地，组织理论宣讲学习，广泛宣传党的理论、传播党的思想。社区契合居民的实际需求，结合新时代文明实践要求，提供多元化服务，聚力倡导积极向上的道德文明风尚。围绕传统文化节日，开展"纸间阅读"剪纸技艺传承、"红色电子书籍"阅读推广、"家门口的暑托班"关爱未成年人等活动，展现传统文化的瑰丽，丰富居民精神文化生活。此外，为进一步提高居民思想道德素质，大力弘扬新时期道德模范精神，传播文明、积极、向上的正能量，社区还开展移风易俗、"身边好人"推荐、"文明家庭"

评选推优等主题活动，坚持打造"形象更优、品质更高、生态更美"的宜居宜业新形象，以增"颜值"、添"气质"持续推动文明创建活动行稳致远。

其中，"一米一家"楼道微家项目是社区服务微阵地的重点项目。这不仅是社区治理的思维创新，也是在资源共享的基础上做到的最大限度的服务融合。项目开始于 2020 年的"一米书架"民微社工项目，2021 年在自下而上收集民意、因地制宜创新形式的基础上，升级为 8 个不同主题的"一米书架"，融合为"一米一家"楼道微家项目，开展各类志愿服务"微活动"，发现各类"微能人"，解决了垃圾分类亭落地难等问题，围绕高空抛物、文明养犬等，引导制定"自治公约"，使楼道文化小阵地变成志愿服务台、民情收集台、协商议事台。

"一米一家"楼道微家项目的具体做法主要包括以下三部分。

1. "一米地图"

网格员、社工、楼道长、热心居民等通过问卷调查、入户走访等方式，摸排家庭人员构成、服务需求等内容，调查人员信息，切实做到"底数清、情况明"，试点开展全年龄段数据管理，绘制好社区家庭"分布图"，为后期的精准服务打下扎实基础。目前，已试点建档 580 户．其中榜样家庭 40 户、特殊家庭 1 户。通过摸排建档，培育一批甘于奉献的"微管家"，集聚志愿力量，带领广大居民发挥小区当家人作用。

2. "一米微家"

将"楼道微家"打造成浓缩版的"志愿服务前台"。将志愿服务落细落实到楼道，引入"推门即见"理念，通过开展各类志愿服务"微活动"，在家门口听民声、察民需、解民忧。项目落地以来，陆续开展阅读分享、自治论坛、书香邻里节等活动 25 场次，服务小区居民 1620 余人次，收集居民意见建议 42 条。一方小阵地，容纳各方志愿力量，成就楼道议事。

3. "一米睦邻"

一方面，志愿者与楼道居民围绕"如何管理好、使用好图书"的话题出谋划策，对图书的捐赠、图书漂流方式等做出了"明文约定"，开发图书借阅微信小程序，通过"线上+线下"的全媒化模式，规范图书借阅流程，制定"图书管理居民公约";另一方面,志愿者参与组建"一米议事厅",引导制定"楼道自治公约",将文明养犬、高空抛物等内容纳入其中,形成监督合力。引导志愿者从"被动"到"主动"、从"单打独斗"到"群策群力",使其真正成为活动的参与者、公约的推动者、文明的传播者。

社区微治理产生了诸多成效。首先,自我管理有"章",志愿服务团队同步提升,有组织有归属、有方案有计划、有实践有反馈。其次,居民服务有"谱",以家庭档案实现"服务精心、人员精准、活动精彩"的志愿服务"精细化"管理目标。最后,和谐邻里有"道",通过开展形式多样的楼道志愿服务"微活动",形成楼道"文化生活圈",助力社区文明实践走深、走实。

(三)拓展内动力:悦来社区村企联建项目

悦来社区位于锦丰沙洲新城北部,成立于 2013 年。社区管辖 4 个动迁安置小区和商品房小区,居民 5511 户,常住人口约 1.1 万人。悦来社区新时代文明实践站以"服务发展、服务民生、服务群众、服务党员"为内容,围绕打造"悦善乐邻"服务品牌,构筑"和善、愉悦、幸福"的文明邻里格局,以居民需求为出发点,广泛链接各类资源,培育壮大"悦善乐邻"志愿服务团队,广泛开展理论宣讲、文化文艺、科技科普等群众性活动,不断创新服务思路和途径,涵盖政策法规、青年增能、国学阅读、科技环保等方面,全年开展各类活动 1000 余场次,向居民传递"悦文化""善文化""和文化",带领居民共同建设"悦近来远,睦乃四邻"的幸福社区。

搭建开放阵地,多元功能"暖"邻里。实践站根据群众兴趣及需求,设立 24 小时图书驿站、居家养老服务中心、国防科普馆、老兵之家、瑜伽室、书画室、器乐室等 20 多个功能用房,在有条件的小区打造"悦善乐邻"生活广场。依托这些阵地,链接各类资源,组织文明实践活动,鼓励群众参与其中,有效促进社区融合,增进邻里关系。比如开展"老兵一家亲"退役军人服务项目,不仅发扬了双拥共建的优良传统,还增强了退役老兵的荣誉感和幸福感,增进了社区与退役老兵的沟通和交流,帮助退役老兵感受社区大家庭的温暖。

完善保障机制，有章有法"保"运行。建立以党总支书记为站长的组织架构，组建工作队伍，以满足群众实际需求为导向，形成"收集需求-整理需求-满足需求"的闭环。

激发主人翁意识，志愿团队"聚"能量。打造"悦善乐邻"志愿服务团队，发扬志愿服务精神，将爱心传递给广大居民。引导更多居民参与文明实践志愿服务，有效提升居民文明素质和文明程度。目前团队注册志愿者已突破380人，策划实施各类志愿服务项目80余个。

链接社会资源，特色项目"亮"品牌。联合共建单位通过区域共建、项目共商、资源共享的模式，打造"堡垒共建，先锋同行——党建伙伴计划"，以需求为导向设计服务项目，协同开展各类活动。重点通过"增强支部堡垒力量""助推党员自我赋能""深化为民服务内涵"三方面，最大化链接各方资源，推动资源下沉惠民，最大化联合党员能人力量，推动党员发挥先锋模范作用，真正实现各方资源的高效整合、党员能力的全面提升、社区服务的精准对接。以增强人民群众的安全感为出发点，打造"警网融合"平安项目，依托"党建+文明实践+网格"社会治理体系，通过各方力量协同共治、多方联动闭环管理、织密阵地服务到家，畅通社区治理"毛细血管"，实现矛盾不上交、平安不出事、服务不缺位。连续2年开展的"悦美家园"垃圾分类项目，通过开展科普活动、排演情景剧、进门入户宣传等多种形式，宣传环保理念，引导群众养成分类习惯，增强环保意识。各项服务的开展，提高了居民的幸福指数，增强了居民的归属感以及社区凝聚力、向心力。

（四）实事微公益：联兴社区适老化改造项目

随着全国老龄化进程加快，老年人日常生活问题逐渐突出，居家养老方式逐渐成为主流。联兴社区所管辖的西兴花苑、锦苑小区、锦丰新村、西苑小区等多个拆迁安置小区中大部分是老年人，且高龄、失能半失能老年人居多，适老环境改造成为一项迫在眉睫的"抢救性"工程。家庭适老化改造是老年人居家养老的一道安全保护屏障，对于有效防范生活风险、改善居家养老环境、提高老年人生活自理能力和居家生活品质具有极大的帮助。

为提升老年人生活自理能力和居家生活品质，打造有温度的服务型社区，联兴社区通过定向捐赠方式，联合永联精筑开展"'精'心为老，'筑'巢居家——适老化改造项目"。项目由永联精筑定向捐赠5万元，由华夏乐龄服务社承接，联兴社区负责项目策划及实施、志愿者招募，精准对接居民需求，定制让居民满意的服务内容及模式，以每户2500元标准完成改造120户，保障高龄、空巢等特殊老年人群体的居家安全。

项目坚持党建引领，通过前期村工作人员、志愿者及社工共同走访调研，真正了解老年人的实际需求，实施"按需设计"方案。聚焦老年人安全、健康等功能性需求，以辖区内年满60周岁的特困、高龄、失能半失能老年人为服务对象，围绕"如厕洗澡安全，室内行走便利，居家环境改善，智能监测跟进，辅具配备到位"五个方面，选择适配性产品满足不同居家场景的服务需求，有序开展家装硬件、家具适老化、辅具设施、智能产品配备等改造工作，以此提升老年人生活自理能力和居家生活品质。通过适老化改造，一方面挖掘社区内外资源，为老年人建立社区居家安全支持网络，将老建筑设施不适老问题解决，提高老年人生活舒适度，降低老年人日常生活风险，让老年人生活更安全，进一步提升老年人的晚年生活质量；另一方面，激发社区活力，促进社区居民参与社区为老服务，助力老年人友好社区建设。社区党支部也将继续推进"急难愁盼"微实事，造福更多的居民，让老年人安享幸福晚年，让居民乐享幸福家园。

（五）服务全覆盖：永新社区"和美睦邻"项目

永新社区是动迁安置社区，下辖2个拆迁安置小区和2个商业小区，常住人口12573人，流动人口8078人。永新社区以新时代文明实践站为着力点，以"奉献、友爱、互助、进步"为宗旨，整合各级各类志愿服务资源，形成全方位、全覆盖的志愿服务网络，做到"群众在哪里，文明实践志愿服务就延伸到哪里"。荣获张家港市 2022 年"最美志愿服务村（社区）"、2022 年文明社区标兵、2022 年巾帼志愿服务十佳。居室工坊项目被收入 2022 年江苏省乡村振兴巾帼行动案例中。社区志愿团队队长李鹏先后被评为市优秀青年志愿者、园镇十佳志愿者、园镇双十佳青年。

2023 年 9 月，永新社区注册志愿者人数达 303 人，志愿服务时长 31138.5 小时。永新社区成立由社区居委会、物业公司、业主委员会、共建单位、党员群众"五位一体"的组织网络，建立"社区－网格"两级管理模式，依托新时代文明实践站设立了志愿服务点，实现了志愿服务全覆盖。社区组建了以乡贤为代表的理论宣讲、文化服务、医疗健身、科学知识普及、法律服务、卫生环保等 12 支志愿服务队伍，打造新时代文明实践"朋友圈"；此外，社区还设立了"学雷锋志愿服务岗"，培育了"居室工坊""工匠合伙人""先锋帮帮团""文明养宠"等 10 多个文明实践项目，根据服务对象的不同，积极开展理论宣讲、移风易俗、关爱帮扶等一系列志愿服务活动，打造出一系列特色志愿服务品牌，着力增强广大居民归属感、满足感，全面打造新时代文明实践"幸福圈"。

永新社区引导居民打破"门对门"屏障，从"看得见"的"微公益"出发，形成志愿服务"集聚"效应，引入各类社会组织、企业等，营造"低成本"、实效"看得见"的志愿服务氛围，形成良性循环的"新邻志愿服务圈"。近年来，永新社区立足居民需求，积极组织开展"和美睦邻"邻里节活动，以弘扬邻里互助的传统美德为主旨，让居民互相认识、交流，加深感情，实现了从"陌邻"到"睦邻"的转变。利用邻里节这一载体持续推进志愿服务活动，精准对接居民多样化的服务需求，倾力打造以乡贤为代表的"新福志愿""红棉志愿""青苗志愿""新欣艺术"等志愿服务团队，因地制宜开展文艺展演、邻里互助等志愿服务活动，做到有效的供需对接。社区志愿服务活动从家门口的"微公益"起步，坚持志愿服务项目与居民需求相贴合，由广泛社会力量参与形成"燎原之势"。志愿服务团队通过开展"假期课堂"为青少年开设各类公益课程。32 名志愿者与辖区内 97 户双职工家庭结对，解决了他们的带娃难题。社区联合市六院、社区卫生服务室建立"15分钟"问诊圈，不定期为社区老人免费测量血压、血糖，保障群众健康。组织社区青少年开展"小小图书管理员"志愿服务活动，带领孩子们整理书籍、宣讲红色故事、宣传防疫知识。组建"先锋帮帮团"，对孤寡老人、病残人士开展结对帮扶，通过24小时服务电话，做到1小时上门服务、2小时解决问题。

永新社区在志愿服务中不断加强实践站、实践点建设，依托文明实践项目，围绕社区中心工作，突出重点、靶向发力，增强精神文明建设的凝聚力，丰富"和美睦邻"的新内涵。同时强化服务职能，完善社区文明实践服务平台及软硬件设施，在瞿成新村打造"新邻汇"家门口的新时代文明实践点，形成志愿服务、养老服务、医疗服务、法律服务、亲子服务、便民服务为一体的15分钟服务圈，丰富文明实践内涵。另外，社区强化供需对接，密切社区与居民的联系，完善走访体系，建立居民需求库，进一步挖掘乡贤能人，壮大文明实践团队、志愿团队，积极对接群众需求，解决群众"小、急、难"问题，助推社区和谐发展。

永新社区在社区志愿服务中，努力实现"活动有阵地、服务有肯定、居民愿参与"，打通宣传群众、教育群众、关心群众、服务群众的"最后一公里"。

（六）服务重效能：镇北社区志愿服务品牌项目

镇北社区成立于2002年，作为园镇唯一的涉农社区，主要管理沙钢新村（含门面房）、新华新村、锦花新村、永新路北段东西两侧商品房、锦北路东西两侧商品房、沙钢公寓楼（新华新村17～19幢）、沙钢娱乐城公寓楼、锦花集团宿舍楼及新华村等。常住人口8900人，流动人口6000人，本地居民以老年人为主。结合社区实际情况，镇北社区充分发挥志愿者服务队自身优势，深入辖区单位、居民小区等地方，围绕辖区居民最关注的问题、最迫切的民生需求开展志愿服务，切实服务民生发展。

镇北社区建立健全志愿者队伍服务体系，加强队伍建设，组建"镇北一席话"百姓名嘴宣讲团、"三员先锋"教育服务志愿服务队、"阳光"文化志愿服务队、"启明"科技科普志愿服务队、"温情"健康志愿服务队、"新新"志愿服务队等常态化志愿者服务队，并吸纳党员、新市民、青少年、巾帼志愿者加入，不断培育壮大志愿者队伍。聚焦新业态、新群体，凝聚辖区内快递员、外卖小哥、网约车司机等力量，组建16人的"齐'新'协力"志愿者服务队，积极扮演党和国家方针政策的宣传员、社区平安的巡防员、公共文明的引导员等角色，开展慰问辖区困难老人、公益食堂送餐、党史学习教育、"文明随手拍"等志愿服务，积极助力文明社区建设。围绕培育和践行社会主义核心价值观，创新打造"红传节气'镇'当时"镇北社区文化提升项目、"红网联动，分类同行"镇北社区环保项目、"暖心小站"——新时代流动党员共建项目等一批受欢迎、可持续、叫得响的志愿服务品牌。创新运用"社工+志愿服务"模式，聚焦民生需求，推动资源整合，搭建公益服务平台，开展"健康义诊"志愿服务活动。有效撬动社会力量，引入金沙洲事务所，发挥社会组织专业优势，充分挖掘社区志愿服务"带头人"，培养社区"扎根"组织，以专业化知识满足社区居民常态化需求。加强志愿服务阵地建设，打造学雷锋志愿服务站、居家养老服务站、妇女儿童之家等志愿者服务场所，开展涉及未成年人教育、文艺表演、专业助老助残、特殊教育、垃圾分类、社区便民服务、心理干预、法律援助、应急救护等的志愿服务活动。同时，把志愿者日常管理、服务、指导、培训作为社区建设的一项重要工作，常抓不懈，切实为社区志愿服务搭建全面、系统的发展平台。

接下来，镇北社区将持续探索志愿服务发展方向，加大志愿服务的宣传力度，拓展宣传形式，丰富宣传载体，呼吁更多力量特别是青年志愿者加入社区志愿服务队伍中；定期开展志愿者服务队岗前培训，提高社区志愿者整体素质和志愿者服务质量；建立志愿者嘉许制度，对优秀志愿者进行褒扬和嘉奖，授予荣誉称号，培育壮大辖区志愿者队伍；建立志愿服务回馈制度，采取积分换服务、积分换物质等奖励形式，充分调动志愿者的积极性和主动性，激发志愿者的服务热情。

四　冶金工业园（锦丰镇）新时代文明实践志愿服务面临的挑战与未来展望

志愿传递文明，服务成就精彩。冶金工业园（锦丰镇）在充分整合文明实践资源、聚焦社会治理、积极探索实施各类志愿服务项目中积累的工作经验值得借鉴与思考。

（一）面临的挑战

冶金工业园（锦丰镇）在积极发挥党建引领社会服务力量作用的过程中，持续开拓服务资源、开展志愿活动、推动党建工作，但也面临一些工作上的挑战。志愿者服务队伍的专业素养有待提高，专业分工亟待加强。在部分需要专业技能的志愿服务中，志愿组织发挥的作用有限，无法及时提供对口的志愿服务。并且很多在垂直领域具有较高技能水平的志愿者无法找到相应的志愿组织提供服务，这不利于志愿服务常态化发展。同时，对志愿服务组织的培养与支持也是工作中的难题和重点，只有有了政府的助力和社会各界的支持，才能够使志愿服务组织的社会效益最大化。

（二）未来展望

1. 持续打造空间景观，提升生活品质

在新时代文明实践服务的建设推进中，冶金工业园（锦丰镇）重视居民生活空间的重要作用，因地制宜、依照实际需求打造了书院社区邻家口袋馆、沙洲社区"一米一家"等项目，这一类项目在原有的公共区域中注入新的意涵，通过居民的自主打造、社区资源的再整合等，打造出了能提升居民生活品质的新交互空间：书院社区居民共同参与设计与维护的邻家口袋馆，在提升居民生活品质的同时也促进了邻里互助；沙洲社区的"一米一家"为楼道空间注入了视觉与精神的双重服务。这些空间景观的打造，弘扬了文明实践中文化传递、文明发扬的重要精神，大幅提升了居民对新时代

文明实践的认可度与生活空间品质。

2. 重点推进空间实践，促进社区融合

空间在社区打造之中具有重要意义，在权力的交互上也具有重要作用。列斐伏尔建构了空间理论的三维分析框架，即"空间实践""空间的表征""表征的空间"。"空间实践"是指生活中人类各种物质实践活动和行为本身，同时也包括活动的行为和结果。"空间的表征"是指概念化的空间，是被构想出来的空间，是构成知识权力的空间，这个空间是占统治地位的空间。"表征的空间"是基于日常生活而形成的对空间的感知和想象，是一个被统治的空间，同时也是一个可以改变的空间。可见，在社区这一公共空间中，有许多可塑造的表征空间。在冶金工业园（锦丰镇）的实践中，通过不同空间区位的资源整合和群体互动，打造出了不同的空间实践，取得了丰硕成果。

3. 加强多方互动，实现社会互助

在冶金工业园（锦丰镇）的新时代文明实践中，充分发挥了互动的重要作用，无论是在现实空间的打造上、表征空间的营造中抑或是在各种资源与群体的整合中，都很好地利用了互动这一关键概念。社会交换理论指出，虽然大部分人类行为出于对交换的考虑，但并不是所有的人类行为都是交换行为。使某行为变为交换行为必须具备两个条件：一是某行为的最终目标只有通过与他人互动才能达到；二是该行为必须采取有助于实现这些目标的手段。霍曼斯提出了成功、刺激、价值、理性等六个方面的交换命题。在新时代文明实践中，人们基于各种原因所产生的互动行为本质上也是一种交换行为，有现实意义上的书本、花草、技能的交换，也有价值意义上的权力的交换。这一类交换已经超出了理性或是经济的范围，是文明实践价值的体现，是一种寻求共同发展、共同满足的高级价值，折射出了新时代文明实践在文化打造中的重要作用，同时也通过实际的多方互动、交换，促进了冶金工业园（锦丰镇）中各类群体、资源的互动，实现了多样的志愿服务发展，提升了居民生活质量与文明实践水平。

B.10
张家港市高新区（塘桥镇）新时代文明
实践志愿服务发展报告

谢丹丹　潘　晴　王露瑶*

摘　要： 张家港高新区（塘桥镇）新时代文明实践志愿服务工作以"1+
20+N"为抓手，围绕"8+N"配置完善阵地功能，建立起理论政
策宣讲、文化文艺服务、助学支教、医疗健身、科学普及、法律
服务、卫生环保、扶弱帮困等常备志愿服务队伍，积极推动志愿服
务运作项目化、服务常态化、打造品牌化，并通过挖掘特色资源，
推动文旅融合发展，构建起新时代文明实践志愿服务的新格局。

关键词： 志愿服务　传统文化　文化志愿服务

一　高新区（塘桥镇）新时代文明实践志愿服务发展概况

（一）高新区（塘桥镇）志愿服务发展背景

江苏省张家港高新技术产业开发区（塘桥镇）位于市域东南部，与常
熟市海虞镇交界，于2015年11月经省政府批准筹建，2018年9月获批省级
开发区。总面积94.4平方公里，现有人口约17.7万人，其中户籍人口9.3
万余人，下辖2个办事处、14个行政村、6个社区居委会。高新区（塘桥

---

* 谢丹丹，张家港市高新区党政办副主任，塘桥镇党委宣传（统战）委员；潘晴，高新区党政
办宣传文明科办事员；王露瑶，中共中央党校（国家行政学院）社会与生态文明教研部博士
研究生。

镇）成为张家港融入长三角区域一体化的"桥头堡"、创新发展"策源地"、转型升级"主引擎"、城市建设"新标杆"。

作为苏南乡镇工业发源地之一，高新区（塘桥镇）有工业企业 1400 多家、个体工商户 13000 多家，有银河电子 1 家主板上市企业和友诚科技等 2 家"新三板"挂牌企业。目前，纺织、电子、机械、金属制造等传统产业正在加速转型升级，新材料、新能源等新兴产业也在蓬勃发展。

高新区（塘桥镇）历史悠久，人文荟萃。深厚的文化底蕴为这座城市的文化传承、理念传播、文明培育提供了沃土。新石器时代的徐家湾遗址，鉴真大师东渡的启航之处古黄泗浦遗址，彰显着这片热土的古老厚重。这里文化活跃，棋风盛行，生态宜居，先后荣获"全国围棋之乡""全国文明镇""全国环境优美镇""国家卫生镇""中国人居环境范例奖"等称号。

（二）高新区（塘桥镇）志愿服务创新路径

张家港高新区（塘桥镇）紧跟上级工作要求，把牢舆论导向，围绕学习宣传贯彻习近平新时代中国特色社会主义思想和建设社会主义核心价值体系为主题主线，以志愿服务为基本形式，按照"群众需求、政府搭台、社会参与、共建共享"的运作模式，探索"一网+三清单+三效应"志愿服务模式，走出了具有"高新"特色的创新路径。

构建志愿服务"一张网"。高新区（塘桥镇）统筹各方力量织密社会治理"网"，在原有 104 个文化网格的基础上，与区镇"网底工程"融合，累计划分 147 个微网格，形成"实践所—实践站—实践点—基层群众"的四级布局。同时，通过整合优化原网格员队伍、将部分村居工作人员入网入格等举措，实现新网格配备率达 100%，并发挥网格员"地熟人熟事熟"的优势，切实扩大群众需求收集覆盖面，起到上传下达、联系群众的"神经末梢"作用。

建立志愿服务"三张清单"。通过问卷、上门走访、网络调查、座谈、意见箱、民情岗等线上线下的方式，多方收集不同人群、区域、企业、两新组织的需求，排除不合理要求、明确可服务范围、锁定最紧迫需求，整合区镇各机关部门人力、物力、财力资源，有效利用各级公共服务资源、人才资源，管理辖区内企业、社会机构和项目资源，把居民需求和服务资源拧成"一股绳"，"圈"出区镇服务项目，形成了需求清单、资源清单、项目清单。"三张清单"的精准匹配，既为志愿服务找到了落点，同时又解决了辖区"急难愁盼"的难题。

形成志愿服务"三个效应"。自志愿服务工作开展以来，高新区（塘桥镇）通过壮大志愿队伍，打造志愿服务品牌，营造"人人参与、人人共享"的良好氛围。一是各条线主动作为，以"头雁效应"牵头成立行业志愿服务团队，积极引导党员、干部、离退休人员共同参与，形成了党政机关带头、社会各方参与的良好局面；二是新时代文明实践所（站、点）坚持为优秀典型个人、团队、项目进行表彰授奖，拍摄宣传视频，制定礼遇办法等，以"虹吸效应"在塘桥镇范围内持续弘扬"身边好人"，营造争做"张闻明"的浓厚氛围；三是大力培育志愿"标兵"，以"海潮效应"吸纳专业性、持续性、创新性等方面表现突出的志愿者，以"关键少数"带动"绝大多数"，全面提升志愿服务的品牌性和活跃度。

截至 2023 年 9 月，高新区（塘桥镇）共有各级志愿团队 64 支，包括镇级团队 1 支（东渡志愿者协会），站所学校团队 36 支、企业社会团队 7 支、村社区团队 20 支，所有团队注册志愿者总人数约 1.38 万人，近两年共开展志愿服务活动 6000 余场次，服务总时长超 40 万小时。高新区（塘桥镇）通过打造"高新如愿"志愿服务品牌，开展系列志愿活动。

二 高新区（塘桥镇）新时代文明实践志愿服务的机制体制建设

（一）强统筹聚合力，坚持示范带动作用

高新区（塘桥镇）新时代文明实践志愿服务工作以"1+20+N"的布局为抓手，新时代文明实践所所长由区镇主要领导担任，下辖 20 个新时代文明实践站，

由各村（社区）书记担任站长，此外在便民服务中心、文化分中心、爱国主义教育基地、民生茶馆、家庭农场等设立 N 个新时代文明实践点，方便群众就近就便参与。

高新区（塘桥镇）新时代文明实践所领导小组下设办公室，主要负责综合协调工作，统筹区镇文明实践资源，开展文明实践志愿服务活动、指导文明实践站点建设等。从学习实践科学理论、培育践行主流价值、宣传党的政策、丰富活跃文化生活、倡导文明生活方式等多个方面，对现有资源进行梳理和整合，绘制资源图，实现文明实践资源的一图管理，牵头相关部门和有关单位共同参与；指导志愿服务工作，培育、服务、指导村（社区）志愿服务队、行业志愿服务队和社会志愿服务队的工作开展。

（二）建机制促长效，提高志愿服务质量

高新区（塘桥镇）坚持把制度建设贯穿志愿服务体系建设始终，建立健全"党员志愿服务示范常态机制""基层志愿服务项目化运行机制""社会组织志愿服务机制""志愿服务社会资源可持续建设机制""志愿服务培训督导及礼遇机制"等五个方面，构建联动高效、协调有序的工作格局。

第一，党员志愿服务示范常态机制。区镇各级党（团）组织通过将志愿服务纳入全年工作计划，制定《文明实践志愿服务清单》，通过定期组织党（团）员开展"高新事·高兴办""法治视角""'救'在身边"等独具特色的志愿服务系列活动，为广大群众送温暖、送智慧、送知识、送技能、送物资、送真情。此外，区镇将"志愿公益"纳入每季度"流动红旗"评比指标体系，进一步引导、激励广大党（团）员深入村头巷尾、田间地头、农户庭院等一线"为民办事、为民服务、为民解忧"。

第二，志愿服务项目化运行机制。近年来，区镇上下全面推进志愿服务项目化运行机制，围绕"建一套流程化的机制，做一种可持续的效果，设一些可测量的指标"建设理念，力求将临时性、形式化的活动转变为持续发展和增强实效的服务项目。从面向服务对象的需求征集起步，依托文明实践"所、站、点"三级网络对群众反映的"大小事务"进行实时收集、定期汇

总、整理分类；从整合多样化资源统筹联动着手，联合区镇机关局室、共建单位、两新组织等单位，健全完善并持续更新"志愿公益储备库"，为满足群众多元化的需求保驾护航；从群众需求实际的分众供给考量，一方面满足"政策解读""便民服务"等常规性、普适性志愿服务需求，另一方面对"未保伴飞""赡老扶幼"等特殊性、针对性较强的需求内容实施个性化、定制化项目设计，满足各类群体"急难愁盼"的实际需求，经过对项目的长期运行、归纳和提升，实现可操作、可持续、可复制、可传播、可评估的志愿服务精品项目。

第三，社会组织志愿服务机制。坚持"党建引领、群团共建、社企乐活"共建理念，在党政统筹引领下，依托社会组织、企业团体在基层的群众优势，持续探索以"创新+服务"为核心的社会组织志愿服务机制建设，结合各社会组织"组织小、专业精、创意新、常态化"的特点，以区镇志愿服务联盟为纽带，积极帮助社会组织与各村（社区）新时代文明实践站"联盟"，营造出"项目共建、场地共用、资源共享、活动共举"的良好氛围，已基本完成社会组织年度项目"设计、定制、路演、评审、扶持"的全流程管理。

第四，志愿服务社会资源可持续建设机制。目前区镇各志愿服务团队实施项目类别涉及"理论政策宣讲""文化文艺服务""助学支教"等"8+N"九大板块，实现了志愿服务在组织架构、点位布局、资源配比上的有效覆盖。其中，对服务工作扎实、群众反响较好的优秀志愿服务团队、优秀志愿服务项目给予奖励支持，建立志愿者（团队）礼遇机制，重点针对年度优秀志愿者、优秀志愿团队成员提供"政治礼遇""成长礼遇""暖心礼遇""成就礼遇""文化礼遇""帮扶礼遇"六项举措，通过先进评选评优、媒介宣传推广、原创文艺作品、奖励奖金支持等形式予以褒扬，形成"榜样就在身边"的宣传氛围，全面引导广大群众，尤其是青少年群体、新市民群体、企业职工群体的参与热情，将社会资源的可持续优势转变为志愿服务团队的可成长优势。

第五，志愿服务培训督导机制。建立文明实践志愿服务季报制度，每月收集各单位优秀项目案例，汇编成《文明督导提示单》对志愿服务工作情况进行督查分析研判；建立志愿服务专业技能培训制度，通过区镇志愿服务联盟链接省、市、县优质资源，为辖区志愿服务团队在理论宣讲、心理疏导、健康指导等专业技能领域提供指导；建立"志愿接力 携手同行"制度，以每年十佳志愿服务团队为样板，开展"1+1""1+N"团队共建行动，按项目类别、服务对象、预期成效等方面开展"牵手行动"，从区镇志愿服务整体性上不断提升规范化、专业化、科学化水平；建立志愿服务队伍评审制度，围绕志愿服务队伍"年服务总时长、成员人数、年龄结构、成员更新率（年）、专精人员占比"五项内容，对队伍建设实施"健康体检"，保持服务队伍活力满满，常新常为。

三　高新区（塘桥镇）新时代文明实践
志愿服务经验做法

（一）丰富载体阵地建设，营造志愿服务氛围

高新区（塘桥镇）积极探索创新模式，盘活存量、用好增量，在区镇新时代文明实践所四楼建成"志愿者之家"，营造温馨清新的交流环境，成为区镇公益人士共同的精神家园，为志愿服务的顺畅开展提供坚实保障。启用青龙村"青乡里"、滩里村"滩里湾"、胡同社区"幸福胡同里"、馨塘社区"联馨驿站"、韩山村"邻里港湾"等群众文化阵地，让群众在家门口享受到文明实践带来的便利；打造"漫步街角"文明交通口袋公园、文明会客厅、开心驿站、应急救援实训基地等文明实践阵地，因地制宜开展文明交通、技能培训、健康咨询、应急救援等志愿服务活动；活用金村园茂里1926党支部、谢恺烈士故居、钱氏名人馆、鉴真东渡纪念馆等空间，深入开展爱国主义教育，用心用情讲好红色故事；围绕"东渡如愿"志愿品牌建设，新增"薪火大学堂"理论宣传阵地和"科普启航站"科技科普阵地，组织开展理论学习、政策解读、知识竞赛、科学普及等文明实践活动；依托"高新在塘桥"微信公众号、"东渡文旅"抖音号等线上平台，宣传推广"文明高新每时每刻·做文明可爱的塘桥人"的"塘桥文明美十条"，进一

步凝聚文明共识，丰富人民群众的精神文化生活，引导群众在潜移默化中践行新风尚、传播正能量。

（二）挖掘特色文脉资源，凸显文化志愿特色

高新区（塘桥镇）拥有独特的区位优势和深厚的文化底蕴，围绕"东渡""围棋""书画影"等特色文化，组建30余支文化志愿服务团队，将群众喜闻乐见的文化文艺志愿服务项目送到群众家门口，不断满足群众对精神文化生活的新需求和新期待。常年深入开展"'益'起行动　文化进万家"公益文艺巡演、"共筑高新梦　书香润新城"全民"益"起读、"善美塘桥"周末大舞台、"善美塘桥"乐学小课堂等文明实践品牌项目，充分发挥志愿力量助力办好国家级非物质文化遗产——金村庙会、"我们的节日·端午"划菱桶挑战赛等传统文化活动，加强优秀传统文化宣传推广；发动文艺志愿者通过快板、舞蹈、歌曲等形式为群众提供丰富的文艺演出，创作城市形象主题曲《新愿》，创排音乐快板《文明高新美时每刻》，创编有声画册《时光里寻美塘桥非遗》等文艺作品，弘扬传统文化魅力。

塘桥镇阳光艺术团、塘桥镇何桥村高桥戏曲艺术团等文化志愿服务团队入选苏州市"优秀群众文化团队"培育对象，高新区（塘桥镇）获评2022年度张家港市公共文化先进镇。

（三）擦亮东渡志愿品牌，加强志愿队伍建设

高新区（塘桥镇）历来重视志愿服务事业，对资金、人员、载体配备方面均给予大力支持，2014年成立张家港市东渡志愿者协会，旨在弘扬"同心携手、锲而不舍、传播希望、共享阳光"的东渡精神，致力于服务普通群众、服务基层发展的多元需求。截至2023年9月协会共有1200余名注册志愿者，获得全国五四红旗团支部、中国3A级社会组织、江苏省优秀社区志愿服务组织等多项殊荣，成功打造"东渡"系列志愿服务品牌，现有"东渡环保行""东渡文化行""东渡平安行""友爱护新苗""携手新家园""情暖第一线"等特色志愿服务项目，其中"友爱护新苗"项目曾获评苏州

市"最佳志愿服务项目"。

同时，其余各级 63 支新时代文明实践志愿服务团队，下设各类小分队，团队志愿者作为"东渡"志愿品牌的有生力量，组织开展涵盖环境保护、便民助民、文化文艺、法律援助、技能培训、文明倡导、教育科普等志愿服务活动，让新时代文明实践"触手可及""随时可享"。

（四）回应居民群众需求，提升志愿服务效能

高新区（塘桥镇）依托友爱港城新时代文明实践智慧云平台、"高新在塘桥"政务微信平台等载体，不断拓宽志愿服务广度，围绕理论宣讲、文明风尚、文化惠民、乡村振兴、生态环保等内容开展各类志愿服务活动，将志愿服务由被动转向主动，把志愿服务延伸到社会治理"神经末梢"，实现网格管理纵横双向深入，各级志愿者已成为推进基层社会治理的重要力量，"有事去找志愿者，没事去当志愿者"的良好社会风尚逐步形成。

高新区（塘桥镇）积极打造"区镇+村（社区）+社会组织+社工+志愿者"的模式扩大志愿队伍，鼓励各机关、企业、新兴职业群体等投入志愿服务实践活动，增强志愿者参与感、荣誉感和存在感，实现志愿服务队伍建设多点线延伸，多领域覆盖。统筹调度各社会力量，加强与区镇文明实践所（站）沟通交流，实现全天候响应、全方位服务，让志愿服务更加贴近群众。灵活运用区镇应急救援培训基地，引进拥有国际先进应急救援技术和丰富实战经验的第三方应急救援机构，根据辖区灾害特点，为市民开展各类应急救援知识培训。

从"需求征集"到"方案策划"，从"布展实施"到"宣传推介"，志愿服务在促进干群融合、探索创新项目等方面都发挥着桥梁纽带作用，各类志愿服务项目实现了从"千篇一律"到"量身定制"的转变，不断提升群众的幸福感和满意度。

（五）挖典型树模范，引领宣传榜样风向

通过传统媒体与新媒体协同发力，形成全方位、立体式、多层次的宣传格局。运用户外广告牌、社区宣传栏等现有的宣传载体，展示道德模范先进

事迹，形成"榜样就在身边"的宣传氛围。

依托道德讲堂、"高新在塘桥"微信公众号平台，围绕"崇德向善"等主题，开展先进典型事迹宣讲、线上展播等活动，坚持内宣与外宣"双向发力"，人物与事迹"双管齐下"，全方位展示榜样风采，多角度讲述榜样故事，持续弘扬道德正能量。同时，充分发挥文艺志愿团队作用，创作一批反映道德模范先进事迹的小品、快板等文艺节目，在年度开展的"感动塘桥十佳身边好人授奖仪式""3·5学雷锋志愿服务启动仪式"等活动中展示，加强完善对优秀志愿者、项目、团队的帮扶，在潜移默化中激励更多百姓参与到志愿服务中来。

（六）汇聚爱心暖流，彰显文明志愿风范

高新区（塘桥镇）加强与爱心企业、商户、爱心人士的沟通联系，倡导鼓励富有社会责任感的企业和爱心人士投身公益事业，共同谋求志愿服务工作高质量发展，为推动区镇公益事业发展贡献力量。爱心企业对优秀的志愿服务项目提供经费支持，为区镇各志愿服务团队开展志愿服务提供坚实保障，深入区镇多个动迁区域，为群众带去爱心义诊、维修小家电等便民服务；向城管、交警等一线劳动者送去冬夏慰问物资和亲切关怀；走进新市民学校，为新市民子女举办集体生日会、国学养成等活动，持续扶持壮大队伍实力，扩大项目服务范围，帮助促进优秀志愿服务项目快速成型。这些爱心资源的加入，丰富了志愿服务激励回馈形式，激励了志愿者参与社区活动的积极性，展示了社会各界对志愿者的尊崇和关爱，让志愿服务可持续、可推广、可延伸。

四 高新区（塘桥镇）新时代文明实践志愿服务特色项目

（一）东渡文化行：让文明实践在新城遍地生花

1. 项目背景

高新区（塘桥镇）文化志愿服务工作探索将区位文化优势转化为新时

代文明实践的发展优势，围绕"举旗帜、聚民心、育新人、兴文化、展形象"工作理念，承历史厚重、抒今日繁华，全力推进"东渡文化行"文化志愿服务项目，以群众精神文化需求为导向，加强优质文艺作品供给，让群众共享文化成果，用文化给幸福生活"加码"，推动区镇高质量发展再上新台阶。

2. 主要做法

（1）完善阵地建设，夯实服务基础

高新区（塘桥镇）文化志愿服务以不断满足人民群众精神文化生活新期待为落脚点，积极探索文化志愿服务阵地建设的新高度。

区镇新时代文明实践所设有 14000 平方米的志愿服务活动阵地，拥有图书馆、农民书画展厅、体育馆、薪火大学堂等功能室，各实践站（点）均设有可满足志愿服务和群众需求的活动阵地，根据志愿服务工作的新要求新特点每年对场馆进行改造和提档升级。

在整合各村（社区）综合性文化服务中心功能的基础上，因地制宜打造以"青乡里"、"幸福胡同里"、邻里港湾、"联馨驿站"等为代表的 20 个村（社区）级文化志愿服务阵地，拉近文化志愿服务阵地和百姓的距离。

深化文教合作、馆校联动。针对老年人和未成年人群体，专门开辟志愿服务阵地。与老年大学联合举办锡剧、广场舞、书法等兴趣班，授课老师均由文化志愿者担任；依托新时代文明实践所（站、点）、各学校"护苗工作站"、农家书屋等打造未成年人实践教育基地等阵地。

（2）加强队伍建设，提高服务水平

区镇高度重视文化志愿服务队伍建设，把文化志愿服务与区镇公共文化服务相结合，组织成立了音乐、舞蹈、民乐队、摄影、书法、围棋、阅读等60 余支文化志愿服务队伍，全年开展各类各项文体活动和兴趣培训，更好地服务于群众对文化的需求。

充分发挥新文艺组织、新文艺群体的重要带动作用，促使广大文艺工作者、文艺爱好者自觉成为文化志愿者，积极投身到新时代文明实践志愿活动中，壮大文化志愿者队伍，通过弘扬传统文化、展示区镇文化特色的活动，为新时代文明实践工作贡献"文化力量"。

科学把握新形势下文化志愿服务工作的特点和规律，发挥区镇文艺界人才聚集、名家荟萃、资源丰富的优势，定期对文化志愿者进行系统的培训，通过集中参观、采风、创作笔会、文艺演出、读书沙龙等形式提升文化志愿者的个人能力和水平，加强队伍建设，不断开创文化志愿服务新局面。

（3）丰富产品供给，挖掘服务潜能

区镇文化志愿服务始终坚持重心下沉，把群众最喜欢、最想看的文化活动送到他们身边。文化志愿者常年深入村（社区）、企业、学校、敬老院，推出了"益起行动文化进万家"公益巡演、"周末大舞台"、"书香润新城"全民阅读、过大年送春联等十几个品牌文化志愿服务项目，用文化的形式丰富群众的精神需求，更好地赋能乡村振兴。

文化志愿者充分挖掘区镇人文精神、家风家训、乡贤文化、民风民俗、非遗文化等内涵，推动历史人文资源转为可读、可视、可感的文化作品，创作了一批具有东渡文化内涵，思想性、艺术性兼具的精品群众文艺作品；用身边人身边事为题材、用身边人演身边人故事的形式，打造了一批贴近群众、贴近民生的文艺节目，不断提升文化志愿服务品牌创新力，从而扩大东渡文化品牌影响力。

3. 项目成效

"东渡文化行"文化志愿服务项目开展以来，每年开展文艺巡演、读书沙龙、广场舞培训、馆校研学、"高新共护苗"等志愿服务活动近500场次，服务群众达50000人次，产出原创音乐、舞蹈、戏剧、书法、摄影等类别文艺作品50余件。

原创的戏剧、广场舞、音乐、书法等类别文艺作品分别在"华东六省一市戏剧小品大赛"、江苏省第二十届运动会、江苏省"五星工程奖"、江苏省艺术基金、苏州市繁星奖等各类赛事中取得优异的成绩。辅导的群众文艺团队先后被评为江苏省、苏州市优秀群众文艺团队，张家港市星级群众文艺团队等荣誉。

"东渡文化行"文化志愿服务项目自开展以来，致力于注重文化资源整合，提升群众幸福生活指数。统筹运用镇村各类公共服务设施，以文化志愿服务为核心，以文化活动为抓手，推动文化阵地"强起来"，文明实践"火起来"，人民群众"乐起来"，让广大群众共享文化发展的成果。

（二）东渡平安行：便民服务零距离惠民实事暖人心

"东渡平安行"是高新区（塘桥镇）新时代文明实践志愿服务重点项目，项目依托东渡志愿者协会，整合医疗、司法、综治等部门，组织志愿者常态化开展文明交通引导、健康咨询讲座、便民服务集市、素质提升课堂等活动，进一步提高群众文明、安全意识和突发事件的应对能力，为区镇文明和谐、安全稳定做出贡献。

1. 实施目的

高新区（塘桥镇）结合区镇实际，旨在提供优质便民服务，切实有效地满足辖区居民实际生活需求，将居民需求和志愿服务有机结合起来。通过结合不同主题，针对不同群众，开展"一站式"便民志愿服务活动，贴近群众生活，为辖区居民提供"一对一"暖心服务，让居民享受到"家门口"的贴心服务，不断提升辖区居民的生活满意度和幸福感。

2. 主要做法

（1）瞄准群众需求，夯实项目基础。高新区（塘桥镇）依托"东渡平安行"项目，精准对接群众需求，提供专业便捷的"靶向"服务。通过前期排摸汇总，了解居民所需，为居民送去系列健康咨询讲座、便民服务集市等惠老惠少服务，拉近邻里关系，推动新时代文明实践融入群众生活、走进群众心坎。

（2）丰富活动内容，聚焦服务群众。分时分类分众开展群众乐于参与、便于参与的志愿服务活动。开展免费义诊，并根据季节变化、老人身心特点，开展日常饮食及养护、应对新冠疫情如何防护等健康科普宣传讲座；开展爱护生命、预防溺水及电器安全使用等宣传讲座；开展假币识别、诈骗防范、垃圾分类、法律咨询等现场宣教活动，并提供免费理发、免费维修小家电等暖心服务；定期组织志愿者在公交中转站开展交通引导等便民服务。

（3）坚持常态长效，培育志愿品牌。"东渡平安行"项目已经开展近7个年头，惠民便民服务得到了区镇居民的广泛认可，也吸引了更多有专业特长的群众不断加入志愿队伍当中。高新区（塘桥镇）以品牌效应提升志愿服务的知名度和美誉度，并充分利用各新时代文明实践所（站、点），面向不同人群，积极开展便民服务，不仅丰富辖区居民的业余文化生活，也营造了"舒心、安心、开心"的良好氛围。

3. 初步成效

（1）便民活动暖人心。在让周边居民足不出户就享受到便捷的日常生活的同时，还通过多样的项目、丰富的内容与居民互动交流，让不同年龄段人群受益，让居民群众深深感受到社会大家庭的温暖。

（2）品牌项目促发展。自项目启动以来，因志愿者热情呼声高、形式丰富内容赞、群众肯定效果好的特点，取得了良好的社会效应，获评张家港市优秀志愿服务项目。

（3）志愿服务传爱心。一个品牌就是一个标杆，一支队伍就是一面旗帜。高新区（塘桥镇）坚持把便民惠民服务作为保障和改善民生的重要手段与过程，把文明实践活动融入基层生活的方方面面，切实增强人民群众的获得感、幸福感、安全感。

（三）馨讲堂：理论宣讲惠民生文明新风入户来

高新区（塘桥镇）馨塘社区积极探索新时代文明实践新路径，紧紧围绕学习贯彻习近平新时代中国特色社会主义思想这一学习主线，通过夯实新时代文明实践阵地，打造新时代文明实践品牌，树立先进典型，让党的创新理论进入寻常百姓家。

1. 项目背景

馨塘社区立足打造"馨讲堂理论惠民行"志愿服务品牌，让理论学习培根铸魂，为乡村振兴注入源头活水。通过党建引领、多元共治、品牌赋能等措施，积极吸纳辖区"五老"、专业人才等组建宣讲志愿队伍，用通俗易懂的话语开展党的创新理论、红色历史、道德模范等多种主题宣讲，激发居民群众的认同感。

2.项目做法

（1）强化阵地建设。馨塘社区充分发挥联馨驿站、清风长廊、文明楼道的作用，布置理论有声读书墙，设置新思想书架，供周边党员群众阅读。每月定期开展"求是读书汇"活动，每期设一位领读人，由此人引导广大群众读原著、学原文、悟原理，做到学用转化，推动党的二十大精神深入人心、融入行动。创新打造"四间课堂"，不定期开展"家庭课堂""楼道课堂""云端课堂""连心课堂"系列活动。

（2）擦亮品牌底色。馨塘社区持续打造特色志愿服务品牌"馨讲堂"，全方位、精准化为群众提供理论宣讲惠民服务。以优秀基层干部、五老人员等德才兼备的先进典型组建出一支老百姓自己的宣讲志愿服务队，以老带青，发挥乡贤影响力，将党的创新理论、文明风尚等内容精炼为听得懂、能领会的群众语言，激发居民群众的认同感。创新理论学习方式，用好重要节日契机，设置"理论摊位"，发放学习手卡，开展理论速达课堂，为"理论达人"送出暖心"理包"。

（3）探索理论路径。通过社区公众号推出"理论云课堂""我的二十大学习笔记"等系列专题，让党的二十大精神更加深入人心。坚持问需于民，打好"理论+文明实践""理论+文明创建"的"组合拳"。通过转换语言，聚焦党的二十大报告中的民生温度，用群众听得懂的语言宣讲党的二十大精神。围绕文明示范楼道建设，使得习近平法治思想、全面从严治党等主题深入楼道，潜移默化地把党的理论、政策宣传渗透到群众生活。

3.项目成效

（1）品牌效应聚起来。在"馨讲堂"理论宣讲志愿团队的带领下，社区理论工作展现新气象。通过全方位、多层次的理论传播，结合为民服务的实践，补充党员群众的"精神刚需"，搭建党群连心的精神桥梁。

（2）为民初心亮起来。社区通过"红色理论月"与"科普生活月"相结合的方式，加大宣传力度，为群众带去优质的、定制化的宣讲内容，将理论学习转化为暖民心、解民忧的实践，全面提升居民的获得感，为社区治理

175

注入活力。

（3）文明行为动起来。通过发挥"馨讲堂"宣讲团成员、"领读人"等先进典型在新时代文明实践中的示范引领作用，周边居民群众的思想觉悟、文明素养不断提升，培育出社区和谐、邻里和睦的文明新风尚。

五 高新区（塘桥镇）新时代文明实践志愿服务现存挑战与未来展望

（一）现存挑战

高新区（塘桥镇）稳步推进新时代文明实践志愿服务工作，在推进新时代文明实践志愿服务体制机制建设方面取得新进展，在引导社会力量投入文明实践工作中展现出新作为，在挖掘传统文化资源、推广文化志愿服务方面获得新提升，在动员专业力量发展应急救援志愿服务方面实现新突破。

不过，在志愿者激励保障、志愿服务文化宣传推广、志愿服务反哺社会治理方面仍需进一步提升。一是塘桥镇的志愿者评估机制尚未规范，缺乏完整的考核体系，制约整个志愿者队伍的建设与完善，志愿服务嘉奖礼遇措施还有待补充落实。二是志愿服务文化宣传形式比较单一，志愿服务精神宣传形式有待创新与提升。三是村（社区）志愿服务内容与形式有待提升，村（社区）志愿服务供需还需进一步对接完善，以激发志愿服务的基层社会治理效能。

（二）未来展望

高新区（塘桥镇）要持续创新志愿服务激励保障，拓展志愿服务文化阵地，创新社区志愿服务内容和形式，激发志愿服务的社会治理效能。

1. 创新志愿服务激励保障，促进志愿服务长效发展

高新区（塘桥镇）要持续丰富志愿服务激励保障形式，注重对志愿者的反馈和鼓励。在志愿者激励方面，一是加强志愿者成长激励，开展志愿服

务先进典型评选，线上线下宣传星级志愿者表彰工作，激发志愿者内在动力；二是根据高新区（塘桥镇）公共服务资源，积极为优秀志愿者提供公共文化公益服务；三是创新志愿服务礼遇措施，为志愿者提供具有高新区（塘桥镇）传统文化特色的文创产品（小礼品、纪念品、衣服等）。在加强志愿者个人保障方面，将优秀志愿者列入有关节假日慰问对象范围，对家庭困难的优秀志愿者，优先予以帮扶。

2.打造志愿服务的线上高地，推进志愿服务文化宣传推广

高新区（塘桥镇）要充分把握时代脉搏，打造区镇志愿服务的线上高地。一是充分利用微信、微博、抖音短视频以及融媒体矩阵，构建多渠道、多维度的志愿服务传播与宣传机制。二是定期发布志愿服务动态、热点话题、活动内容等信息，传播志愿服务文化。三是加强高新区（塘桥镇）传统文化知识与志愿服务文化精神的有机融合，提升志愿服务文化在区镇的传播力，助力区镇文化事业、文化产业和旅游业繁荣发展，持续扩大区镇优秀传统历史文化和志愿服务事业的影响力。

3.创新社区志愿服务内容和形式，激发志愿服务社区治理效能

创新志愿服务形式，结合社区实际精准施策，提炼村（社区）特色，打造志愿服务品牌。首先，摸清居民群众志愿服务需求与志愿服务供给情况，做好细分工作，精准匹配供需关系，切实满足民众的志愿服务需求。其次，加强志愿服务培训，推进村（社区）赋能。高新区（塘桥镇）要积极开展志愿服务培训系列课程，为志愿者、志愿组织及社区赋能。一是为村（社区）工作人员提供志愿服务相关培训，培训村（社区）对志愿服务的管理和服务能力，并与业务工作紧密结合，促进基层社会治理水平提升；二是协助村（社区）提升志愿者团队质量，助力孵化志愿组织，并对相关志愿组织开展工作培训，突出村（社区）居民的主体作用，广泛吸纳社会志愿者的参与，提升村（社区）志愿者开展志愿服务的技能，进一步提升志愿者在志愿服务中的服务、管理和决策能力，提升志愿服务的可持续性。

B.11
张家港市乐余镇新时代文明实践
志愿服务发展报告

葛霞　徐娅　曹志新*

摘　要： 乐余镇新时代文明实践志愿服务围绕习近平新时代中国特色社会主义思想的工作主线，按照"有阵地、有标识、有队伍、有制度、有计划、有记录"的六有标准，以"群众的需求在哪里、志愿服务就延伸到哪里"为核心理念，一切从群众需求出发，一切为了群众考虑，推动文明实践志愿服务工作的开展。经研究分析，乐余镇新时代文明实践志愿服务发展取得初步成效，已经初步建立起志愿服务运行管理机制、志愿者保障机制、实现新时代文明实践阵地的覆盖，志愿服务的社会氛围在全镇范围内已经初步形成。未来，乐余镇新时代文明实践志愿服务将紧扣时代发展方向，进一步完善志愿服务相关工作机制，积极对接乐余镇外部资源，着力整合志愿服务的阵地资源，提升志愿服务专业化水平，践行社会主义核心价值观，引领文明实践志愿服务的社会新风尚。

关键词： 新时代文明实践　志愿服务　社会治理

　　乐余镇位于市域东北部，2003 年 8 月由原乐余与原兆丰两镇合并而成。东与常阴沙现代农业示范园区相邻，南与南丰镇接壤，西与冶金园（锦丰

---

* 葛霞，张家港市乐余镇党委宣传（统战）委员、政协工委副主任、党政办公室主任；徐娅，张家港市乐余镇宣传文明（网信、党校）条线负责人；曹志新，中国社会科学院大学社会与民族学院本科生。

镇）毗邻，北与南通隔江相望，镇域面积 78.58 平方公里，拥有长江岸线 17.84 千米；总人口 9.81 万人，户籍人口 7.35 万人；下辖 1 个办事处，19 个行政村、6 个社区（含两个涉农社区）；先后获评国家卫生镇、江苏省文明镇等荣誉称号。近年来，乐余镇以"乐文明"为统领，统筹推动文明培育、文明实践、文明创建，推进城乡精神文明建设融合发展，在苏州率先探索"新时代文明实践"与"网格化社会治理"融合机制，加快文明、文化"双提升"，打造具有独特文化气质的"江南文化名镇"，先后获评"国家卫生镇""江苏省文明村镇"等荣誉称号。

乐余镇高度重视新时代文明实践志愿服务工作的开展，在镇志愿服务指导中心的统筹领导下，着力开展志愿者队伍建设、志愿者能力提升、志愿服务项目培育、志愿者激励保障体系建设等工作，围绕"群众的需求在哪里、志愿服务就延伸到哪里"的核心理念，完善新时代文明实践志愿服务平台阵地建设，开发具有乐余特色的志愿服务项目，推动志愿服务常态化、生活化，构建新时代文明实践志愿服务"168"工作模式，打造核心志愿服务品牌，创新志愿服务形式，从人们的现实需求出发，提供定制式、点单式志愿服务，有效提高了人们对志愿服务的关注度，在全镇范围内营造浓厚的志愿服务氛围。

一 乐余镇新时代文明实践志愿服务发展情况

（一）乐余镇新时代文明实践志愿服务发展现状

近年来，乐余镇深入学习习近平总书记关于弘扬雷锋精神的重要论述，深刻把握雷锋精神的时代内涵和实践要求，以志愿服务为主要形式，不断拓展内容、创新形式、丰富载体，引导党员、干部、群众树立崇高理想追求，践行社会主义核心价值观，在全镇范围内积极开展各类新时代文明实践志愿服务活动，鼓励居民积极参与志愿服务活动，奉献社会、服务社会，使"学习雷锋好榜样"在乐余蔚然成风。

截至 2023 年 9 月，乐余镇在全镇范围内组建志愿服务队伍 80 余支，志愿者注册人数 5300 余人。其中，有新时代文明实践志愿服务支队 1 支，理论宣讲志愿服务队、文明倡导志愿服务队等 8 支专业团队，村（社区）新时代文明实践志愿服务队 25 支及其他志愿服务队伍 47 支，常态化开展各类志愿服务活动。2022 年，全镇志愿服务队伍共开展志愿服务活动 3200 余次，参与人数近 5 万人次，志愿服务时长超 20 万小时。其中，参与人次同比增长 130%，志愿服务时长同比增长 220%。全镇志愿者队伍不断壮大，志愿服务活动蓬勃开展，实现立体化、规范化发展。乐余镇已建成镇级新时代文明实践所、志愿服务指导中心，统筹管理全镇新时代文明实践工作，实现村、社区新时代文明实践站全覆盖，以各自村（社区）为单位组织开展各类新时代文明实践志愿服务。充分发掘地域文化内涵，建成河长制主题公园、水情教育馆，围绕水文化不断开展志愿服务活动。以精准服务为着力点，结合志愿服务站相关要求，建成乐悦广场、为民服务中心、永利村、乐海社区等多个"乐文明驿站"，进一步拓展志愿服务活动阵地。在全镇范围内构建起文明实践所、站，城管驿站、志愿服务驿站等各具特色、广泛覆盖、便民利民的志愿服务阵地体系，形成群众身边的"15 分钟乐驿圈"。

（二）乐余镇新时代文明实践志愿服务总体发展建设情况

乐余镇新时代文明实践志愿服务工作始终围绕"群众的需求在哪里、志愿服务就延伸到哪里"的理念开展，一切从群众需求出发，一切为了群众考虑，广泛收集群众意愿，打造真正为群众提供便利的志愿服务项目；不断完善志愿服务运行管理机制，建立健全志愿服务工作体系，建立新时代文明实践工作的"168"模式，保障新时代文明实践志愿服务的顺利开展；不断创新志愿服务形式，发掘具有乐余特色的志愿服务项目，调动民众参与积极性，采用自下而上、以需定供的互动式、菜单式、订单式服务模式，使村（社区）公共服务精准到位，新时代文明实践志愿服务工作内容不断丰富。

1. 建立健全志愿服务组织架构

乐余镇新时代文明实践工作采用"168"模式，围绕习近平新时代中国特色社会主义思想的工作主线，按照"有阵地、有标识、有队伍、有制度、有计划、有记录"的六有标准，在全镇范围内开展理论宣讲、政策宣传、文明倡导、文化服务、教育服务、法律服务、科学普及、心理关爱八项文明实践内容。当地以全镇为整体，建立"1+25+N"新时代文明实践工作组织架构，成立新时代文明实践所，由镇党委书记担任所长，并成立新时代文明实践工作领导小组，统筹管理全镇新时代文明实践工作，村（社区）成立25个新时代文明实践站，由各村（社区）党组织的书记担任站长，在有条件的工业集中区、广场、学校等培育 N 个新时代文明实践点，实现新时代文明实践站点的全区域覆盖。发挥"微网格治理"优势，利用网格化社会综合治理平台，收集群众需求，定期召开联席会议，确定需求清单，做好供需对接。以网格为单位组织策划志愿服务项目，做好项目发布，加强对网格员的指导，评选优秀网格和网格之星，做好先进典型宣传推广，实现新时代文明实践志愿服务管理工作的精细化。志愿服务指导中心负责全镇志愿服务工作，构建上下贯通、供需对接的文明实践志愿服务体系，做好年度志愿服务计划和重点项目策划，培育和孵化行业志愿服务队、社会志愿服务组织，做好志愿者和志愿服务团队的注册、管理、积分、礼遇、培训等工作。

2. 努力打造志愿服务核心品牌

乐余镇深入挖掘地域文化特色，充分考虑群众需求，打造"乐文明"志愿服务核心品牌，实施了一系列具有乐余特色的志愿服务活动项目，并结合全民阅读推广、公益讲座、文艺演出等形式，推动志愿服务进村（社区）、进广场、进学校、进企业、进家入户，为群众提供更多"菜单式""体验式"服务，推动志愿服务活动不断走深走实。

从2021年3月起，乐余镇将每月5日定为"全民志愿服务日"，鼓励村民、居民"唱主角"，自发组织开展各类新时代文明实践志愿服务活动，不断推动志愿服务常态化。乐余镇新时代文明实践志愿服务支队积极响应号召，持续开展"烟头不落地、乐余更美丽""共建清洁美丽世界 我为生态环境助力""我为群众办实事"文明实践志愿服务集市、"家在长江尾 共护长江美""践行移风易俗，弘扬文明乡风"等大型集中活动20余场次，各村（社区）、市镇各单位、机关各条线（部门）也积极响应，掀起全民参与志愿服务的热潮。

不断创新志愿服务活动形式，拓展新时代文明实践的线上阵地，充分利用互联网空间，常态化开展"学雷锋"网络文明手抄报比赛、志愿服务征文活动、刊播学雷锋公益广告等活动。同时，乐余镇创新推出"小乐""小余"志愿服务 IP，通过可爱的卡通形象展示乐余志愿者的风采；并以"小乐""小余"为主角，创新设计海报、表情包，制作说唱歌曲视频、接力小程序等，以新颖活泼的形式进一步扩大志愿服务影响力，吸引更多的居民加入乐余镇志愿服务队伍。

不断提升"乐文明"品牌的覆盖程度，充分利用公共空间，每月开展"乐文明"志愿服务集市活动。以"文明+文艺+宣讲+志愿服务"的创新形式在潜移默化中提升广大群众的思想觉悟、道德水准和文明素养。乐余镇随处可见志愿者的身影，理论宣讲"乐小宣"志愿宣讲团在群众"家门口"传达党的"好声音"；文明创建"微网格乐文明"同创共建志愿服务行动，树立文明新风尚；奉献爱心"乐心愿"认领现场志愿暖流涌动，扶弱助残、应急救护、文艺巡演等不同领域、不同场景，也都活跃着志愿者的身影，乐余志愿者践行着"互助、友爱、奉献、进步"的精神，成为乐余一道亮丽的风景线。

乐余镇围绕群众所盼、社会所需，以"乐文明"为核心品牌，精心打造了一批接地气、聚人气的志愿服务特色项目，让学雷锋活动融入日常、化作经常，持续营造"心中有爱、身边有情、行事有范"的浓厚志愿服务氛围。

乐余镇围绕"儿童优先、环境友好"理念，积极建设儿童友好型社区，以"乐童空间"为载体，不断突出儿童保护重点，创新举措、持续发力，初步形成了具有乐余特色的未成年人保护工作新模式，确定了政府主导、民政牵头、部门联动的未成年人保护工作机制，推动有关部门和群团组织履职尽责、形成合力，在全社会凝聚重视支持、积极参与的未成年人保护强大共识。

围绕长江水文化，开展"水美乐余，护河护江"志愿服务项目，举办了"保护母亲河，守护新江堤""长江大保护""保持洁美环境，守护一江碧水""长江周边环境清洁"等志愿活动,成立了一支"长江大保护"志愿服务队,广泛宣传了长江大保护知识,有效维护了长江周边的环境。

乐余镇各单位、团体、条线,围绕"乐文明"新时代文明实践志愿服务品牌,积极开展志愿服务活动,实现新时代文明实践志愿服务在各个领域的多点开花。

乐余镇团委在"3·5"学雷锋日、五四青年节、国庆节、"12·5"国际志愿者日等重要时间节点,围绕文明创建、人居环境等重点工作,在全镇开展"文明倡导一小时"执勤志愿服务、文明健步志愿行、"拥抱春天 播种希望"植树活动、"乐跑青春"暨反电信诈骗宣传、人居环境整治等志愿服务活动。全镇团员青年做表率、树榜样,营造全民动手、全民参与的浓厚氛围,贯彻落实乡村振兴战略。动员广大青年志愿者深入基层一线,持续开展"手绘乡村"青年志愿服务、实施大学生志愿服务乡村振兴"躬耕计划",助力乡村振兴事业的发展。不断壮大青年志愿服务队伍,发布和实施一批青年志愿服务项目,深化"暖冬行动"等团属特色品牌项目,拓展乡村振兴青年志愿服务内容,贡献青年力量。

乐余镇应急管理条线成立"安全卫士"志愿服务团队,立足新时代文明实践、应急管理等中心工作,围绕"社区安全营造、应急知识宣讲、居家安全普惠"等工程,深入企业、社区,开展各类志愿服务活动。当好企业"服务员"、政策"宣传员"、安全"守卫员"提高群众对安全的认识度和关注度,充分调动全员参与安全自检自查的积极性,提升防灾减灾能力。

乐余镇民政条线围绕困难群众与未成年人群体开展新时代文明实践志愿服务工作,组建未保志愿者队伍,定期开展志愿者培训,通过线上+线下定期培训的形式,持续输送志愿者知识和服务技能。鼓励儿童参与志愿服务,从儿童的需求和兴趣出发,提供更多儿童志愿服务机会,激活儿童参与的内生动力。银龄互助项目以"时间换时间、服务换服务、低龄存时间、高龄换服务"的服务理念,借助信息化平台,吸纳低龄健康老人成为志愿者,为高龄、空巢等困难老人提供志愿服务。该镇组建了一支专门服务残疾人的社会志愿者队伍参与各项助残服务,以一对一服务为标准配备志愿者力量,为残疾人生活提供便利。

3. 不断完善志愿服务保障机制

2019年，《乐余镇志愿者礼遇意见》出台，大力弘扬志愿服务精神，鼓励全镇群众积极参加志愿服务活动，提升志愿服务的社会认同感和参与度，形成"好人好报"的价值导向。规范乐余镇志愿者奖励办法，规定志愿者礼遇方式，在乐余镇境内构建起多层级、常态化的志愿者联合激励机制，充分调动群众参与志愿服务活动的积极性，引导更多的人积极投身志愿服务。同时注重深入培育、挖掘和推选优秀志愿典型，持续开展"最美乐余人"系列评选活动，推选最美志愿者，通过树立身边典型，发挥榜样带头作用，充分释放典型引领"乘数效应"，使"弘扬雷锋精神·志愿你我同行"成为广大干部群众的精神追求和行动，从而带动更多的身边人加入志愿者队伍。定期邀请志愿服务研究专家、资深志愿者、杰出典型开展宣讲和培训等活动，不断提高志愿者的服务水平，使其向专业化、精细化的方向发展。不断与辖区学校、企业联动，充实志愿者团队，为乐余志愿者队伍不断注入新生力量，保证志愿者队伍的长期稳定。

二 乐余镇新时代文明实践志愿服务特色项目

（一）永利村志愿服务案例介绍

永利村位于乐余镇西部，辖区面积4平方公里，2020年入选全国文明村。永利村将志愿服务作为实施乡村振兴战略的重要抓手，优化整合志愿服务资源与志愿服务力量，加快打通宣传群众、教育群众、关心群众、服务群众的"最后一公里"。永利村现有多支新时代文明实践志愿服务队伍，注册志愿者数量近400名，基本形成了"我为人人、人人为我"的浓厚氛围，让志愿服务进村入户，助力推动乡村振兴。永利村积极打造特色阵地文化四合院、党史学习教育基地、档案忆空间等，努力营造群众参与的良好氛围。加强志愿服务日常管理，强化人员保障，有2~3名专兼职工作人员负责特色阵地的运行工作，确保文明实践活动有人组织、扎实开展。建立文明实践月报制度，以文字、图片、视频等形式定期报送文明实践平台建设、项目运行、志愿服务、活动开展等情况，确保工作落到实处。

1. 组建"5+N"志愿服务队，规范志愿服务建设体系

永利村完善新时代文明实践志愿服务队伍建设，组建了宣讲先锋、红韵文化、乐利青青、科普惠民、乡村卫士五支常规志愿服务队伍，以及移风易俗、爱心儿女、退役军人等多支特色志愿服务队伍。同时，挖掘村内20余名乡贤，常态化开展了"乡贤广播亭""乡贤护美景""乡贤说文明"等乡贤志愿服务活动，带动广大村民积极加入人居环境整治、文明创建等活动，乡贤在志愿服务和文明实践方面起到了很好的模范带头作用，助推了永利文明乡风建设。永利村充分发挥辖区资源优势，打造新时代文明实践阵地，在乡村振兴馆、文化大礼堂等功能室的基础上，将党史学习教育基地、文化四合院纳入新时代文明实践点，打造1个"乐文明"驿站和5个"乐文明"实践岗，构建了"连点成线、连线成片、连片成面"的新时代文明实践建设大格局，构筑起"全处覆盖、出户可及、群众便利"的阵地网络。

2. 创新志愿服务形式，打造特色志愿服务品牌

依托党史学习教育基地这一特色阵地，永利村深入学习贯彻习近平新时代中国特色社会主义思想，打造"四季益家"理论宣讲项目，常态化宣讲党的二十大精神等，让党的创新理论飞入寻常百姓家。以永利村四季果园为依托，围绕"亲子、研学、互动、共享"等主题，打造田园特色志愿服务项目，创建"五季悦读"项目，打造"最美阅读空间"，开展"红色经典阅读""书香伴你成长"等阅读活动。充分挖掘农旅文化内涵，以创建全域旅游示范点为主线，依托乐你我乡俗文化实践基地打造"乡俗文化游"志愿服务项目，形成历史文化游、自然风光游、红色经典游、田园实践游和乡村风情游"五位一体"的全域旅游发展新格局，全面开展志愿活动，服务社会，丰富群众的业余生活，为周边城市居民营造乡土气息的旅游氛围，为孩童提供寓教于乐的劳动实践学习园地。

3.多方联动共建，推动志愿服务专业化发展

永利村发挥资源联动合力，专业化开展主题实践活动。永利村与张家港市第五人民医院、张家港农商行乐余支行、江苏乐建集团等企事业单位进行结对共建，积极开展健康义诊、心理辅导、防诈骗等志愿活动，为广大村民提供了帮助。发挥社工专业优势，积极探索"社工+志愿者"联动发展模式，不断加强队伍建设，融合阵地建设，深化项目交流，推出"社工+志愿者"帮带活动，为志愿者提供专业化志愿服务培训指导，提升专业化水平，提高服务质量。社工、志愿者通过"心愿驿站"、上门走访、问卷调查等线上、线下方式广泛收集群众的"微心愿"，开展微提案、微议事等进行统筹分析，根据村实际情况、村民的需求及相关时间节点等因素确定活动主题，制定活动方案，切实将活动开在群众心里。同时，在永利开心农场内，与各机关单位、高校合作，联合开展各类志愿服务活动，通过废物利用，对园区进行 DIY 布置，并对接村外志愿者团队，吸纳先进的志愿者管理经验，不断推动永利村志愿服务向专业化、精细化方向发展。

通过积极开展志愿服务，永利村基本形成了"我为人人、人人为我"的浓厚氛围。通过村"最美志愿者"等荣誉称号的评选，提高村民参与志愿服务的积极性、增强了村民参与的荣誉感，有力促进了村民互帮互助，弘扬了社会文明风尚，也增强了基层干部群众的责任意识、奉献意识。

（二）乐海社区志愿服务案例介绍

乐海社区位于乐余镇镇区中部，辖区面积 1 平方公里，下辖 5 个动迁安置小区和 1 个商业小区，社区内现有居民 3500 户，门店商铺 80 余家。乐海社区始终秉承"群众的需求在哪里、志愿服务就延伸到哪里"的理念，积极探索志愿服务活动的新思路、新方法，在社区内部不断加大志愿服务力度，提高志愿服务活动密度，拓展志愿服务覆盖领域，在新时代文明实践志愿服务过程中形成社区"共建、共治、共享"的强大合力。截至 2023 年 9月，社区注册志愿者共 893 人，占社区常住人口的比例为 15.4%。2022 年共开展志愿服务活动 211 场，参与志愿服务 4667 人次，志愿服务时长共计

18583 个小时。自 2018 年以来，乐海社区在新时代文明实践志愿服务事业建设上着重发力，积极动员，先后获得江苏省文明社区、张家港市文明社区、张家港市文明社区标兵、张家港市最佳志愿服务社区、苏州市最美志愿服务社区等荣誉称号。

1. 创新志愿服务理念，壮大志愿服务队伍

乐海社区以社区新时代文明实践站为平台，充分整合辖区资源，拓展志愿服务内涵，组建新时代文明实践志愿服务队，下设 6 个志愿服务分队。围绕"理论宣讲、扶弱助残、尊老护幼、日常陪伴"等主题，在社区内部积极开展文明实践志愿服务活动，营造互助关怀、邻里和谐、尊老爱幼、文明祥和的社会氛围。工作开展至今，各志愿服务队伍充分发挥特长，监督劝导社区不文明行为，积极开展便民志愿服务活动，走进居民家庭嘘寒问暖送关怀。在多支志愿团队与社区内志愿服务先进个人的带动下，社区志愿服务氛围日益浓厚，社区志愿者人数不断增多，志愿服务活动数量和质量得到了"双提升"。在此过程中，社区党群服务中心充分发挥党建引领作用，党员积极参与各类志愿服务活动，当好社区志愿服务带头人，不断发掘居民需求，创新志愿服务理念，壮大志愿服务队伍，为居民提供更加丰富的志愿服务。

2. 打造志愿服务品牌项目，不断提高志愿服务质量

乐海社区新时代文明实践志愿服务队通过入户走访、问卷调查、居民议事会等方式，开展需求征集，充分考虑社区实际与居民需求，打造"幸福365"志愿服务品牌，调动社区内部志愿者积极性，发挥各志愿服务分队资源优势，针对不同人群，常态化开展各项志愿服务活动。社区志愿服务队以追梦微学堂为阵地，定期组织志愿者以群众喜闻乐见的形式开展理论宣讲，用通俗易懂的语言广泛传播党的先进理论和思想，推动社区理论宣讲走深走实；考虑到社区老年人居多，社区组织志愿者定期开展"幸福来敲门"志愿服务项目，关爱社区高龄独居老人，定期上门看望、关心关爱他们的身心健康。乐海社区以乐童空间为阵地，立足辖区青少年需求，组织志愿者开展"家门口的暑托班""乐享书海""亲子手工坊""科学小实验"等文明实践项目，举办阅读、科普宣传、手工制作等活动，充实青少年业余生活，助力青少年健康成长。

除此之外，还有"味你而来""让'宝贝'回家""幸福街公益集市""燃情健身操""金乡邻巡防"等特色志愿服务项目，零距离服务辖区居民，满足不同人群需求，提升群众幸福指数。同时，社区依托快乐益家亲、幸福邻等服务阵地，搭建"同心圆"党建共建平台，深化"五联"工作机制，瞄准群众关心的"关键小事"开展红色帮代办、泰隆暖阳、健康义诊等特色服务。为了提高社区志愿者的服务质量，乐海社区定期邀请志愿服务专家开展培训，实施志愿者老带新"伙伴计划"，让资深志愿者帮助带动新志愿者尽快进入状态。

3. 制订居民自治积分奖励办法，推动志愿服务长效开展

乐海社区积极探索"微网格"治理工作，按照"规模适中、便于治理"原则，将原有的 3 个综合网格划细划小为 51 个微网格，选聘 51 名海棠先锋，以全覆盖的"微网格架构"织密基层治理"末梢根系"，推动社区党建与社区治理相融互促、同频共振，将志愿服务与社区治理工作有机结合。在张家港市志愿服务礼遇的基础上，乐海社区不断完善《居民自治积分奖励办法》，根据参与服务的内容和频次予以相应计分，根据积分情况兑换相应的物品，以此调动志愿者参与志愿服务的积极性，提高志愿服务的效能，推动志愿服务长效开展。

通过开展各项志愿服务项目进一步深化"幸福 365"工作法，增强了志愿者的向心力和凝聚力，提升了居民的文明素养，让社区文明程度不断提升，营造和谐社区。

（三）乐江社区未成年人保护站志愿服务案例介绍

乐江社区成立于 2013 年，位于乐余镇乐园路北端，辖区面积 0.5 平方公里，辖区管理四个居民小区，现有常住人口 7800 余人，其中 0~18 岁未成年人 1320 人。乐江社区根据《苏州市儿童友好社区建设指引（试行）》标准，践行"从一米高度看城市"的儿童友好理念，坚持"通过一个孩子，

带动一个家庭，影响整个社会"的创建目标，立足"乐享""乐护""乐学""乐童"四个方面，做到"服务全方位儿童全覆盖"让儿童友好成为人人友好。社区拥有苏州市首个挂牌启用的镇级未成年人保护工作站"乐童空间·未来星站"。空间内设有未来星社工站、童趣星天地、创益星空、共享星学院、未来星之家、我爱星之家、母乳哺育室等功能室，以满足不同年龄段儿童的需求，倡导儿童友好关系的建立，定期举办培育儿童与同伴之间友好关系的活动以及各类亲子活动，鼓励相互友爱、互帮互助，共同成长，有效地拉近儿童与伙伴、家庭与家庭之间的距离；推动儿童友好文化建设，将社会主义核心价值观及家庭、家风建设融入社区日常开展的儿童服务工作中，通过各类儿童友好文化活动，培养儿童爱国情怀。

1. 打造未成年人保护工作站"520"工程

2021年5月，乐余镇在苏州市率先成立了镇级未成年人保护工作站，负责统筹、协调、督促、指导乐余镇境内未成年人保护工作的开展，打造儿童友好型社会。乐童空间未来星站建立健全未成年人保护工作机制，打造工作站"520"工程。

"5"指的是建立一套工作机制、一批服务载体、一个服务网络、一批服务项目、一个共建联盟。以乐余镇未成年人保护工作委员会为统领，构建"政府主导、民政牵头、部门联动"的未成年人保护工作新格局。设置1个镇级未保工作站、25个村（社区）未保工作点、7个学校"幸福家长驿站"，建成"田园里学党史"沉浸式体验园、"乐你我"亲子研学基地等服务载体。建立"政府履责、家庭尽责、部门联动、社会参与"的未成年人关爱和保护工作系统，形成"职能单位分工负责+专职工作队伍+专业志愿团"的未成年人保护服务网络。围绕部门职责，开展乐童"未"来计划、阳光乐童等一批未成年人保护项目。坚持上下联动，与部分市未成年人保护工作委员会成员单位建立联盟，以"共建共享服务阵地，同心同行服务项目"为目标导向，形成最强工作合力。

"2"指的是建立两支儿童保护队伍，打造一支由专业家庭指导师、村儿童主任、未保站驻点社工、个案服务儿童社工、镇级儿童督导员组成的专职工作队伍，以及一支由教师、医生、律师、警察、网格员等组成的"守护未来"乐童志愿团，保障未成年人保护站日常活动的开展。

"0"指的是在儿童保护工作进程中做到关爱服务零距离、侵害伤害零容忍、兜底保障零缺失、部门联动零懈怠、主动发现零遗漏、强制报告零缺席。通过打造未成年人保护工作"520"工程，保障儿童保护工作有条不紊开展，实现未成年人全年龄段服务。

2. 开展多彩儿童保护志愿服务活动

"乐童空间·未来星站"充分利用平台空间，整合乐余镇各类资源，打造乐童议事会、乐童新闻社、乐童芝麻街、乐童创想家、乐童传承课、乐童能量棒、亲子游戏家、亲子观影会、亲子读书会、乐童生日会、乐童微学堂、乐童鱼乐园、乐童大篷车、乐童志愿团、乐童工作室、少年警校等典型案例，围绕儿童保护开展多彩志愿服务活动，不断提升儿童创新能力，使其了解传统文化、提升综合能力、疗愈亲子关系、导入正向教养的能量、促进儿童与家长之间的沟通交流、给予儿童获得情感支持的机会、倡导关爱保护的活动；不断调研分析儿童需求，听取社区内家长对儿童服务项目的建议，根据不同年龄段儿童的不同需求，分年龄段开展儿童服务，关注特殊儿童群体，加强儿童保护与家庭服务，为社区儿童提供各种便利服务。

（四）乐余镇水利站志愿服务案例介绍

乐余镇位于张家港市东北部，长江南岸，境内水系发达，河流众多，水资源丰富。乐余水利围绕"水安全、水资源、水环境、水生态、水文化"五位一体职能，打造了"水润乐余"志愿服务品牌，意为以生态之水、和谐之水滋润乐余大地，惠泽乐余百姓，在全镇范围内开展乐水志愿服务。

1. 整合志愿人才队伍，发挥平台阵地作用

乐余镇水利站在发展乐水志愿服务时坚持党建引领，发挥党员带头作用。鼓励全站干部职工积极参与新时代文明实践志愿服务，组建了"乐水志愿服务队"，2023年9月，乐水志愿服务队注册志愿者9人。乐余水利站主动联合村（社区）、市镇单位、中小学等企事业单位，组建"护河先锋"志愿服务队，由镇分管领导担任队长，调动社会各方面力量广泛参与护水志愿服务，充分调动镇区各类资源，整合志愿力量，助推乐水志愿服务活动的开展。

为做好河长制及水资源保护宣传，乐余镇积极打造水文化弘扬基地，在镇区打造了河长制主题公园与水情教育馆，并以河长制公园与水情教育馆为宣传阵地，将水生态文明建设与水文化弘扬、生态休闲等融合起来，将河长治水、水情教育、水资源保护等各项工作集中以展馆、公园等形式进行宣传。组织志愿者在水文化弘扬基地常态化开展水保护、水生态相关的志愿服务活动，打造水文化传播的载体，充分发挥爱水护河志愿活动的阵地作用，为市民朋友们增添了一处茶余饭后休闲游憩的好去处，让公众在游玩的同时潜移默化地接受河长制及水文化熏陶，进一步提升新时代治水宣传效能。

2.不断深化水文化内涵，丰富志愿服务活动内容

乐余水利围绕"水安全、水资源、水环境、水生态、水文化"五位一体职能，积极发掘水文化内涵，开展"家在长江尾 共护长江美"系列活动。以每年"世界水日、中国水周"为契机，面向全镇中小学生开展"水润乐余杯"征文、书法、手抄报征集评选活动，鼓励镇区内中小学生主动了解水保护、水生态相关内容，截至2023年，已连续开展了八届，共征集作品1000余份；乐余水利站以"护河先锋""水利开放日"为主题开展常态化志愿活动，广泛开展节水护河宣传进企业、进街道、进社区等"六进"活动，充分利用河长制公园、水情教育馆等阵地，每年开展常态化活动不少于12次，通过开展一系列志愿活动增强市民对河长制以及水资源的直观认识，引导更多的人共同参与护水节水行动。

三 乐余镇新时代文明实践志愿服务
面临的挑战与未来展望

（一）面临的挑战

近年来，在各级政府的大力支持下，乐余镇新时代文明实践志愿服务事

业蓬勃发展，实现了新时代文明实践志愿服务活动常态化、周期性、生活化、制度化的发展。但是，我们需要注意在乐余镇新时代文明实践志愿服务事业建设发展过程中，依然存在一些不足，主要体现在以下几个方面。一是志愿者队伍年龄结构失衡，志愿服务活动的组织者多为村（社区）"两委"等，能够调动的人数有限，乐余镇各志愿服务队伍多由空闲时间充足的退休老人、学生组成，可以开展的新时代文明实践志愿服务类型受到一定限制。二是志愿服务专业化水平亟待提升，乐余镇开展新时代文明实践志愿服务活动以社区为主体，社区志愿者大多没有经过专业的志愿服务培训，不具备志愿服务相关的专业技能。三是志愿服务资源整合度有待提高，社会组织、企业、学校与社区联动开展志愿服务依旧存在阻碍。四是社区之间志愿服务发展水平不均衡，受限于资金、乡贤、典型代表等条件的限制，不同村（社区）之间新时代文明实践志愿服务的发展水平存在差距，各村（社区）之间志愿服务专业化水平参差不齐。

（二）未来展望

乐余镇新时代文明实践志愿服务活动的开展要紧扣时代主题，着眼于凝聚群众、引导群众，以文化人、成风化俗，调动各方力量，整合各种资源，创新方式方法，动员和激励广大群众积极投身社会主义现代化建设，培育社会文明新风尚。紧紧围绕"群众的需求在哪里、志愿服务就延伸到哪里"的核心理念，在习近平新时代中国特色社会主义思想的指导下，深入学习贯彻习近平总书记关于精神文明建设的重要论述和有关志愿服务的重要指示，加强新时代文明实践阵地平台建设，挖掘当地特色传统文化内涵，不断规范管理志愿者队伍，打造具有乐余特色的志愿服务专业团队。建立志愿者能力提升机制、营造志愿服务社会氛围、建立志愿服务统筹协调机制，践行社会主义核心价值观，不断助力新时代文明实践事业的高质量发展。

1.建立志愿者能力提升机制

一是建立志愿者岗前培训机制。志愿服务项目的质量离不开志愿者的专业化水平，乐余镇要不断完善志愿者招募、岗位分配流程，让真正适合志愿服务项目的志愿者参与到活动中来。同时，根据志愿服务项目类型，聘请相关领域专业人员对志愿者进行岗前培训，要求志愿者掌握一定的专业知识与实务技能，确保其在志愿服务期间可以应对突发情况；聘请志愿服务领域专家，定期开展志愿服务知识讲座，提高志愿者综合素质；推行志愿者"伙伴计划""老带新模式"，合理安排志愿服务队伍中资深志愿者与新手志愿者的比例，让资深志愿者向新手志愿者传授心得经验与专业技能，建立起全面的志愿者岗前培训机制，提高志愿服务专业化水平。

二是探索"社工+志愿者"服务模式。发挥社区驻点社工优势，社区工作人员与社工作为志愿服务项目的主要策划者与核心骨干力量，探索"社工+志愿者"服务新形式，志愿者跟随专业社工开展各类志愿服务项目，不断加强志愿者队伍建设，深化志愿服务项目交流，丰富志愿者的专业知识，提高专业技能水平。制定志愿者骨干培训计划和志愿者服务制度，定期开展赋能培训、关爱帮扶活动等，规范社区志愿服务方式，增强志愿服务能力，在为社区培育能够独当一面的志愿者骨干的同时，不断吸纳新鲜力量加入社区志愿者队伍。

2. 营造志愿服务社会氛围

一是推动志愿服务常态化开展。充分发挥每月"乐文明"志愿服务集市、"全民志愿服务日"等活动优势，利用各级各类新时代文明实践阵地，组织形式多样、内容充实、内涵丰富的志愿服务项目，鼓励村民、居民自发组织开展各类新时代文明实践志愿服务活动，持续开展"烟头不落地 乐余更美丽""共建清洁美丽世界 我为生态环境助力""家在长江尾 共护长江美"等常态化志愿服务活动。社区党组织充分发挥党建引领作用，在社区内部围绕居民现实需求定期开展各类志愿服务项目，实现志愿服务项目生活化、常态化。

二是加大志愿服务项目宣传力度。在日常化、生活化开展各类志愿服务活动的同时，要加大对志愿服务项目的宣传力度，除传统媒体外，要充分利用新媒体平台，通过短视频、微信公众号等形式介绍志愿服务活动开展的具体情况；充分发挥社区微信群的作用，推送志愿服务活动开展的情况，引起居民对志愿服务话题的讨论，不断提高居民对志愿服务项目的关注度，既要做好志愿服务项目，又要讲好志愿服务故事，营造浓厚的志愿服务氛围。

三是丰富志愿服务激励形式。在社会人口高速流动、社区渐趋陌生化的社会背景下，如果没有有效的社会链接和整合，仅靠居民的自主自发，不足以产生持续性社区志愿服务行为。这就需要政府相关部门不断丰富志愿服务激励形式，调动居民参与的积极性。张家港市已经建立起了较为完善的志愿者"三级礼遇""双重礼遇"制度，通过物质奖励的形式，调动居民参与的积极性。在物质奖励之外，同样应该重视精神奖励的作用，要让居民在参与志愿服务的过程中实现个体增能、获得组织支持与情感支持，让志愿者参与志愿服务过程中在心理满足感、情感归属、身份认同、社会信任等方面有所收获。物质与精神的双重激励模式，有助于更多居民积极参与社区治理，并促进社区公共精神的形成，营造志愿服务的社会氛围。

3. 健全志愿服务统筹协调机制

志愿服务的发展需要政府、企业、社会组织、群众的共同努力。乐余镇要在镇党委书记领导全镇新时代文明实践志愿服务的基础上，适当扩大志愿服务指导中心的职权范围，不断完善各主体的统筹协调机制建设，由志愿服务指导中心统一规范管理辖区内志愿服务队伍建设、志愿服务项目运营、志愿服务资金分配，实现对乐余镇志愿服务资源的高度整合，促进志愿者、志愿服务资金在全镇范围内的流动，各志愿服务项目在全镇范围内落地开花。志愿服务指导中心负责全镇志愿服务工作的统筹规划、协调指导、督促检查和经验推广，有助于改善社区之间发展不均衡的现状，助力新时代文明实践志愿服务事业健康发展。

B.12
张家港市凤凰镇新时代文明实践
志愿服务发展报告

刘梦甜　张　艺　徐配燕*

摘　要： 凤凰镇大力弘扬"奉献、友爱、互助、进步"的志愿服务精神，广泛开展志愿活动、壮大志愿力量、夯实志愿基础，按照"群众点单、实践所派单、志愿团队接单"的"三单制"模式开展全域化、精准化、常态化的志愿服务活动。以"123"实践工作法，即通过"一个枢纽"（志愿服务指导中心）架起服务群众"连心桥"、"两大坚持"（坚持理论先行、坚持榜样引领）推进新时代文明实践工作有声有色、"三大聚焦"（聚焦"在哪干"、聚焦"谁来干"、聚焦"怎么干"）打通服务群众的"最后一公里"，依托江南文化特色和各村（社区）亮点，实现资源聚合共享，加快建设"一网三库　双向互动"（"一网"是友爱港城新时代文明实践智慧云平台；"三库"是资源库、人才库、项目库）志愿服务模式，推动基层思想文化宣传工作和精神文明建设改革创新。通过利民、惠民、便民的实招硬招，不断推进全镇新时代文明实践工作向好向上。

关键词： 凤凰镇　志愿服务　乡村振兴志愿服务

---

* 刘梦甜，张家港市凤凰镇党委宣传（统战）委员兼政协工委副主任；张艺，张家港市凤凰镇党政办公室正股级干事；徐配燕，吉林大学哲学社会学院博士研究生。

一　凤凰镇新时代文明实践志愿服务发展概况

张家港市凤凰镇位于张家港市南部，与常熟、江阴两市接壤，因境内凤凰山得名，镇域面积 78.8 平方公里，下辖 15 个村、6 个社区、户籍人口 6 万余人、流动人口 5 万余人。凤凰镇文化底蕴深厚、产业特色鲜明、生态环境优美，是传统意义上的"江南鱼米之乡"。历史上，凤凰镇先后走出 4 位状元、32 名进士，被誉为"进士之乡"；现如今，凤凰镇拥有恬庄古街、红豆树、永庆寺等物质文化遗产，以及河阳山歌、河阳宝卷 2 项国家级非物质文化遗产，其中河阳山歌代表作《斫竹歌》已有 6000 余年历史。凤凰镇先后被列入"全国发展改革试点小城镇"、"国家新型城镇化综合试点镇"和首批"江苏省经济发达镇行政管理体制改革试点镇"，先后获评"中国百强镇""中国历史文化名镇"等称号。

依托"十三五"以来形成的新材料、新能源、新装备产业基础和 182 家规模以上工业企业规模优势，凤凰镇着力打造的新材料、高端装备、生物医药、特色半导体四大主导产业已实现工业产值占比近 70%，以广大鑫盛、达丽新材料、国一制纸等为代表的重大项目有力助推优势产业做大做强。依托全省首家乡镇建办的国家级科技企业孵化器——凤凰科创园，大力推进科技招商、人才引培、科企培育。累计完成科技招商项目 107 个；累计培育国家级领军人才 2 名、省双创团队 2 个、省双创人才 19 名、苏州姑苏领军人才 41 名、市领军人才 97 名，人才企业纳税超 9000 万元，产业化规模居张家港市前列；累计认定高新技术企业 96 家。成功上市张家港市科创板"第一股"——广大特材、张家港市科创板首家人才企业——富森科技。

凤凰镇始终认真学习贯彻落实中共中央、江苏省、张家港市关于新时代文明实践工作的系列指示精神，紧扣时代主题，以"123"实践工作法，即通过"一个枢纽"（志愿服务指导中心）架起服务群众"连心桥"、"两大坚持"（坚持理论先行、坚持榜样引领）推进新时代文明实践工作有声有色、"三大聚焦"（聚焦"在哪干"、聚焦"谁来干"、聚焦"怎么干"）打通服务群众的"最后一公里"，依托江南文化特色和各村（社区）亮点，实现资源聚合共享，加快建设"一网三库 双向互动"（"一网"是友爱港城新时代文明实践智慧云平台；"三库"是资源库、人才库、项目库）志愿服务模式，推动基层思想文化宣传工作和精神文明建设改革创新。通过利民、惠民、便民的实招硬招，不断推进全镇新时代文明实践工作向好向上。

坚持把新时代文明实践工作作为镇村两级"一把手"重要责任来抓，加强领导，筑牢新时代文明实践体系。建立目标管理工作推动机制，先后研究制定《关于凤凰镇新时代文明实践所建设运行工作》等重要文件，形成"共同发力、齐抓共管"的局面。自 2018 年起，凤凰镇实现了新时代文明实践所、站、点镇域全覆盖，并配备专、兼职人员，先后打造出湖滨社区新时代文明实践站、凤凰镇"科创新动力"新时代文明实践点、肖家巷新时代文明实践带等一大批群众身边的志愿服务明星点位，依托理论宣讲平台、教育服务平台、文化服务平台、科技与科普服务平台、体育健康服务平台，将文明实践服务和活动送到群众身边，确保基层新时代文明实践工作有效落实，新时代文明实践活动有效开展，关心关爱在基层落地生根，让习近平新时代中国特色社会主义思想深入人心。

张家港市友爱凤凰志愿者协会成立于 2016 年 4 月，团队秉持"奉献、友爱、互助、进步"的志愿服务精神，常态化开展理论宣讲、科普宣传、应急救灾、全民健心等各类新时代文明实践活动，真正打通联系服务群众的"最后一公里"。通过广泛开展志愿活动、壮大志愿力量、夯实志愿基础，按照"群众点单、实践所派单、志愿团队接单"的"三单制"模式开展全域化、精准化、常态化的志愿服务活动。2022 年，全镇114 支志愿服务小队，11000 余名志愿者，开展志愿服务 2680 场，参与志愿者达 47649 人次，志愿服务时长达 91045.5 小时，全年开展新时代文明实践活动 2762 场次，服务群众 8 万余人，真正打通联系服务群众的"最后一公里"。

二 凤凰镇新时代文明实践志愿服务经验做法

（一）创新工作体系，促进志愿服务规范发展

1. 平台制度建设

一是创新平台搭建。凤凰镇不断创新新时代文明实践工作体系，建设"三网合一"的凤凰镇新时代文明实践智慧云平台。所谓"三网合一"，就是构建一个"智慧凤凰"有线网络电视端服务平台、打造一个"智慧凤凰"手机端服务平台、设立一个"智慧凤凰"网络服务平台。"智慧凤凰"新时代文明实践智慧云平台荣获张家港市2019年度新媒体应用创新奖。

二是规范管理制度。通过不断完善和健全文明实践工作制度、志愿服务队工作制度、未成年人活动场所管理制度等，结合新成立的志愿者监督员队伍，确保全镇志愿服务工作有序开展，让志愿者在服务时更加规范高效。

三是完善礼遇制度。自2021年起，凤凰镇打造镇级礼遇积分办法，不定期邀请志愿者参与镇级举行的重大活动，组织荣誉称号评选并对志愿者的事迹进行宣传报道，对生活困难的志愿者给予相应的生活照顾和物质帮助。在礼遇方面，志愿时长达100小时的志愿者，将为其提供景区的讲解服务；达200小时的，将赠予观影票；达300小时的，将赠予凤凰当地农家乐500元体验券等。凤凰镇通过每年举办志愿者优秀项目交流学习会，让更多的团队骨干能够学习先进经验，更好地策划新时代文明实践活动。同时结合"赓续雷锋精神"主题月，定期开展志愿服务典型嘉奖，在全镇范围内营造良好的崇德向善氛围，"带火"志愿服务，让大家深切感受到好人有好报、德者必有得，从而带动更多人投身志愿服务。

2. 工作团队培育

志愿者协会自成立以来，深耕群众基础，重视队伍发展，吸纳了一批优秀的骨干志愿者。

一是强化骨干培养。在协会成立之初，镇文明办就招募了热心志愿服务

的骨干人才肖国秋担任志愿者协会秘书长。肖国秋有着良好的群众基础，许多人受其影响积极参与志愿服务，涌现了如蔡正良、张根保、袁凤刚、姚二芳、王录欣等一大批志愿者骨干人才。在孵化方面，通过全方位链接资源，线上线下一对一指导新成立的团队，包括指导团队负责人开展工作、招募志愿者、留住志愿人才、创新开展活动等，加快提升志愿者们的参与感、幸福感和服务水平。常态化开展志愿骨干交流分享、实践成长体验活动，让志愿服务更加专业化、常态化、持久化，满足人民群众的更高需求。

二是强化监督指导。凤凰镇还创新成立了志愿者监督员队伍，监督志愿服务中的不当行为，并指导和协助志愿者改正。在任何团队和志愿者个人遇到难题时，既可以通过工作群线上咨询，也可以到凤凰镇志愿者工作指导中心寻求帮助，确保全镇志愿服务工作有序开展。

通过不断努力，凤凰镇新时代文明实践志愿服务支队荣获张家港市2021年度、2022年度最佳志愿团队；和阳健心志愿服务队被市妇联评为2021年度十佳"社会妈妈"团队；凤凰镇"知心姐姐"公益会客厅获评2021年度张家港市人民政府妇女儿童工作"先进集体"、张家港市2022年度最佳志愿服务项目。

3.服务品牌打造

凤凰镇依托本地特色非遗文化，打造"童心'悦'传统"亲子读书汇、"礼"遇凤凰——校景结缘、"知心姐姐"公益会客厅、凤凰镇文化剧场"文化惠民"（村演、"爱影传递"、戏曲惠民）等志愿服务活动，通过"以文化人"，推动基层思想文化宣传工作和精神文明建设工作的改革创新。

自2020年11月起，凤凰镇新时代文明实践所在社会各界的关心支持下，持续稳定开展"知心姐姐"公益会客厅项目，包括一对一健康心理咨询、心理健康卫生科普课堂、心理成长沙龙、困难家庭走访关爱和疫情防控心理安抚等。自活动开展以来，团队成员在扶弱助残、科普宣传、卫生健康、疫情防控等方面开展心理健康关爱活动，成效显著。该项目为全镇妇儿打造温暖的心理"安全港湾"，也让更多的家庭学习了亲子沟通的心理技巧、了解了家庭教育的方法、提升了对未成年人的保护，由此化解了很多家庭矛盾。"知心姐姐"公益会客厅项目通过反复实践、总结经验，不断提高服务质量，用暖心的服务关爱群众，受到社会各界和人民群众的高度好评。

此外，2023年凤凰镇还打造了"与'理'同行声动凤凰"理论宣讲志愿项目，通过形式多样的理论宣讲带领群众一起与"理"同行。2018年凤凰镇成立了自己的"志愿孵化师"团队，团队自行研发了志愿服务基础知识、学习宣传贯彻党的二十大精神志愿宣讲、志愿服务礼仪、志愿者情绪管理、志愿团队建设、志愿工作法等一系列"社区赋能"志愿团队成长课程，为志愿者"充电赋能"，课件打磨好后在云平台进行发布，累积送课60余场次。

（二）探索志愿机制，创建务实"六定"工作法

凤凰镇在志愿服务工作中总结的志愿服务工作法，被称为"志愿服务工作六定法"，强调志愿服务工作是志愿者在不为任何物质报酬的情况下，自愿贡献个人的时间、精力、金钱等，去从事社会公益服务，为改进社会风貌、推动社会进步而开展的服务工作。虽然没有任何的物质报酬，但是仍会以积极行动实践奉献、友爱、互助、进步的志愿服务精神，遵守志愿服务规定，有组织有纪律地开展志愿服务工作。

一是定心。要求志愿者在参与志愿服务的时候把心定下来，服务到哪里就用心到哪里，志愿服务是志愿者自我选择的一种生活（服务）状态，既然参与就一定要用心做到最好。

二是定位。在参加志愿服务工作的时候，志愿者一定要践行志愿服务奉献、友爱、互助、进步的精神内涵。提倡志愿者赋予自身正确的定位，志愿服务是志愿者为奉献而来，是为了满足人民对美好生活的向往而来。

三是定岗。在参加志愿服务工作前，志愿者需提前了解这次志愿服务的岗位在哪里，明确了解岗位分工，有利于更好地坚守岗位。

四是定职责。深刻了解岗位职责，才能清楚地知道服务的职责范围。同时，要强化岗位并没有高低贵贱之分的意识，注重团队配合，增强团队荣誉感。

五是定流程。志愿者在了解岗位职责后，要明确流程，确保下达流程准确，信息沟通无碍，指令传达无误（指令一定是来自组长或上级）。总负责人把流程分工传达给组长，组长传达给组员，确保志愿服务工作开展时的指令是由上而下、反馈是由下而上。

六是定收尾。志愿服务工作收尾很重要，在定职责和流程的时候，一定要把收尾也统筹在其中。完成一场活动，要总结收获、分享经验、反思不足，为下次改进服务奠定扎实基础。

三 凤凰镇新时代文明实践志愿服务特色项目

（一）以乡村振兴为抓手，推动乡村振兴志愿服务发展

推动乡村志愿服务的发展是促进新时代文明实践建设的关键内容和重要抓手，也是推动乡村振兴战略实施的一个重点，凤凰镇依托特色田园乡村肖家巷串联新时代文明实践带，发挥乡村志愿服务团队作用，促进乡村治理能力水平提升。

依托独有的非物质文化遗产资源优势和农文旅融合发展优势，凤凰镇创新工作机制、丰富文明载体、活化非遗保护，将肖家巷周边站、点串珠成链，打造为集文明培育、公共服务、社会治理等功能于一体的山水田园式"新时代文明实践带"，让千年古镇，劲吹文明风，奏响乡村振兴新乐章。

1. "文明实践+多元创新"

以"河阳文化""非遗民俗文化"为主线，构建餐饮、茶旅、民宿、农业及文创融合的"旅游+产业"体系，将农家乐打造为非遗活化阵地。建设集展示、展销、体验等功能于一体的非遗体验店，常态化引入非遗传习等志愿服务活动，让老物件、老习俗等在新时代焕发新活力。凤凰镇当地农家乐业主也自发成立志愿服务队，为村内老人开展跑腿送菜、宣传健康饮食知识、举办敬老宴等志愿服务活动，成为富民、惠民、乐民的重要力量。凤

凰镇镇村两级也积极推行积分办法，将参与志愿服务、践行移风易俗、建设美丽庭院与文明积分相结合，引导群众自觉成为倡导和谐文明新风的践行者和推动者。凤凰镇结合乡厨大赛发布喜宴、白宴移风易俗建议菜单，通过移风易俗菜单等举措，倡导喜事新办、丧事简办，为文明餐桌贡献力量。

2. "文明实践+乡村治理"

镇村两级发挥职能作用，组建党员、巾帼、青年、文化传习等特色志愿服务队，聚焦"农家乐""农家人""农家事"开展各类新时代文明实践活动。对农房建筑及庭院开展"针灸式"整治，点缀以"非遗文化""河阳河恬"主题元素墙绘，厚植环保公益理念。开展"零污染村庄"新时代文明实践项目，设立"零污染"村庄积分兑换点、"河阳新时尚"垃圾分类宣教阵地，组建"零污染"村庄志愿服务队，通过寓教于乐的活动形式，以废物回收、旧物改造、厨余垃圾自处理等形式，引导村民一同打造绿色共享文明新空间。将遵纪守法、洁美环境、邻里友爱、文明互助、公益志愿等内容编入乡规民约、村规民约三字经，做到口耳相传、入脑入心。注重家风家训建设，通过开展"河阳新风三年行"等系列活动，以德化民、以文润民。每年开展"文明家庭""身边好人"等评选活动，大力宣传身边道德模范，倡导邻里和睦文化，弘扬孝老爱亲家庭氛围。

（二）以非遗文化为支点，推动文化志愿服务发展

凤凰镇依托非遗项目，尤其是对已经列入国家非物质文化遗产的 19 个项目进行文化赋能，打造特色非遗志愿服务，以"非遗+志愿"作为凤凰镇文化志愿服务的一个亮点和支点。"非遗+志愿"以非遗馆为阵地，组织各类群体走进来参观，参与学唱山歌、做烙画等活动；也会组织非遗传承人进学校进社区，开展做西施糕、做菊花酒等各种各样的非遗记忆活动和体验类活动。另外，凤凰镇不断推动非遗文化传承，坚持以政府主导、社会参与、资源共享为原则，对民间流传的非物质文化遗产保护项目进行多方位挖掘传承，通过文化下乡表演，推动非遗项目进乡村。

1. 非遗文化节

凤凰镇积极探索文明实践与非遗文化传承融合发展道路，大力培育本土技艺的志愿服务项目，结合河阳山歌、烙画等非遗项目开展文化传承志愿服务活动。每年定期开展"非遗"文化节、"非遗"夜市等活动，让非遗真正地活起来、走出去，成为文化赋能乡村振兴的新支点。依托河阳山歌艺术团和草根文艺爱好者开展新时代文明实践公益巡演"送戏下乡"，围绕传统美德、移风易俗等主题，编排河阳山歌并进行表演，着力为精品文艺节目注入深刻内涵，切实以"文化风"推动"文明风"。其中，《河阳山下唱新风》表演入选全国第三届"县乡长说唱移风易俗"优秀节目。

2. 非遗公开课

为了进一步保护凤凰镇非物质文化遗产，促进非物质文化遗产的"活态传承"，凤凰镇在秉承传统、不失其本的基础上，充分集结传承人的力量，创新推出"非遗传承人公开课"项目，依托新时代文明实践所、村（社区）实践站和学校，开设手工技艺类如烙画制作、刺绣、编织等，音乐类如新编山歌儿歌《排排坐，吃果果》、教唱河阳山歌等，以及学说河阳方言等课程，开设系列非遗文化传承公开课，讲好非遗故事，传播非遗文化。项目自开展以来，深受群众欢迎，取得了良好的社会效果，一方面助力非遗文化全面融入当代人的生活，近距离地走进百姓生活；另一方面，真正帮助全镇群众进一步了解家乡非遗的深刻内涵，在非物质文化遗产传承、资政、育人的过程中同步增强文化自信。

（三）以科技创业园为阵地，推进"内外"双线企业志愿服务

张家港市凤凰科技创业园是国家级科技企业孵化器、江苏省侨界创新创业基地、苏州市留学回国人员创新创业园，连续多年在江苏省科技厅组织的省级及以上孵化器绩效评价中获得优秀（A类）。累计引入70余个高层次人才项目，累计争取人才资助资金超2亿元。上海小马创业村位于上海市虹口区，是首批由国家科技部认定的国家级众创空间，为上海市科技企业孵化器、上海市创业孵化示范基地、上海市四星级青年创业中心。小马创业村旗

下拥有多支天使投资、产业化投资基金，合伙人具有 10 多年的行业经验积累，拥有专业的投资和科创产业运营人员。张家港小马创业村由上海小马创业村与凤凰科创园共同创建，共同运行面积 11000 平方米的凤凰科创园二期基地，双方发挥各自优势，全力实施"基金+基地""离岸+在岸""孵化+加速"的发展新模式，致力于将基地打造成长三角区域专业突出、功能齐全、服务一流的科创人才园区。由小马创业村与凤凰科创园联手打造的上海联合孵化基地，是凤凰科创园推动创新驱动发展战略的重要平台，为引入在沪科技人才项目提供重要支撑，也是高端人才"落地在凤凰、加速在上海"的重要孵化平台。

1. "科创新动力"新时代文明实践活动

以服务园区企业、科技人才和职工家庭为重点，以完善园区服务功能、拓宽园区社交空间、丰富企业职工业余生活为主要宗旨，每周举办职工新时代文明实践活动。目前，围绕亲子文创体验、光影主题展览、职业技能提升、惠企政策分享等内容，已连续两年开展近百场活动，切实丰富了企业职工业余生活。其中，每月开展"求是读书汇"理论学习活动，由企业职工担任"辅导员"轮流领学，以科技创新与经济发展为主题制作课件开展学习讨论，为思想加油充电。

2. "少年向上"寒暑托班

寒暑假开设全市首个行业嵌入式职工子女冬夏令营，课程全面坚持公益性且形式丰富多样，包含参观企业了解职业规划、游览古镇学唱非遗山歌、体育游戏锻炼健康体魄、手工创作点亮科学梦想等，"官方带娃"让青少年学习娱乐两不误，为双职工家庭带来放心与便利，不断提升青年人才对凤凰的归属感和满意度，让园区职工能够以更饱满的热情投入工作和生活中去。

3. 职工志愿服务活动

职工主动参与志愿服务，有助于提升企业形象。2022 年疫情期间，园区成立了近 40 人的防疫志愿服务队伍，参与了 11 轮区域核酸检测志愿服务，总志愿服务时长达 2675 小时。园区企业家也对新时代文明实践活动表示肯定与支持，自发组织新春写春联、瑜伽塑身课、育婴师讲座等活动，精准响应职工需求、丰富点位文明内涵。如 2023 年 4 月 22 日，张家港市凤凰镇侨联在凤凰·小马（上海）国际创新中心开展"归心助学——职场传帮带"主题志愿活动，来自德国的知名心理学专家 Steffen Ummelmann 从底层模型到实践，通过工作坊（workshop）的形式，围绕探寻个人影响力源头、打造个人"破圈"影响力、现场实践运用影响力等主题进行授课，讲述了九型人格的相互影响和转化，为园区职工提供了一场精彩、生动的知识盛宴。

（四）以社区为牵头，丰富社区志愿服务内容

湖滨社区位于凤凰新城核心区，紧邻环境优美的凤凰湖景区，由动迁安置小区双龙花园和商业开发小区湖畔御园、凤凰春晓等六个小区组成。近年来湖滨社区先后被评为江苏省文明社区、苏州市文明社区，目前共有居民 13000 余人，其中新市民 5000 余人。近年来，湖滨社区新时代文明实践站始终紧扣"凝聚群众、引导群众、以文化人、成风化俗"的目标定位，立足居民实际需求，不断深化文明实践内涵，通过阵地建设、项目推进，切实实现志愿服务常态化，创新打造"1 品牌 1 基地 1 点位"文明实践工作特色，将阵地延伸到百姓的"家门口"，把活动融入居民的"日常间"，逐步形成点面结合的文明实践格局，切实打通宣传群众、教育群众和服务群众的"最后一公里"。

1. "幸福新湖滨·四季美家园"项目

全年根据春夏秋冬四个季节，结合优秀传统文化，融入河阳非遗要素，每个季度推出一个主题系列，通过"文化+宣讲""文化+服务""文化+集市"等多种形式，常态化开展居民喜闻乐见、丰富多彩的文明实践活动，培育孵化出炫舞健身队、秀美模特队等多支草根文艺团队，连续六年举办"睦邻文化艺术节"暨中秋游园会活动，为居民搭建起展示才华的舞台，全方位满足精神文化生活。

2. 幸福小径

依托"幸福小径"新时代文明实践点，将志愿服务、朗读实践、图书

阅览、便民休憩、公益宣传等有效融合，开展幸福小径"十二集"品牌活动项目，集服务性、知识性、趣味性、互动性于一体，为居民定制个性化"菜单式"服务，实现周周有活动、月月有集市，坚持做到居民全覆盖、干部全参与，真正将文明实践融入居民生活，服务群众零距离。

3."邻"听湖滨红广播

结合红广播实践基地，将社区党员群众和广播爱好者等集结到一起，组建理论宣讲志愿者队伍，专题开设书记有约、移风易俗、温馨点播等八档栏目，以"线上录制+线下宣讲"的形式，每周六晚定时在小区播放，宣扬身边好人、讲好家风故事、传播红色精神。同时开通微信小程序，打造互动点歌、传递祝福的窗口，将听众的心声化为电波，增强居民联系。

4. 文明楼道

创新打造"一楼一品"楼道展馆游览圈，充分发挥社区居民的特长和自治热情，统筹建立新时代文明实践人才库，广泛征集居民个人作品、事迹等在楼道内进行综合展示，分别设定"名人""名事""名影""名作"等九大特色主题，并将新时代文明实践活动配送进楼道，组织开展理论、书法、绘画等别具特色的"楼道学堂"系列活动，以身边人影响身边人，让居民带动引领居民，形成人人参与、人人享有、人人受益的湖滨模式。

（五）以党员为志愿先锋，践行为民服务理念

凤凰镇党员志愿者结合主题党日、党建品牌打造等不断提升示范带动、标杆引领的效果，激励广大党员群众积极投身凤凰高质量发展的各项社会事业。

1. 讲党课，筑牢思想根基

开展"党课大家讲"活动，围绕学深悟透习近平新时代中国特色社会主义思想，带领党员群众加强理论学习。依托各类阵地打造"求是"理论学习游线，每月开展"求老师"领学志愿服务活动，分众化面向企业职工、社区居民、学校老师、农家乐业主、新阶层人士等群体，以党员领读、心得分享、阅读沙龙、红色手作等形式强化理论武装，提升思想素养。

2. 树榜样，争当文明先锋

为了提升凤凰镇的文明水平，促进精神文明建设，提高广大群众的文明素质，凤凰镇成立"市民巡查团"志愿服务小队，利用空闲时间组团上路开展文明督查，争做文明之树"啄木鸟"。一方面做好"随手之劳"，捡拾垃圾、扶正车辆，及时提醒、纠正市民的不文明行为。另一方面向沿路商家发放倡议书，提醒商家门前不占道、垃圾投放科学有序、环境卫生及时清理、车辆停放整齐规范，同时倡导积极践行文明行为、争做文明市民，以此带动、影响周边群众。巡查团通过开展文明督查，让江南美凤凰变得更加美丽。

3. 践初心，关爱困境儿童

深入开展党史学习教育，深化"我为群众办实事"实践活动，积极主动做好留守儿童、困境儿童的关爱帮扶工作，凝聚更多党员志愿者力量，加入关心关爱留守儿童、困境儿童工作中来，营造良好的家庭和社会环境，促进未成年人健康快乐成长。采取"社会妈妈"与儿童结对的方式开展服务活动，针对困境儿童学习、生活、心理上的问题，适时引导、主动倾听；与困境儿童的家长沟通联系，及时向他们宣传普及科学的家庭教育观念、先进的家教知识和方法；定期与困境儿童的学校任课老师联系沟通，使所有远离父母的孩子心有人爱、身有人护、难有人帮。

4. 解民忧，助力桃农增收

凤凰镇立足资源禀赋，抢抓乡村振兴战略机遇，依托"党建情·山田心"项目开展志愿服务活动，协调各村工作人员、农业技术员，充实"护桃分队"志愿力量，做好巡逻打假、夏送清凉、宣传反诈工作。精心打造"蜜桃课堂"，通过"学习+实践"的方式，把学习教育搬到田间地头，传授精耕细作的栽培方式以培育更多育桃工匠、种桃能手，依托电商平台，推进电商人才与带货双向发力，举办"'凤青'开播'桃'你欢心"水蜜桃直播 PK 大赛等直播带货活动，拓宽线上销售渠道，护航水蜜桃"生命全周期"，推动"甜蜜产业"高质量发展。

四 凤凰镇新时代文明实践志愿服务
面临的挑战与未来展望

未来，凤凰镇新时代文明实践所将进一步整合多方资源、调动各种力量、创新方式方法，利用好现有工作平台，打通服务阵地，持续推进新时代文明实践站（点）建设，助力提升辖区内人民群众的思想文化、道德水平、文明素养、法治观念，打通服务群众的"最后一公里"。

（一）面临的挑战

一是凤凰镇专业人才缺乏，有才华的年轻志愿骨干人才偏少，如新媒体宣传运营和擅长采编写作的志愿者人才偏少，此外，乡村志愿服务的专职人员不足，导致志愿服务的管理工作存在缺失。二是凤凰镇场地资源整合不足，目前凤凰镇建有新时代文明实践所、凤凰区域新时代文明实践站以及港口区域新时代文明实践站三个规模较大的阵地，满足了辖区内广大群众文体娱乐、健身健心等多方面的需求。但是，部分村（社区）因为建成时间久远所以场地资源有限，部分活动场地较小，不利于活动的有效开展。三是乡村志愿服务保障激励机制缺乏，志愿服务人员在教育、医疗、就业等与生活切实相关的方面并未得到足够的支持，志愿服务缺乏相应的长效工作机制。需要关注的是，群众志愿服务很难从村级组织得到足够的活动经费支持，同时村级组织对志愿者的后勤保障服务也有不足。

（二）未来展望

1. 挖掘专业人才，增强志愿服务的动能

推动文化人才发挥作用，鼓励文艺工作者推出更多具有乡土特色、体现农村风貌、深受群众喜爱的文艺作品，让老百姓们能够从中感受到文化的熏陶和启迪。利用志愿者走访入户、与村民面对面交流以及问卷调查等方式，广泛收集汇总群众的需求，以群众需求为导向，突出服务的功能性，提高活

动的针对性和实效性。

2. 健全阵地网络，增强志愿服务的创新性

健全文化阵地网络，整合村级综合文化服务中心，根据不同村庄的风俗习惯、产业特长等，让每个新时代文明实践站点形成特色，真正成为涵养文化文明的精神家园。不断向周边乡镇以及其他优秀模范点位学习，积极借鉴学习优秀的经验和做法，结合自身特点，打造一批具有镇村特色的活动。

3. 强化志愿队伍的专业性，增强志愿服务的活力

引导鼓励现有的志愿服务组织深化服务，不断强化专业性，吸引一批有组织管理能力的专业人才加入志愿队伍，持续扩大志愿服务队伍的号召力和影响力。邀请专业的志愿服务人才开展专业性的培训，使乡镇和村（社区）的志愿队伍更加系统专业。

4. 加强组织建设，完善志愿服务的体制机制

始终把建立健全志愿服务工作体制机制作为第一要务，充分发挥体制机制的保障作用，构建形成凤凰镇志愿服务建设齐抓共管、各尽其责、协作共建的工作格局。一是加强领导。成立志愿服务建设指导委员会，负责指导志愿服务建设工作，有计划、有组织地把志愿服务建设工作抓在日常。二是加强村"两委"班子建设。村"两委"是发动群众积极参与志愿服务建设的"神经末梢"，要善于将一些改革发展意识强、市场头脑强、真抓实干的乡村能人选用到村党支部、村委会中，使村"两委"真正发挥领头羊作用，带领全体村民建设农村精神文明。三是推动基层群众强化志愿服务意识。加强联动各村村民议事会、道德评议会、禁赌禁毒会等群众组织，依托其现有资源优势，开展志愿服务。发动群众心中认可的老党员、退休教师、村民代表、乡贤等作为志愿服务推广重要成员，在村"两委"的领导下，开展志愿服务。

B.13
张家港市南丰镇新时代文明实践
志愿服务发展报告

高 蕾 黄云霞 赵英慧*

摘 要： 南丰镇以群众需求为导向，积极整合社会资源，联动全域新时代文明实践所、站、点，实现"民有所呼，我有所应"的志愿服务模式，探索形成了架构建设"123"和实践活动"123"的特色模式。在开展文明实践活动中，南丰镇以衔接条线部门、扶持民间团队、提升志愿服务专业力量为依托，因地制宜打造特色志愿服务，加强资金保障与志愿者培训，完善志愿服务激励制度，积极推动形成志愿服务定制化、志愿项目菜单化、志愿服务常态化与志愿服务自主化的良好局面。

关键词： 南丰镇 志愿服务 新时代文明实践

一 南丰镇新时代文明实践志愿服务发展概况

南丰镇位于市域东北部，地域面积 62.49 平方公里，总人口 8.8 万人，辖 1 个街道办事处，12 个行政村，6 个社区居委会。全镇制造业体系完备，构建了精密机电产业园、西部新城高端产业园、货运北站物流园、高铁副中心科创产业园、冶金工业园、高新区江南智能制造产业园、静脉科技产业

---

* 高蕾，张家港市南丰镇党委宣传（统战）委员、政协工委副主任兼党政办公室主任；黄云霞，张家港市南丰镇党政办公室宣统文体条线正股职干事；赵英慧，清华大学社会科学学院硕士生。

园、东沙物流园八大现代化产业集群。龙头企业永卓控股营业收入超过1200 亿元。在 2022 年全国综合实力千强镇排名中，南丰镇位列第 50。南丰镇先后获评"全国文明镇""国家卫生镇"、首批"江苏省生态文明建设示范镇""苏州市高质量发展先进地区"等荣誉称号，累计 11 届获评张家港市文明镇标兵，相关经验被江苏卫视《德行天下》专题报道。

南丰镇自觉承担起举旗帜、聚民心、育新人、兴文化、展形象的使命任务，坚持把社会资源整合与新时代文明实践全域联动同向发力，以群众需求为导向，实现"民有所呼，我有所应"的志愿服务模式，在五大平台上积极探索，走出了具有南丰特色的文明实践新路子，探索形成了两个"123"，志愿服务之树在南丰镇生根发芽。

第一个"123"是架构建设"123"，即一支队伍（志愿服务队）、两套体系（组织体系和工作体系）和三级网络（所、站、点）。一支队伍就是新时代文明实践志愿服务队，包括 31 支专业特色的志愿服务队。两套体系里的组织体系，成立了以镇党委书记为组长和所长的人员体系，确保文明实践各项工作领导肩上有责任，具体工作有人做；在工作体系里，立足活动的开展，每项工作都有其规范流程以保障工作顺利进行。三级网络则按照"一十百"的思路，建成一个实践所、十五个实践站，并因地制宜打造近百个实践点，坚持把阵地建在群众身边，把服务送到群众家中。

第二个"123"是实践活动"123"，即一个主体（志愿者）、两条路径（线上友爱港城新时代文明实践智慧云平台和线下阵地）、三项机制（需求征集、项目孵化和活动开展）。一个主体即志愿者，突出志愿者的主体地位，充分调动全镇 6000 多名志愿者共同参与文明实践活动。两条路径其一是友爱港城新时代文明实践智慧云平台通过线上助力文明实践，其二是遍布全镇的线下阵地。三项机制为需求征集、项目孵化和活动开展，以确保文明实践进村入户。

截至 2023 年 9 月，南丰镇共有在册志愿者 6000 余名，专业、综合志愿服务队共 52 支，每年组织开展各类志愿活动 3000 余场，参与志愿者超 3 万人次。在开展文明实践活动中，南丰镇以资源共享化、活动项目化、服务菜单化、内容多元化这四化为纽带，力争实现"阵地建设处处有，实践活动天天有，服务内容项项有，特色品牌村村有，群众受惠人人有"的"五有"目标。

二 南丰镇新时代文明实践志愿服务体制机制建设

（一）健全组织领导

南丰镇成立新时代文明实践工作领导小组，组长由镇党委主要负责同志担任，明确班子成员职责任务，确保各项工作落地落实。新时代文明实践工作在镇党委领导下进行，宣传文明办负责牵头组织、综合协调、具体指导和督查考核。镇新时代文明实践所所长由镇党委书记担任，履行建设新时代文明实践所的第一责任人职责。

通过健全组织领导，南丰镇实现了对志愿服务工作的有效管理和指导。领导小组的成立和各部门的协调配合，使得志愿服务工作能够得到全方位的支持和保障。宣传文明办的牵头组织和指导作用，能够协调各方资源，推动志愿服务工作的开展。同时，南丰镇新时代文明实践所的设立为志愿服务工作提供了专门的机构支持，能够提供培训、指导和资源支持。

（二）加大宣传力度

南丰镇通过微信、海报等提前发布新时代文明实践活动预告，吸引广大党员群众积极参与，同时广泛宣传活动取得的成效，综合运用各类宣传载体和文化阵地，加强对文明实践工作的宣传报道，努力营造各级重视、各界支持、群众参与的良好氛围。

利用线上阵地，南丰镇以友爱港城新时代文明实践智慧云平台为基本依托，建立社区（村）志愿者微信服务群，线上提前发布新时代文明实践活动预告，及时向社区居民、党员群众发布志愿服务活动的时间、地点、内容等信息，吸引广大党员群众积极参与。同时，南丰镇新时代文明实践线下阵地也设有活动公告栏与重点志愿服务项目宣传牌，可以及时告知周边居民志愿活动信息。

同时，南丰镇通过综合运用各类宣传载体和文化阵地，加强对志愿服务活动成果的宣传报道，将志愿服务活动的成果和影响广泛传播。南丰镇新时代文明实践阵地通过志愿者的先进事迹和感人故事的定期报道，让更多人了解志愿服务的价值和意义，此外，南丰镇以志愿服务主题演讲、志愿者分享会、志愿服务摄影展等形式多样的宣传活动为依托，将志愿服务的精神和成果展示给社区居民和公众，达成志愿共识，营造良好的社会志愿服务氛围，进一步推动志愿服务的可持续发展。

（三）强化日常管理

为了保证志愿服务工作的高效运行和可持续发展，南丰镇在日常管理方面进行了一系列措施的强化，包括人员保障、日常工作制度的制定和执行、资料收集整理以及定期向上级报送工作情况等举措。

南丰镇强化人员保障，确保新时代文明实践所的建设与运行工作有专人负责，通常安排两至三名专兼职工作人员负责新时代文明实践所的日常工作，主要承担组织、协调、推进志愿服务活动的责任，确保活动能够有人组织、扎实开展。

南丰镇建立和完善新时代文明实践日常工作制度，常态化开展文明实践工作。根据实际情况，制定了相应的工作流程和操作规范，明确各项工作的责任和分工。这些制度涵盖了志愿服务活动的组织、培训、宣传、评优等方面，确保工作的规范性和连续性。在新时代文明实践工作的常态化开展过程中，南丰镇对志愿服务活动中产生的文字、图片、视频等资料进行收集、整理和归档，并且建立了文明实践月报或季报制度，定期向市新时代文明实践中心报送工作情况。他们通过文字、图片、视频等形式，向上级汇报文明实践平台建设、项目运行、志愿服务、活动开展等情况，确保工作在基层落实落地。

（四）落实经费保障

南丰镇在经费保障方面采取了一系列措施以促进志愿服务工作的可持续

发展。镇村（社区）两级将新时代文明实践所（站、点）建设工作经费列入同级财政预算，确保活动开展、业务培训、项目实施、办公经费等保障性工作的顺利进行，并用于对志愿者人身意外保险、交通费用、误餐补贴等必要性支出。该项工作通过将经费预算化、制度化管理，奠定了志愿服务工作的经济基础，为各项活动的顺利进行提供了保障。

此外，南丰镇健全激励机制，对文明实践工作扎实、群众反响好、示范性强的站点给予奖励支持，对工作中涌现的先进典型及时予以褒扬。通过评优评先、媒体宣传推介、奖励金支持等方式，南丰镇激发镇域各志愿服务站点的积极性，提升志愿服务工作的质量和效果。

（五）完善礼遇机制

为进一步激励更多人参与志愿服务，南丰镇建立了市镇村（社区）三级志愿者礼遇体系，从物质与精神两大层面表达对志愿者的奉献互助精神的尊重与认可，提升志愿者参与志愿服务活动的积极性。

南丰镇创新实施《南丰镇最美志愿者礼遇办法》，以志愿服务时长、服务内容和服务评价为主要评价标准，出台政治、精神、成就、文化、暖心5大类礼遇，关注志愿者的不同方面需求和关切。其中，政治礼遇包括表彰和荣誉称号的颁发，精神礼遇关注志愿者的心理健康和成长，成就礼遇强调对志愿者取得的显著成绩的肯定，文化礼遇推动志愿服务与文化传统的结合，暖心礼遇则注重对志愿者的关怀和帮助。

一方面，南丰镇设立了一系列志愿服务评优指标，鼓舞志愿者在新时代文明实践活动中继续发光发热。南丰镇对志愿服务工作表现出色的个人和团队进行评选和奖励，如年度优秀志愿者、优秀志愿团队、年度志愿服务项目等，评选的标准包括志愿服务时长、服务质量、服务效果等多维度的考核。同时，南丰镇将村（居）民参与志愿服务情况纳入文明家庭评比，以弘扬社会主义核心价值观，倡导全体居民积极参与志愿服务，形成尊重、礼遇志愿者的良好风尚，激励更多居民加入志愿服务队伍。

另一方面，南丰镇在市级志愿积分兑换激励机制的基础上，完善镇级与村（社区）层面的志愿积分兑换激励机制。志愿者通过志愿服务时长积累的积分能够同时兑换市—镇—村（社区）三级奖励，奖励不仅包括生活日用品等实物奖品，乡镇与村（社区）还与周边商家进行合作，为志愿者提供理发等生活服务优惠。多级激励机制将激励力度下沉到基层，激发了志愿者的积极性，并且提高了志愿服务的参与度。

三 南丰镇新时代文明实践志愿服务经验做法

（一）以群众需求为导向，志愿服务定制化

南丰镇通过基层各站（点）收集、发放需求征集函等途径，广泛征集群众的服务需求，实践所汇总后进行归纳整理，然后制定服务菜单；通过友爱港城新时代文明实践智慧云平台以及志愿者定期入户走访，了解群众所需所盼，结合当地条件，设计群众乐于参与的活动项目；通过一对一结对的方式，提供面向困境儿童、失业妇女、孤寡老人等人群的特惠型志愿服务；形成了志愿服务活动"频次高、内容精、百姓有掌声"的志愿服务新局面。

一方面，南丰镇从当地实际出发拓展志愿服务项目。东港村所开展的护河先锋服务是村新时代文明实践志愿服务队在河长制、湖长制全国推广的过程中，结合地域自然特点与群众对于生态环境保护的要求而开展的，组织志愿者在村主干道开展洁美港城行动，巡查村里河道，打捞河道内的垃圾，开展保护环境方面的宣传等。

另一方面，南丰镇从群众需求出发优化志愿服务供给。以"爱心便当"送餐活动为例，志愿者在送餐过程中发现许多年长者因身体原因对饮食有特殊要求，通过记录每位年长者的送餐需求，为老人定制了健康营养的菜品，并进行配送，实现了"爱心便当"送餐助老志愿服务的精细化改进。

（二）以覆盖面广为考量，志愿项目菜单化

南丰镇以社会关注度高、覆盖群众面广等为主要考量，制定了全镇年度

志愿服务项目计划以更好地规划和管理志愿服务活动。推行志愿服务"一月一主题"活动，协调各志愿服务队开展相关活动。坚持志愿服务项目化、菜单化，形成重点服务"菜单"，其中普惠性项目 77 个、特惠性项目 23 个。普惠性的 77 个项目涵盖了敬老爱老、关爱儿童、环境保护等多个领域，旨在为社区的各个群体提供全面而普遍的服务。特惠性的 23 个项目则针对特定群体的需求提供定制化的服务，例如，贫困家庭的物资捐赠和心理援助，残障人士的辅助服务和支持，以及对退伍老兵的关怀服务等。在普惠性志愿服务项目的基础上，有针对性的志愿服务更好地满足了村（社区）中不同群体的需求。

以瑞丰社区为例，社区志愿服务队已组织孵化了致力于传播创新理论的"新瑞使者"理论宣讲团、守护幼儿上下学安全的"幼苗"护学队、普及科普小常识的"智新瑞丰"科普宣传队、帮助腿脚不便的老年人送餐的"丰邻"助老志愿服务队等 10 余个志愿服务团队，并开展了各类志愿服务项目，如实现楼道自治、促进邻里关系和睦的"瑞'锋'聚能楼道蝶变"志愿服务项目；推动美好品德在生活中传递的"博雅少年成长记"志愿服务项目；让大家享受阅读、品味阅读、热爱阅读的"瑞丰社区悦读圈"全民阅读志愿服务项目；定期走访关爱空巢、独居老人的"幸福来敲门"互助养老志愿服务项目以及其他邻里互助、爱心帮扶、文体指导等志愿服务。瑞丰社区志愿服务涵盖理论宣讲、青少年服务、助老服务、爱心义诊、文体服务等多方面，为社区居民提供全方位广覆盖的志愿服务。

（三）以常态服务为目标，志愿活动不打烊

南丰镇坚持在节假日期间常态化开展各类志愿服务，实现志愿活动不打烊。在实践所设立未成年人社会实践基地，整合教师志愿者、大学生志愿者以及社会志愿者，开展"家门口的暑托班""七彩的夏日""缤纷的冬日"系列青少年假期活动，设有包括"童心学四史"主题教育、"学习无忧"课业辅导、"七彩夏日"素质拓展、"陪伴成长"家庭教育以及"红色基因"亲子游学五类特色课程。特别是南丰辖区内部分企业实施"三班倒"的工

作制度，南丰镇新时代文明实践所为其提供假期周末暑托班服务，帮助假期工作的家长解决陪伴孩子的问题。

节假日不停歇的志愿服务体现了南丰镇对居民需求的高度关注和关怀，常态化提供服务不仅解决了家长在工作日和节假日期间的困扰，也为青少年提供优质的社会实践和文体活动，满足了居民对美好生活的需求。

（四）以好人榜样为引领，志愿服务自主化

南丰镇共有全国道德模范 2 名（含提名），中国好人 4 名，江苏省道德模范 3 名，江苏好人 4 名，苏州好人 8 名。南丰镇积极发掘当地好人资源，在好人榜样自发进行志愿服务的基础上，以好人榜样为中心，凝聚志愿力量，成立"好人帮帮团"，提倡"好人带众人"。一方面，南丰镇规范模范好人礼遇帮扶实施办法，依托好人榜样的力量，引导"众人"参与模式，扩展志愿服务内涵外延，引导更多志愿者共同参与解难帮扶、事迹宣讲、节日慰问、日常照料等志愿服务，在全镇营造良好的志愿服务氛围；另一方面，南丰镇新时代文明实践所设有"微风习习"讲堂，宣讲模范好人事迹，并设有好人会客厅，以"学习好人模范、引领崇德向善、助力文明实践"为主题，集中展示了近年来南丰公民道德建设与新时代文明实践的丰硕成果。

新德村殷志兰志愿服务队是以江苏省道德模范殷志兰为队长凝聚而成的一支助老志愿服务队伍。针对村里老龄问题不断凸显的实际，江苏省道德模范殷志兰主动为身边的高龄老人提供帮助。殷志兰的志愿服务事迹吸引了一批村民，在她的带动下，周围更多的人关注起了村里高龄老人，也启发了村委会通过志愿服务解决村里老龄的问题。在村委会的参与下，新德村将殷志兰等人自发进行的助老志愿服务项目化，建立以殷志兰为团长的新德村好人帮帮团项目，帮帮团成员常态化为孤寡老人、残障人士、行动不便人士提供送餐、家务整理、个人护理、健康体检、心理疏导等上门服务，以实际行动关爱温暖高龄老人，为空巢老人排忧解难。殷志兰志愿服务队获评 2018 年度张家港市优秀志愿团队。目前有二十多名与殷志兰

有着共同意愿的中老年人加入了殷志兰志愿服务队好人帮帮团项目，截至2023年10月，共开展300余次志愿服务活动，服务时长3000多小时，服务366人次。

四 南丰镇新时代文明实践志愿服务运行架构与平台建设

（一）衔接条线部门，实现服务联动

衔接条线部门，整合多方资源，是提升志愿服务质量，提高志愿服务效率的重要方式。南丰镇注重构建一个紧密的志愿服务合作网络，在镇新时代文明实践工作领导小组的统筹下，衔接教育条线、卫健条线、文体条线、交警及城管等部门，实现服务联动，增加各村（社区）新时代文明实践资源支持，提升志愿服务在青少年教育、民众健康医疗与文化娱乐等领域的供给质量。

永联爱心互助志愿者联合会成立于2013年12月，由江苏永钢集团、永合社区、永联村经济合作社共同发起，获评2019年度张家港市优秀志愿团队，在2020年度全国学雷锋志愿服务"四个100"先进典型宣传推选活动中，被推选为最美志愿服务组织。该联合会下设理事会、秘书处和8支志愿者服务队伍，设置了理论学习、保障服务、关爱帮扶和文化艺术四大服务板块，成立环境卫生、便民利民、绿化护理、文明交通等22个专业志愿服务项目。联合会衔接社区、合作社、相关条线部门等多方力量，秉持"让爱心在互助中闪光"的志愿服务理念，积极倡导良好社会风气，促进社区文明和谐建设。

（二）整合社会资源，扶持民间团队

南丰镇积极推动民间团队在志愿服务中发挥作用，通过整合社会资源，激发志愿服务的"活力之源"；对民间资源与"机关部门"资源，实行资源力量同等整合、示范创建同等参与、项目实施同等支持、活动开展同等融合，培育了文明南丰志愿者服务队、倪永祥志愿服务队、"沙上匠人"非遗

志愿服务队等优秀民间志愿服务队。

文明南丰志愿者服务队由南丰镇最美志愿者、南丰镇道德模范金云自发组织成立，常态化在志愿服务站、集贸市场开展文明倡导、文明交通、文明旅游等志愿服务，金云获评 2019 年度张家港市志愿团队优秀管理者。倪永祥志愿服务队由全国模范人民调解员、中国好人、南丰镇人民调解倪永祥工作室负责人倪永祥组织带领，日常围绕做好调解工作、为民服务开展宣讲，以通俗易懂的语言传授法律常识及调解方法，并带领服务队常态化开展矛盾调解类志愿服务。

（三）发挥专业力量，提升志愿水平

南丰镇鼓励机关部门志愿者围绕自身专业特长，以群众需求为中心，提升志愿服务供给水平，实施机关局室志愿服务项目 41 个，推动机关志愿服务"落地有声"。南丰镇将行业志愿者、乡土文化人才、科技能人、"五老"人员、新乡贤组织起来，成立 31 支专业志愿服务示范团队；通过结对互助的方式，推动全镇志愿服务向专业化维度发展，并有计划、有步骤地培育激励各志愿服务队深入开展文明实践活动，丰富多彩的活动在服务群众的同时，也让更多有参与意愿的群众找到了合适的志愿服务组织。同时，开展项目评比活动，对做法新、成效好、评价高的项目进行推广，评选出了"小楠微家话""倪妈妈"初心接力棒等一批具有示范性、引领性的志愿服务品牌项目。

南丰小学"小楠"志愿者服务队正是这样一支通过发挥教师志愿者所长，服务学生、家长与社区的优秀志愿团队。"小楠"教师志愿者关注学生与家长两大维度，发挥教师职业的专业性，通过双管齐下的志愿服务为一个个家庭带去知识与温暖。志愿团队为学生、家长和社区居民提供家庭教育、心理辅导等指导、服务。"小楠老师家庭教育现场咨询""小楠四点半课堂""'伙伴同行、幸福成长'亲子活动""小楠开心果亲子阅读书友会""一个故事一首歌""小楠微家话""小楠老师暑期进社区"等项目深受学生、家长喜爱。

五　南丰镇新时代文明实践志愿服务组织管理

（一）开展专业培训，赋能志愿力量

专业培训赋能志愿力量，丰富志愿服务新内涵。南丰镇依托市志愿者培训学院在南丰的区位优势，邀请专家讲师团制订培训计划，开展"志愿课堂"培训课程；以趣味引导、小组讨论、案例分析、"课后作业"等多元化方式为载体，通过站长、队长带头学、带头讲、带头干的方式，对志愿者职责与行为规范、心理援助与沟通技巧、急救与安全意识、村（社区）公益活动规划与组织等内容进行学习；通过志愿培训，志愿者得以更加有效地应对各类突发情况以确保志愿服务的安全和有效性，并在此基础上更好地理解服务对象的需求，提升志愿者的专业素养和服务能力。

（二）党员带头引领，发挥红色力量

南丰镇强调发挥党员先锋模范作用，建立红色志愿服务力量堡垒。为了实现以党员为中坚力量，引领全体村民积极参与志愿服务活动的志愿风尚，南丰镇在全镇各村（社区）积极动员党员、号召党员积极投身志愿服务事业，形成了"志愿者不一定是党员，党员一定是志愿者"的良好局面。南丰镇党员承担起党的使命和责任，积极投身到环境保护、文化传承、扶贫助困、教育支持等各个志愿服务领域，以实际行动践行着党的宗旨，以红色力量引领着南丰镇志愿服务的发展。

通过党员志愿者的广泛动员和组织，南丰镇各村（社区）形成了一个庞大而有力的志愿者队伍。在队伍中，党员们作为表率和引领者，起到了积极的示范和引导作用，吸纳了广大非党员群众参与志愿服务，让红色力量在志愿者队伍中得以传承和发扬。

（三）线上线下联动，实现数字化管理

积极发挥数字化管理优势，实现线上线下联动。在张家港市"友爱港城"

的全市志愿服务团队与志愿活动的数字化管理基础上，南丰镇永联村还以"海豚急救"项目为依托，将志愿服务的数字化管理作为数字乡村建设的重要一环。

海豚急救项目致力于打造线上线下结合的智慧现场急救平台，快速在永联区域内开启以社区和志愿者为主导的现场急救模式，着力解决救护车到达现场前黄金救援时间利用率不高的痛点。发生危急重症时，使用"海豚急救"App，通过"一键呼救"等智能终端进行主动或被动呼救，实现对呼救者的实时定位，智能推送患者位置并提醒到紧急联系人、社区物业、120急救中心、附近急救站或急救人员赶赴现场进行基础救援工作。"一键呼救"后，还可在App中进行医护专家现场可视化指导。数字化应急服务大大提高了响应速度和效率，有助于在紧急情况下更快实行救援。

普通用户可在App中录入个人健康档案信息，包括体检报告、医院治疗、过往疾病等各类健康信息，通过医护端，与医生进行互动交流，提升健康医疗服务效率。同时，个人还可直接在App中申请志愿者，在此之后通过海豚急救与张家港市120急救中心、市红十字会对接，完成相关急救培训。数字化培训方式有效提高了培训的灵活性和便捷性，确保志愿者对急救知识的掌握程度，提升志愿服务的质量和效果。

同时，永联村还借助"海豚急救"App进行志愿者数字化管理。通过数字化的数据管理系统，可以实时记录志愿者的培训记录、服务时长、服务地点、服务对象等信息。这些数据对于评估志愿服务的效果和影响具有重要意义，为进一步优化和改进志愿服务提供参考依据。

六 南丰镇新时代文明实践志愿服务特色项目

（一）"南南习语"：兴起"接地气"的宣讲热潮

"南南习语"是南丰镇打造的基层理论宣讲品牌项目，以习近平新时代中国特色社会主义思想为指引，围绕党的历史成就及全面建设社会主义现代化国家的战略部署，深入宣传学习党的创新理论，常态化开展形式多样、内容丰富的理论宣讲活动。

一是头雁领航，深度辐射，提升宣讲力度。成立由党组织书记、理论骨干、"五老"成员、百姓名嘴等组成的宣讲团，党员干部带头上好党课的同时深入一线，站上民间"讲台"，成为"主角"。一个喇叭，一口乡音，将自己的经历与理论结合，讲述生动而深刻的理论故事。倪平华作为建设农村"五老"志愿者，在小院里开起"老倪微课堂"，通过庭院讲课和抖音直播的方式，吸引更多村民一起学习。如何更好地发挥家中理论课堂作用？如何吸引年轻人参与学习？如何把党的声音传到寻常百姓家，实现群众服务"零距离"？这些问题曾经是退休党员"老倪"倪平华挥之不去的困惑。随着短视频与直播的兴起，老倪注意到自己的老伴经常在抖音看视频学做菜，老倪想到利用抖音直播进行理论学习，直播讲党史既能免去村民到家中听课的不便，还能扩大受众群体。在老倪的理论学习直播间，不少网友为他点赞送花，亲切的乡音使理论宣讲更加深入人心，线上直播的方式帮助老倪微党课走入千万家。借助线上渠道，倪平华在先锋岗所进行的各类理论宣讲及党史学习活动突破了时空的限制，帮助更多的年轻人了解党史。

二是广用渠道，精准滴灌，延伸宣讲触角。多渠道开展学习宣传活动，组织"农民讲习团""红稻穗"故事宣讲队等特色队伍，依托新时代文明实践所（站、点）、乡风文明志愿岗等载体，通过"庭院宣讲"、"丰月谈"、流动读报等形式，围绕党员群众最关心的实际问题开展宣讲活动。瑞丰社区在小区内设置了九个点位的"小喇叭"广播站，在每个工作日下午开设"空中讲堂"；通过南丰镇"青苗"培养计划，开展未成年人理论宣讲培训，培养一批可以独立开展宣讲的"理论小教员"。

三是阵地联通，全域融合，凝聚宣讲合力。在南丰镇东港村，至今还流传着孙洁人"沉船救圩"的故事，孙洁人是东港人，是《求是》杂志前身《红旗》杂志办公室副主任，一生参加无产阶级革命。为充分利用好本地人文和历史资源，东港村启动"求是读书汇"品牌建设工作，开办"求是理论课堂"，传承好红色基因，创新活动形式，将"求是读书汇"打造成具有本村特色的理论宣教品牌；通过"求是实境课堂""同心议事廊""森林氧吧"等家门口的"求是读书汇"阵地，结合本村历史底蕴，寓教于乐，常态化开展理论宣讲。

（二）橄榄绿：打造退役军人志愿服务标杆

南丰镇积极发展退役军人志愿服务。在第十三届全国人大代表、首届全国"最美退役军人"、张家港市南丰镇永联村党委书记吴惠芳的发起下，南丰镇永联爱心互助志愿者联合会在2019年5月成立橄榄绿退役军人服务队。服务队以"让军人成为全社会尊崇的职业"为目标，以橄榄绿驿站为阵地，采用"12345"志愿服务模式，通过遵循一个志愿服务理念、打造两个志愿服务阵地、建立三种志愿服务机制、吸纳四类志愿服务队伍、开展五彩主题志愿服务的方法，全方位、多层次、多角度开展退役军人服务，提升退役军人归属感、幸福感、荣誉感和尊崇感。截至2023年10月，累计开展志愿服务125000小时，解决了300多位退役军人的就业问题，并为他们提供心理咨询服务，常态化开展"二对一"、结对帮扶近千次，开展社会化拥军活动1000余次，直接服务退役军人达30000人次，间接服务超过100000人次，累计开展"保护长江"护河行动150余人次，圆梦微心愿80个，获评2020年度全国学雷锋志愿服务"四个100"先进典型"最佳志愿服务组织奖"。

橄榄绿退役军人服务队主要由退役军人组成，由于自身的军人身份和经验，他们深知军人的需求和困境，这使得他们能够更好地理解、关心和帮助其他退役军人，建立起一种特殊的信任。此外，服务队采用了"二对一"和结对帮扶等形式，通过个别化的帮助和支持，使得志愿者与受助者之间建立了深厚的情感纽带，实现了更加精细化和个性化的服务，有效解决了退役军人的就业困难和心理咨询问题。此外，服务队还积极组织和参与社会化的拥军活动，为退役军人提供了更广泛的交流和支持平台，增强了当地退役军人的归属感，进一步凝聚了全社会对退役军人的关心和支持，助力构建和谐稳定的社会环境。

（三）和美乡风志愿岗：把文明实践送进家家户户

南丰镇建农村地处南丰镇东北部，下设 22 个村民小组，共有农户 876 户，总人口 2518 人。先后荣获"江苏省文明村""江苏省水美乡村""江苏省生态文明建设示范村""苏州市文明村""苏州市先锋村""苏州市幸福乡村""苏州市新农村建设示范村""苏州市人居环境整治示范村"等荣誉称号。建农村在 22 个村民小组设有 53 个"和美乡风志愿岗"，面向村民常态化开展文明实践活动，积极培育文明乡风，不断涵养文明风尚。

一是因人设岗、进村入户。结合精品特色乡村建设，在和美家风埭上精心选择党员中心户、村民小组长、乡贤"五老"人员、文化能人、五星文明户等家庭，摸清村民在理论宣讲、教育、文化、科技科普、健康体育等方面的爱好和特长，并整合五星文明家庭、阅读小屋等现有资源，根据村民的爱好、特长，分类设置了先锋岗、科普岗、民情岗、帮扶岗、阅读岗、文艺岗、环保岗、治安岗八大类志愿服务岗，每个志愿岗都设在村民家中，各志愿岗既可独立运作，也能协同配合，有效发挥思想引领、道德教化、文化传承、文明倡导等作用。

二是由岗带群、倡导互助。作为新时代文明实践中心、所、站进村入户的"神经末梢"，建农村为每岗配备一名助理志愿者，打造了群众身边的志愿服务队伍，初步形成了"听民情、解民忧、聚民心"的工作机制，把群众需要的、受欢迎的文明实践服务项目送进百姓家里。目前，志愿岗常态化开展科普岗"信鸽主题科普"、文艺岗"送戏到家"、阅读岗"家庭档案普及"、环保岗"垃圾分类"等志愿服务活动，打造了"老倪微党课""鸡毛换糖"等富有特色的新时代文明实践品牌项目，并先后登上《新闻联播》《求是》、学习强国等平台。

三是以站联岗、提升乡风。村实践站依托"和美乡风志愿岗"，在全体村民中开展"四德积分"管理考核，并在"四德"（社会公德、家庭美德、个人品德、职业道德）基础分上设立加分项，把村民参与各类志愿服务活动纳入考核细则，家庭成员参加志愿活动每人每次加 2 分，获评志愿服务类相应称号及奖项的，按不同等级予以加分，并给予相应奖励，与其年终家庭股权固化分红挂钩。通过"和美乡风志愿岗"，村民们对志愿服务的知晓率和参与率显著提高，主动报名参与文艺宣传、护绿保洁、治安联防等志愿服务，村里睦邻团结、家庭和睦、敬老爱幼的现象蔚然成风。

（四）永联村（永合社区）：让"文明分"催生"文明风"

家庭是社会的"基本细胞"，是文明家庭的"小气候"，也是可以撬动社会文明的"大气象"。南丰镇永联村通过改革创新，从 2004 年起开展文明家庭评比活动，出台了《文明家庭奖实施办法》，培养和弘扬优良家风，让群众在潜移默化中感受美德健康生活方式的正能量。

明确考核奖励办法。一是明确考核奖励的标准，将环境卫生、家庭和睦、邻里关系等方面的文明行为通过积分的方式纳入考核评比，对获得荣誉、参与志愿服务的家庭加大奖励力度，弘扬社会正能量；二是坚持宽严相济，一般问题以教育引导为主，违法违纪行为从严处罚；三是坚持齐抓共管，各治理主体责权明晰，相互协作。同时，成立文明创建基金，大力表彰先进，引导广大居民见贤思齐。

建立"五联"挂钩考核机制。一是联合永合社区党委，挂钩党员评优；二是联合经济合作社，挂钩社员福利待遇；三是联合永合社区居委会，挂钩居民文明考评；四是联合企业，挂钩职工晋升评优；五是联合学校，挂钩学生评优奖励。该村通过媒体平台，挂钩文明家庭积分，利用永联一点通App、永联村讯、魅力永联微信公众号等媒介，定期发布永联区域内居民的不文明行为，并根据曝光内容对居民家庭进行扣分，发挥媒体平台监督作用。同时，永联村根据各项中心工作，将垃圾分类、志愿服务等逐一纳入考核范围。

打造智慧化的考评平台。永联村通过永联一点通 App 手机平台，新建"文明积分"窗口，实行网上查询、审核、评分、排名、公示、积分兑换等服务，实现"文明家庭"评比可视化、智慧化；同时，定期组织"永联村

225

文明家庭"考评领导小组成员围绕加强居民素质提升及考核中存在的突出问题召开"文明家庭"建设联席会议，提出议题，讨论解决对策和下一阶段主要工作，并审议决定最终的文明积分排名名单。

发挥标杆榜样的作用。一是树立榜样，在永联"文明家庭户"中评选先进典型，并推荐参评镇、市、省各级文明家庭，每年由村党委进行表彰奖励，并对获评家庭进行挂牌。二是宣传先进典型，通过拍摄视频、创排文艺节目等方式让文明家庭的故事走入家家户户。目前，永联村共有全国道德模范 1 名，全国道德模范提名奖 1 名，苏州好人 3 个，中国人体器官捐献志愿登记者 11 位。

最早的"文明家庭奖"是把物质奖励与培育文明新风结合起来，按照每人每年 1000 元的标准，将实现居民素质现代化的要求细化为百分制考核条款，对每家每户进行考核奖励。随着时代的发展和文明程度的提升，从 2019 年开始，文明考评工作由永合社区接手，创新调整了文明家庭奖的评选办法，取消了每人 1000 元的奖金设置，用奖牌替代奖金，用积分量化文明元素。随着永联人物质生活水平的日益提高，他们在乎的不再是经济奖励，而是这份沉甸甸的荣誉。根据考核积分进行排名，授予家庭不同的"奖牌"。挂在家门口的一块小小的"奖牌"，已然是家风的标志。

永联村用积分量化文明元素，激发了居民争当先进的热情，让"文明分"催生"文明风"，"文明家庭奖"也成了永联一张叫得响的名片，方便了村务管理的同时，也提升了文明乡风，促进了和谐发展。

七　南丰镇新时代文明实践志愿服务
面临的挑战与未来展望

（一）面临的挑战

首先，南丰镇在志愿者招募方面存在一定不足，志愿团队构成较为单一。目前，志愿者多数来自区域内闲暇时间较多的老年人、政府与事业单位工作人员以及假期返家的青年学生。缺乏多样性的志愿者队伍在一定程度上限制了志愿服务项目的多样性和适应性，不利于提升志愿服务的覆盖范围和质量。

其次，南丰镇志愿者考核评价机制的规范度有待提升，需要加强镇内各社区和各村的奖励标准的统一性和评定过程的规范性，使其更加规范化和可操作化。例如，公职人员在上班时间所进行的志愿服务性质类活动是否应被纳入志愿服务时长这一问题在实际操作过程中并未得到规范。而不规范的考核机制可能导致志愿者的积极性下降，甚至出现不公平的情况，这将影响志愿者的参与热情和志愿服务的质量。

最后，南丰镇的志愿服务资金资源渠道相对有限，主要依赖政府财政支持。多元化的资源渠道的缺乏在一定程度上限制了志愿服务的发展空间，使志愿服务的长期稳定性受到挑战。

（二）未来展望

1.加大志愿宣传力度，优化志愿服务团队人员结构

南丰镇的志愿者队伍主要由区域内的老年人、政府与事业单位工作人员以及假期返家的青年学生组成，这在一定程度上阻碍了志愿服务项目的多样性和适应性。为提升志愿服务的覆盖范围和质量，需加大志愿宣传力度，优化志愿服务团队的人员结构。具体来说，第一，应广泛利用多渠道宣传志愿服务招募信息，吸引更多不同年龄、背景、职业的居民了解志愿服务，激发其参与兴趣；第二，应制定多样性招募策略，定期组织招募活动，立足志愿服务项目特点针对不同群体开展有针对性的招募；第三，应畅通志愿服务项目贡献群策群力渠道，鼓励社区和乡域内群众结合居民需求与自身所长提出创新性志愿服务项目，吸引更多不同背景的志愿者参与他们感兴趣的项目；第四，应借助微信社群与线下交流互助分享会等形式创建并完善镇村（社区）两级志愿者网络，使志愿者之间能够互相交流、分享经验和建立联系，形成更紧密的志愿者社群，吸引更多人参与志愿服务，从而提升志愿者队伍人员构成多样性。

2. 优化嘉许激励机制，提升志愿服务礼遇最终效果

为更好地激励志愿者，提高志愿服务的质量和效益，南丰镇应改进嘉许激励机制，提升激励标准的统一性和评定过程的规范性，使志愿服务的嘉许激励机制更加规范化和可操作化。具体来说，第一，应进一步明确志愿服务时长的界定，特别是关于公职人员在上班时间所进行的志愿服务性质类活动是否应该计入志愿服务时长等，在实践层面具有争议性的问题，应有更明确的规定；第二，在保留一定自由空间的基础上，应为镇内各村（社区）志愿服务激励标准的制定设置基本规范，确保评价过程的公平性和一致性；第三，南丰镇在志愿者激励的基础上，应增加定期评估与反馈的频率，使志愿者更加及时得到反馈并找到改进的方向，提升志愿服务激励的最终效果；第四，应在荣誉评定中纳入志愿服务团队成员互评环节，充分听取志愿者的意见和建议，并提升评价过程的透明性，增加志愿者的认同感和投入度，推动南丰镇志愿服务事业的更广泛社会参与和共建共享。

3. 拓宽资金来源渠道，筑牢志愿服务发展经济保障

为筑牢志愿服务发展的经济保障，南丰镇应积极拓宽资金来源渠道，在政府财政支持的基础上积极吸纳基金会、慈善商家与个人等资金支持，实现多元化的资源投入，以推动志愿服务事业的健康发展。具体来说，第一，应积极寻找社会捐赠与合作机会，积极与企业、社会组织、基金会等建立合作关系，争取社会的资金、物资和场地等资源的赞助。在南丰镇永联村，志愿服务得到专项基金会支持的同时，还通过"慈善商家"的模式鼓励地区内商家以实物捐赠的方式支持志愿服务事业，慈善商家对周边村民提供便利化志愿服务，而商家则能参评村社精神文明建设奖项以提高社会声誉。第二，应提高资金使用效率，高效管理志愿服务项目的经费并建立严格的财务管理制度，如进一步规范经费预算申请标准，并在具体的志愿服务实践开展过程中更加具体记录并核算每笔经费的用途。第三，增加多主体志愿服务联合实践项目，共享项目经费，减轻单一来源资金的压力。

B.14
张家港市大新镇新时代文明实践
志愿服务发展报告

朱 江 钱孙镇 王露瑶*

摘 要： 自新时代文明实践中心建设工作启动以来，张家港市大新镇志愿
服务工作取得较好效果，在打造志愿服务品牌上取得新突破，在
助力基层社会治理上展现出新作为，在加强网络文明建设上探索
出新经验。为推进志愿服务工作常态化、规范化和长效化，大新
镇要顺应新形势、新工作和新要求，完善志愿服务阵地建设，促
进志愿服务规范管理，加强志愿服务队伍建设，提供精准高效的
志愿服务来进一步激发志愿服务社会治理效能。

关键词： 志愿服务 社会治理 网络文明传播

一 大新镇新时代文明实践志愿服务发展概况

（一）大新镇志愿服务发展历程

大新镇位于张家港市北部，拥有长江岸线 7.9 公里，镇域面积 40.48 平
方公里，下辖 8 个行政村、4 个社区，总人口 7.7 万人，先后获得国家卫生

---

* 朱江，张家港市大新镇党委宣传（统战）委员；钱孙镇，张家港市大新镇党政办公室（宣传
文明办公室）正股职干事；王露瑶，中共中央党校（国家行政学院）社会与生态文明教研部
博士研究生。

镇、全国环境优美镇、江苏省新型示范小城镇等荣誉称号，入选全国镇级新时代文明实践所建设样板。

近年来，大新镇坚持以习近平新时代中国特色社会主义思想为指导，认真贯彻落实中央、省委、苏州市委以及张家港市委相关文件精神，让"奉献、友爱、互助、进步"的志愿精神活跃城乡。

大新镇志愿服务工作起步较早，2015年4月，大新镇金银杏志愿者协会成立，由获得过"中国好人""最美志愿者"称号的王志勇担任会长。协会成立后，先后策划了"携爱童行"关爱困境儿童、"文明在手中"捡拾烟头、"和美大新"文明出行等志愿服务项目，年均开展志愿服务活动100余场次。举办"学雷锋日"主题活动、"金银杏志愿服务分享会"等志愿服务群众性活动，持续弘扬志愿精神，凝聚社会志愿共识，涌现了杨关金、杨海燕、郭兰珍等一批优秀志愿者。

2018年11月，大新镇高标准建成全市首家新时代文明实践所，制定出台《大新镇关于推进新时代文明实践所（站、点）建设工作的实施意见》（大委发〔2018〕49号）、《关于成立大新镇新时代文明实践工作领导小组的通知》（大委发〔2018〕50号）等指导文件，明确了文明实践总体要求、重点任务、工作方法、工作内容和保障措施。实践所围绕理论宣讲（"杏心堡垒"）、教育服务（"杏坛氧吧"）、文化服务（"杏福舞台"）、科技与科普（"杏光E站"）、健康促进与体育（"杏动之路"）五大服务平台，整合大新镇资源170余处，通过五色地图，实现项目资源一图化管理。设立志愿服务指导中心，主要负责大新镇志愿服务工作，通过志愿供需对接、志愿团队孵化、志愿项目培育，服务、指导村（社区）志愿服务队、行业志愿服务队和社会志愿服务队实践活动的常态化开展。

（二）大新镇志愿服务现状特点

截至2023年，大新镇共有新时代文明实践所（站、点）12个，这些实践所（站、点）能够按照建设要求，贴近农村实际，整合现有资源，在阵地建设、项目设计、机制体制等方面有创新、有特色、有亮点。大新镇新时代文明实践所占地 18 亩，建筑面积 7800 平方米，工程总投资 6000 万元，于 2018 年 11 月完成升级改造，高标准地建成了张家港市首家镇级新时代文明实践所。

实践所建有"一堂一院三馆三中心"（新时代讲堂、双杏书院、图书馆、体育馆、崇德馆、区域党群服务中心、志愿者指导中心和老沙记忆孵化中心），是综合协调大新镇文明实践资源、指导文明实践活动的中心枢纽，也是集理论宣讲、教育服务、文化服务、科技与科普服务、健康促进与体育服务于一体的综合性宣传教育阵地。实践所以志愿服务为主要形式，按照"群众需求、政府搭台、企业赞助、社会参与"的运作模式，实现供需对接、团队孵化、项目培育三大功能，指导大新镇新时代文明实践活动的常态化开展。

自 2019 年至今，大新镇发布新时代文明实践重点项目 496 个，累计开展活动 1200 余场次，受益群众 3 万余人次，取得了良好实效，也不乏一些工作亮点。例如，新凯村实践站以村埭治理为主线，倡导党员干部同坐一张凳，开展"板凳议事会"，让村民从"旁观者"变成"参与者"、"实施者"和"受益者"，还创新打造"9·9 家风文化节"品牌，着力弘扬家风文化。中山村把握新媒体发展潮流，利月抖音等媒体平台，开设"支书带你看乡村""小秦老师微课堂"等线上栏目，通过网络传递文明知识和文明理念。龙潭村出台《龙潭村文明积分管理办法》，制定移风易俗、公益事业细则，村民能通过手机小程序动态了解自己的积分明细、村内排名、奖励兑换等情况，这一举措鼓励村民通过参与志愿服务增加文明积分。大新社区探索实施"党建引领社区多元共治"，将党的政治优势和组织优势转化为社会治理优势，"一社一站多点"文明实践模式被《人民日报》报道。新南社区建设"新南益+商户联盟"，商户成为"文明合伙人"，并推出折扣卡，通过到店消费享受折扣等方式吸引更多的居民群众主动参与到志愿服务队伍，推动形成全民支持、全民参与、全民受益的志愿服务氛围。

二 大新镇新时代文明实践志愿服务经验做法

（一）强化组织领导，建好用好志愿服务阵地

2015年4月，大新镇金银杏志愿者协会成立，由获得过"中国好人""最美志愿者"称号的王志勇担任会长。大新镇坚持"一把手"工作格局，镇级成立新时代文明实践志愿服务支队，支队长由镇党委书记担任。大新镇共有各类志愿服务团队39支，其中村（社区）志愿服务队12支，均由村（社区）书记担任队长，探索区域一体化治理模式，加强志愿队伍建设，凝聚志愿合力；完善"项目+资金+实施团队"的学雷锋志愿服务伙伴模式，搭建"群众需求、政府搭台、企业赞助、社会参与"的新型管理模式；实施"三清单"服务，围绕群众需求，建立需求、资源、项目的三大清单工作模式，变传统"政府包揽"为"群众点单"，有效破解"精准服务"难题，让志愿服务工作更趋规范化、制度化、常态化。

2018年11月，高标准建成了全市首家新时代文明实践所，设立志愿服务指导中心，中心设有办公、培训交流、项目团队孵化和综合服务四个区域，主要负责大新镇志愿服务工作，通过志愿供需对接、志愿团队孵化、志愿项目培育，服务、指导村（社区）志愿服务队、行业志愿服务队和社会志愿服务队实践活动常态化开展。按照文明实践"五大平台"整合梳理大新镇170余处资源，设计开发五色地图，实现大新镇文明实践资源一图化管理。

按照新时代文明实践主要力量是志愿者、主要活动方式是志愿服务的基本要求，实践所承办了"苏州市暨张家港市文化、科技、卫生'三下乡'志愿服务活动""文以化人 家和业兴"家庭文化节暨新时代文明实践志愿益集、全民健身节等市级大型活动；结合沙上文化特色，打造"百姓群星大舞台"文化惠民项目、"沙上体育运动会"等特色文明实践品牌。

（二）优化制度机制，统筹推进志愿服务工作

2018 年，大新镇制定出台了《大新镇关于推进新时代文明实践所（站、点）建设工作的实施意见》（大委发〔2018〕49 号）和《关于成立大新镇新时代文明实践工作领导小组的通知》（大委发〔2018〕50 号），明确了总体要求、重点任务、工作方法、工作内容和保障措施；制定《大新镇优秀志愿者礼遇实施办法》，遵循"适度回馈"原则，出台 8 条志愿者礼遇，激励居民群众积极参与志愿服务活动，提升志愿服务的社会认同感。定期开展优秀志愿者、优秀志愿团队、优秀志愿项目评选表彰和培训活动，推动志愿服务持续、健康发展。

（三）聚焦资源整合，推动志愿内容提质增效

大新镇按照新时代文明实践主要力量是志愿者、主要活动方式是志愿服务的基本要求，依托理论宣讲（"杏心堡垒"）、教育服务（"杏坛氧吧"）、文化服务（"杏福舞台"）、科技与科普服务（"杏光 E 站"）、健身体育服务（"杏动之路"）五大服务平台动员和组织广大群众积极参与文明实践。

1. "杏心堡垒"，让新理论飞入百姓寻常家

组建"海棠飞燕"志愿宣讲服务队，邀请"中国好人"获得者、江苏省劳模、苏州市人大代表等人员担任宣讲志愿者，开展对象化、分众化、"靶向式"理论宣讲。各村（社区）实践站成立"埭上学堂""善治先锋"等特色宣讲小分队，立足"小""微""多""广"四个维度，开设"楼道课堂""车间课堂""夜学课堂"，制作理论宣讲的漫画、口袋书，用群众语言解读创新理论，以"微宣讲"传播大思想。优化网络宣讲阵地，开发"新南家书"小程序等线上载体，深化"云上课堂"建设，推动实现理论宣讲"人人皆学、处处能学、时时可学"。

2. "杏坛氧吧"，让新技能助推生活更幸福

镇社区教育中心、总工会等行业志愿服务队伍，主动对接中小微企业，

以企业需求为导向，定制企业培训清单，对职工进行"点单式"培训。每月举办安全生产、员工心理健康等培训，聘请专业心理咨询公司，组织资深心理咨询师团队，提升员工团队凝聚力、压力情绪管理能力。开设公益月嫂培训班，邀请母婴专家授课，并推荐优秀学员上岗就业，实现"培训+就业"一体化服务，帮助群众在家门口实现高质量就业。聚焦未成年人保护工作，策划开展"乐耀新空"未成年人保护项目，开展儿童关爱、儿童发展、儿童参与系列志愿活动，营造良好儿童关爱氛围。

3. "杏福舞台"，让新文化引导社会更文明

围绕文明乡风、良好家风、淳朴民风建设，实践所大力扶持民间业余文化队伍，组建成立"沙上艺术团""新阳光艺术团"，创作群众性文艺作品，"沙上号子""沙上唱春"屡次获市级奖项；打造"双杏书院"全民阅读品牌，邀请"樊登读书会"品牌方参与服务，每月定期举办读书文化活动；暑假期间，实践所剧场通过群众点单开展公益电影周周放活动，深受广大市民及青少年喜爱；以"学雷锋日""国庆节""七一建党日"等节庆日为契机，举办"志愿先锋 文明同行""信仰的力量"等主题活动，持续开展"百姓群星大舞台"文化惠民项目。

4. "杏光E站"，让新科技普惠大众更有力

依托张家港高新区先进激光（装备）产业园，举办第二届先进激光产业发展大会，搭建激光产业交流平台，重点实施"光科技园区行"等项目5个，开展活动约50场次；在江苏宏宝集团、大新实验学校等地，设立科普教育基地，组织企业职工、中小学生参观学习；依托行政村益农信息社，专业志愿者为农民提供政策技术咨询等农业公益"一站式"服务，较好地解决了农业公益服务和农村社会化服务供给不足、资源分散、渠道不畅、针对性不强、便捷性不够等问题；镇农业服务中心每年开展多层次、多渠道、多形式的新型职业农民技能培训10余场次，让参训农民从中获得实实在在的生产技能，助力新型职业农民成长。

5. "杏动之路"，让新生活造福人民更美好

实践所充分利用体育馆等有利资源，常态化开展群众喜闻乐见的体育活

动，广泛组织"职工运动会""亲子运动会""金秋健步行"等群众性活动，连续承办市级"全民健身大比拼"活动，打响全民健身特色品牌；结合地区特色，已成功举办五届"沙上体育运动会"。大新镇还链接上级资源，策划公益集市，邀请市镇两级医师开展健康义诊、养生知识公益讲堂；新冠肺炎疫情防控期间，成立"棒棒跑腿团"志愿服务队，为辖区居家医学观察人员提供代办服务 1600 余次，以志愿服务筑牢防疫"安全网"。大新镇持续推动全民健身与全民健康深度融合，以全民健康促进全面小康，让人民生活更美好。

三 大新镇新时代文明实践志愿服务特色项目

（一）大新镇"和美新主播"志愿服务赋能网络文明项目

1. 项目缘起

2022 年，大新镇大力推进数字乡村建设，探索数字治理新路径，创新开展"和美新主播"网络文明赋能行动，用镜头定格美丽乡村，用乡音讲述振兴故事，用网络汇聚文明力量。

为进一步放大"新闻+"助力乡村振兴的溢出效应、建设文明向善的网络空间，大新镇乘着 5G 时代的技术东风，在乡村振兴战略全面推进的历史阶段，通过精准培训、数字赋能、平台助力的方式，让农民拿起话筒，让支书变成"网红"，让网络传播文明，让数字赋能振兴，增强乡村文化自信，推动传统文化的传承和价值变现，为大新镇提速农业农村现代化营造良好网络文化环境。

2. 项目内容

一是打造一支队伍，强化示范引领。通过广泛发动，搭建平台，挖掘一批形象气质好、表达能力强的乡村达人志愿者，重点打造了首批由 30 名"和美新主播"组成的队伍，同时，依托苏报集团专业媒体资源优势，通过专业培训和技术指导，颁发聘书、持证上岗，培育一批"为家乡代言"的优秀"乡村网红"。

二是建立一套机制，拓展队伍素养。整合辖区埭上老家、田园学舍、海棠新商汇等网络文明实践资源，邀请苏报讲师团以及新媒体行业爱好者，扎根乡间，走进群众，顺势而为、因势利导，组织开展新媒体运营培训，普及短视频策划、拍摄等方面知识，全面提高"新主播"媒体素养和能力水平，营造"人人可为家乡代言"的良好氛围。

三是讲好一批故事，释放品牌效应。围绕"喜迎二十大·献礼六十年"精神，聚焦"产业兴旺、生态宜居、乡风文明、治理有效、生活富裕、基层党建、文明创建、创新发展"八大主题，策划开展"新商杯"主题短视频大赛，以更接地气、有活力的表达方式，走好新时代网上群众路线，汇聚网络文化正能量，放大主流舆论影响力。

3. 项目成效

项目开启以来，"和美新主播"网络文化精品，先后在《苏州日报》、"引力播"等媒介平台宣传推广原创微视频80余条。通过"云上渠道""线上阵地"等多方展示，不断扩大主流价值传播影响，更好地助推乡村发展、激发乡村潜力，培育大新镇居民共建共治共享的文明自觉，打造新媒体赋能乡村振兴的"大新样板"。30名大新籍"乡村网红"俨然成为乡村艺术普及的带头人、乡村旅游资源的推荐官和乡风文明建设的推动者。

（二）新南社区"新南益+商户联盟"文明合伙人志愿服务项目

1. 项目背景

大新镇新南社区新时代文明实践站位于港城大道和港丰公路交界处南侧100米，使用面积约1200平方米，活动阵地设有红色微家、绿色微家、家里学堂、党员活动室、多功能活动室、"家里厢"生活服务馆、妇女儿童之家等，为社区开展多样化新时代文明实践活动提供阵地保障。社区有"家里先锋"志愿服务队、幸福使者志愿服务队、"红领巾楼道长"青少年志愿服务队、飞燕文艺志愿者服务队等7支新时代文明实践志愿服务队，围绕"家里人""家里事""家里乐""家里美""家里学"五大脉络，夯实"家里厢"品牌，筑牢"家文化"理念，从场地、人员队伍、活动开展三个方面全力推进社区新时代文明实践站建设。

为全面推进社区区域一体化治理、深化更高水平文明城市创建，2023年，新南社区党总支以新南小区二期46家沿街商铺为试点，推进"新南益+商户联盟"项目，组建商户自治队伍，评选示范典型，开展双向服务，会聚"文明合伙人"，让广大商户和社区居民，以及"新业态"就业群体成为更高水平文明城市创建工作的参与者，积极探索商户自治管理模式，提升"文明合伙人"自治效能。

2. 项目做法

一是搭建联盟平台，汇聚各方创建活力。首先，新南社区建立"商户档案"信息库，对二期沿街商铺进行了全面摸排走访，吸纳了区域内餐饮、超市、药店、理发店、教育机构等20余家商户加入，制定了《商户联盟公约》，签订了《联盟承诺书》。同时，他们成立了一支商户自治队伍，邀请党员、网格员、楼道长、志愿者等多元化主体加入，构建了文明创建志愿微网格。还联合镇综合行政执法局，以市容环卫责任履约情况为抓手，对商户进行红、黄、绿三色管理，为商户联盟高效化与精细化管理提供了重要依据。其次，打造"新南益+"商圈网格新阵地。新南社区将商圈周边的新业态就业群体、共建单位、社会志愿者团队等服务资源融合进商圈，以文明实践志愿服务活动等形式凝聚起商圈服务和网格治理的强大合力。此外，他们还开设了"新南益+"服务驿站，为社区、联盟商户、"新业态"就业群体及居民提供了一个交流的阵地。

二是完善管理机制，激发商户内生动力。

（1）建立商户联商机制。每月新南社区都会邀请"大党委"成员单位，组织物业、网格员、商户召开"新南益+"协商议事会，围绕营商环境提升、诚信商户打造、惠商政策解读等方面的议题进行协商共议，通过集思广益，解决了一批店外经营、油烟直排、非机动车乱停放等重难点问题。

（2）强化激励保障。新南社区动员商圈店铺参与到文明建设当中，社区组织党员、志愿者、新业态群体成立星级商户评比考核组，明确创建标准，每月进行一次评比，对商户进行问题巡查，整改督促，评定通报，并将结果通过社区线上平台对外发布，通过以星级换推广、换服务、换荣誉、换扶持等方式，激发了商户自治的主动性、积极性。例如，五星级商户作为社区自治标杆，可列入社区物资、服务采购库，社区依照相关规定优先向五星级商户进行采购。

（3）推动双向服务，凝聚全民参与合力。新南社区探索了对星级商户的激励措施，联合商家推出"新南益+商户联盟"折扣卡，面向参与"家里先锋"志愿服务时长超10小时的居民发放，可在"商户联盟"内的商户消费使用，而商户会根据商户联盟协议给出相应的折扣优惠，从而起到推广引流效用。通过这种方式形成了商圈集聚效应，同时通过到店消费享受折扣的方式吸引更多的居民群众主动参与到志愿服务的队伍中来。

3.项目成效

自推进"新南益+商户联盟"项目以来，新南社区已有34家获评社区"三星级商户"，5家镇级"文明合伙人"，并通过新南社区公众号、"南小宣"直播间、视频号进行了集中推广。自"新南益+商户联盟"折扣卡推出以来，已有近300余名居民群众参与到社区各项志愿服务活动中，此举有助于形成人人参与更高水平文明城市创建的良好局面。此外，新南社区还尝试直播带货的方式吸引更多人的关注，定期邀请辖区"文明合伙人"商铺进"南小宣"直播间，开展直播抢购活动，打造商圈电商宣传样板，聚人气、汇商气，凝聚商圈向心力。

（三）大新社区志愿服务助力社区治理项目

1.项目背景

大新社区成立于2005年，是大新镇最早成立的一个城镇社区，辖区面积约1.2平方公里，共由安置、商业等七大小区混合而成。辖区内大多数是老旧小区，仅仅只有一个小区是纯商业小区，其余均为混合型小区，包括商品房、安置房、小产权房、私房等。10多年来，各类问题既多又杂，小区环境脏、乱、差，给社区管理带来相当大的难度。从2016年起，为了吸引更多的居民参与到小区治理，大新社区开始在小区试点，试图打破原有的楼道长和小组长的管理架构，吸纳所有愿意为社区服务的居民，赋予其志愿者身份，并培育他们的主人翁意识，从"要我做"变为"我要做"。

通过一年时间，大新第一个拆迁安置小区新茂花园试点成功。在其后2017年和2018年两年时间里，这种模式推广到社区管辖的其他6个小区，每个小区都成立了治理类服务团队。2019年开始，大新社区充分挖掘社区内各方面的能人，分别组建了"先锋书友会""新阳光艺术团""暖心帮帮团""理论宣讲团"等志愿服务团队，每个小区都以需求和问题为导向策划不同的文明实践项目，如环境整治、垃圾分类、绿化保护、疫情防控、文明养犬、文明乔迁等，将文明实践和志愿服务进行深度融合。2020年，社区积极与区域单位共建，链接单位资源与社区志愿者一起策划文明实践项目，共同为社区提供服务（如"医路同行"项目）。2021年起，志愿者的服务从小区内延伸至小区外，弥补职能单位人手不足的问题，一起参与城镇精细化管理，为文明城市建设提供志愿力量。2022年，大新镇推行区域一体化管理，社区管理的范围从小区内扩展到小区外，包括街面商铺等，又开始组建商户志愿者服务团队。截至2023年，大新社区已有28个志愿服务团队，志愿者从开始的几十个人到现在的700多人，开展的服务项目共有100余个。

2.工作做法

大新社区志愿服务和社区治理服务主要有理论宣讲类、社区治理类、科普教育类、为老为小服务类、健康促进类和文艺类，服务对象主要是一老一小（老人方面的服务如理发、助餐、健康指导等，孩子方面的服务如家门口的暑托班、亲子阅读等），提供服务的主体为志愿者、党员及共建单位的工作人员和社会组织。

志愿者主要通过招募和主动报名的方式参与服务，培训和组织的形式有三种：一是推出"书记聊吧"常态化开展志愿培训。以"书记聊吧"为载体，分层次对志愿者、志愿骨干、团队负责人、项目策划人进行培训。围绕"什么是志愿者""为什么要做志愿服务""志愿服务如何助推社区建设"

"如何通过项目解决治理难题"等方面阐述志愿服务内涵，帮助志愿者从思想上得到升华；围绕社区治理、居民矛盾纠纷调处、与居民沟通技巧、各类民生政策等，现身说法进行问题解决、经验共享，提升志愿服务能力。二是积极链接全市资源，邀请专业讲师为社区志愿团队负责人、特色团队进行能力提升。以团队负责人为培训对象，围绕问题与个案分析、志愿服务项目的开发与设计、志愿服务实务技能训练等方面开展专业培训与交流讨论；在面对社区文体类特色团队的培训中主要注重帮助他们在广场舞、旗袍秀、戏曲演唱及节目编排上实现专业提升。三是搭建"交流平台"构建志愿服务互助体系。一方面定期开展"志愿者交流会"，让志愿者相互分享、相互学习，探讨志愿服务经验，增进他们之间的感情，增强志愿者队伍的凝聚力和归属感；另一方面，组织志愿者外出参观学习，与兄弟单位进行有效交流，学习先进经验，取长补短，共同提升志愿服务水平。

在志愿者管理方式方面，一是所有参与服务的志愿者都在友爱港城新时代文明实践智慧云平台上进行注册，二是制定志愿者管理办法和服务制度，三是开展志愿者评先推优。社区根据志愿者的服务时长每季度给予相应的物资兑换，同时也能享受市、镇两级的志愿者礼遇。社区根据志愿者的特长和群众需求成立相应的服务队伍，比如治理类、老年服务类、青少年服务类、文艺类、文明创建类等，每个队伍都有一个队长，在社区党委的领导下开展相应的志愿服务。在服务方式方面，依托社区新时代文明实践站和三个文明实践点（新茂、新润、园艺）以群众需求和问题为导向，以项目化形式开展文明实践活动。具体过程有：制定需求清单、资源清单、供需对接后形成项目清单；在居民微信群、志愿者群、社区公众号、电子显示屏和友爱港城新时代文明实践智慧云平台上发布，或线下各网格发布招募信息；组织相应的服务团队实施项目；结束后以群众满意度作为评估项目优劣的主要标准。

3. 典型项目

一是洁美家园项目。该项目聚焦社区治理"最热点"，破解楼道整治"老大难"问题，以"文明楼道"评比为载体，实施"洁美家园"志愿服务项目。通过志愿者楼道包干制，常态化开展植绿护绿、清理乱堆放及包干区域居民的垃圾分类等洁美楼道工作，对老旧小区的整体环境进行提质增能，实现居民从"住有所居"到"住有宜居"的转变，维持小区整洁常态化。

二是文明乔迁项目。本地的一些传统风俗，如新宅入居会燃放烟花爆竹等，既存在消防安全隐患，也对环境造成一定污染。针对此问题，大新社区联合小区物业、"先锋书友会"志愿团队成立"先锋港湾·海棠管家"乔迁志愿服务团队，通过为乔迁居民书写一副"乔迁联"、拍摄一张乔迁"全家福"、在电子屏上播送一组乔迁祝福等方式，鼓励居民不放烟花，文明乔迁，倡导文明新风尚。

三是党史好声音项目。为推动党史学习教育深入群众、深入基层、深入人心，大新社区策划"党史好声音"志愿服务项目，将社区老年合唱队和新夕阳乐队提档升级，成立新阳光合唱团。开设"党史好声音"音乐课堂，志愿者将声乐教学与党史学习教育相结合。还聚焦以红色经典曲目合唱的形式，通过唱响时代旋律，将党的故事唱给居民听，通过每周开展合唱红色歌曲活动，既丰富了老年人业余文化生活，也让党史教育润物无声、内化于心。

4. 项目成效

大新社区坚持群众需求和问题导向，积极整合各类资源，策划各类文明实践项目，以志愿服务为抓手调动各方力量，成立各支志愿服务队伍。一是通过志愿服务项目解决社区居民热点、难点、痛点问题。项目策划紧紧围绕让"居民受益、让群众满意"这个中心，以"社区以民为本，民以社区为家"为宗旨，大力弘扬"奉献、友爱、互助、进步"的志愿精神，常态化开展形式多样、贴近民生的社区志愿服务活动，不断满足社区居民的物质和精神需求。二是通过志愿服务项目让群众主动参与到社区管理中来。积极挖掘小区能人党员、能人居民、热心居民成为社区志愿服务"主力军"，发挥他们矛盾调解、文化引领、文明宣导等方面所能发挥的作用，策划各类志愿服务项目，纳入"志愿者之家"志愿服务项目库，志愿者通过"点单"，参与各类志愿服务活动。三是通过志愿服务项目让志愿者走出社区、走向社会，让社会资源走进社区、服务社区。社区充分整合各种社会资源，建立社区与各社会单位团体的有效链接，进一步发展社区志愿者服务事业。通过共建，对小区"老大难"问题进行联合整治，形成共建共治共享的治理机制，推动社会资源下沉到基层。同时，社区志愿者积极参与"文明交通我助力""文明宣导展新颜"等志愿服务，为社会奉献一分自己的力量。

截至 2023 年 9 月，大新社区已组建了"小区自治服务队""先锋书友会""暖心帮帮团""老沙方言传承""新阳光艺术团"等 28 支志愿服务队伍，累计招募志愿者 700 余人，友爱港城新时代文明智慧云平台注册率已达100%。此外，大新社区通过志愿服务和文明实践活动，不断地宣传群众、凝聚群众、服务群众，让群众得到更多的归属感、获得感和幸福感；志愿者通过参加志愿服务活动从而感受到了服务对象的认可和帮助别人的快乐，激发了他们的自豪感、成就感、价值感。近年来，大新社区先后获得了大新镇优秀志愿服务团队、苏州市最佳"金乡邻"志愿服务社区、大新镇"最佳志愿服务社区"等荣誉称号，社区的案例《老伙伴的"新"福圈　圈出幸福新生活》也入选了张家港市新时代文明实践志愿服务案例集，社区书记张玉丽获得了张家港市"最美志愿团队管理者"、张家港市"十佳巾帼志愿者"的荣誉称号。

（四）新凯村"埭上学堂"理论宣讲志愿服务项目

1. 项目背景

新凯村坚持把学习贯彻习近平新时代中国特色社会主义思想作为首要政治任务，结合党的二十大精神，进行宣传宣讲过程中立足江南农村独有的"埭"文化，创新打造"埭上学堂"教育体系。

2. 项目内容

第一精心选摘内容。对党史、新中国史、改革开放史、大新革命斗争史中的典型故事、事件进行梳理、选摘和提炼，邀请老党员、青年党员等在内的宣讲志愿者担任宣讲员。

第二创新线上课程。依托村公众号"幸福新凯"，新凯村开设"埭课堂"党史学习教育专栏。

第三开设特色课程。依托"垱上阳光"艺术团，新凯村将党史知识有机融入锡剧、歌曲等文艺形式，通过唱革命歌曲、编排新剧，以小故事讲述大道理，让基层党员听得懂、听得进；"老书记"等志愿宣讲团队用身边人讲身边事、用身边事教身边人，通过事迹宣讲等方式，把学习教育成效转化为推动全村高质量发展的强大动力。

3. 项目成果

2019年，2000多平方米的新凯村新时代文明实践站在党群服务中心挂牌，新凯村与社工、志愿者通力合作，让村民在家门口就能参加健身娱乐、书画、戏曲等课堂。截至2023年，实践站已围绕学习实践科学理论、宣传宣讲党的政策、培育践行主流价值、丰富活跃文化生活、持续深入移风易俗等方面，开展实践活动285场次，受惠村民约2000人次。

自实践站成立以来，新凯村坚持以群众需求为导向，将党员、身边好人、勤劳致富带头人、退休教师等吸纳进文明实践服务队伍中来，将群众性文体活动、志愿服务活动、未成年人思想道德建设等方面内容深度融于新时代文明实践站建设，真正实现了将活动场所建在群众身边，打造"家门口"的实践阵地，让广大群众真正从文明实践中得到实实在在的参与感、获得感和认同感。活动期间前往新凯村志愿者报名人数络绎不绝，有上门报名的，有村干部分片下乡宣传的，通过组建微信群，让志愿者有了一个"好去处"。

2020年9月，新凯村着重打造新时代文明实践点"垱上老家"升级版，该项目旨在结合美丽村庄建设，通过在自然垱上开辟党群文化活动场所，达到组织党员活动、支持村两委工作、参与民主治理、引导乡风文明、维护美好环境、挖掘本土文化和凝聚党群合力的作用。通过基层网格队伍采集民情信息，将百姓提出的所需所求记录在册，提供精准化服务，对村民反映的问题做到"件件有回应，事事有着落"。村两委进一步整合基层服务管理资源，统筹协调，为群众提供综合性服务，同时村两委班子带领党员、干部以及志愿者下沉网格开展活动。2023年年初以来，新凯村先后开展了"学雷锋日"志愿服务、清河行动等一系列富有意义的活动，组织引导党员积极参与进来，发挥了党员先锋模范引领作用，让人民群众切实得到了益处。

（五）龙潭村"迷你军训"文明实践志愿服务项目

1. 项目背景

习近平总书记强调，让青少年健康成长是国家和民族的未来所系。龙潭村的青少年们，通过"迷你军训"锻炼身体，学习做人、做事，展现自身积极向上、朝气蓬勃的精神风貌。

2022年，龙潭村积极开展"潭乡邻·润乡情"青少年系列主题活动，进一步推动青少年"迷你军训"活动进行，利用暑假为期一周的时间，通过军事训练、文化课程、实地参观、手工制作等活动进一步树立青少年爱国主义意识，传承龙潭双拥文化，提升双拥文化实效。

2. 项目做法

一是打造志愿队伍，树立模范精神。龙潭村现有退役军人181人，有着红色精神的传统继承，也有着红色精神的传承使命。在"迷你军训"中龙潭村邀请到村里的退役军人，组成一支经验丰富的"退役军人志愿服务"教官队伍，让他们给青少年队员授课。退役军人们用亲身经历和经验指导队员，让青少年们更直接地感受到军队里的高标准、严要求，教官们用他们的模范精神深刻地影响着青少年队员。

二是丰富课程内容，强化每日学习。军训期间每天的课程分为两个部分，第一个部分主要是户外军训内容，包含常规军事训练项目，以及通过道具进行手榴弹投掷教学、立卧跪姿持枪练习等内容。第二个部分主要是文化课，龙潭村邀请了在校教师授课，以及派出所警官和消防队队员等为青少年队员进行暑期安全教育培训。通过不断更新和丰富课程内容，军训期间的学习有助于青少年队员养成良好习惯，树立坚韧品格。

三是传承红色星火，弘扬双拥文化。"迷你军训"拉近了龙潭村村民与村青少年之间的距离，丰富了青少年暑期生活，提升了他们的自立和自我调控能力，让他们有了最直接的机会去接近退役军人，学习退役军人身上的优秀品质。通过此项活动帮助青少年树立正确人生观、价值观，展现了自身积极向上、朝气蓬勃的精神风貌，进一步传承龙潭的红色星火，弘扬龙潭双拥文化。

3. 项目成效

截至 2023 年，共有 20 余名龙潭村青少年参与到"迷你军训"活动中来。活动结束后，家长表示孩子们的身体在军训过程中得到锻炼，同时他们经过艰苦的训练，体会到了平日里幸福生活的来之不易，对家人表达了感恩之情。青少年们通过"迷你军训"，给了自己一次改变和提升的机会，磨炼自信、自律、自强的意志，培养能吃苦、遵守纪律、服从命令、遇到挫折不气馁的好品质。"迷你军训"进一步推进了龙潭村青少年爱国主义教育工作，帮助他们了解红色文化，牢记革命历史，自觉继承和发扬艰苦奋斗、勇往直前的革命精神，让红色基因和革命薪火更好地传承下去。

四　大新镇新时代文明实践志愿服务面临的挑战与未来展望

（一）面临的挑战

为贯彻落实党的二十大精神关于完善志愿服务制度和工作体系的要求，认真落实习近平总书记关于推进志愿服务、助力社会治理的重要讲话精神，近年来，张家港市大新镇积极探索、扎实推进，文明实践志愿服务工作取得了较好效果，在打造志愿服务品牌上取得了新突破，在助力基层社会治理上展现出新作为，在加强网络文明建设上探索出新经验。但在志愿服务阵地建设、志愿服务规范管理、志愿服务供需对接方面仍需进一步提升：阵地资源整合不足，区域内志愿服务阵地资源分布相对分散，对各类公共服务阵地资源的整合程度有待提高；部分志愿服务活动在开展前缺少必要的规划和设计，导致出现运行过程中的混乱，如沟通运行不畅、志愿者力量缺少合理分配的问题；开展志愿服务活动前缺乏前期的需求调研，导致志愿服务供给与现实需求的不平衡。

（二）未来展望

为推进张家港市大新镇文明实践志愿服务工作常态化、规范化和长效化，进一步激发志愿服务社会治理效能，促进大新镇文明实践志愿服务事业的高质量发展，提出以下工作建议。

一是完善志愿服务的阵地建设，激活阵地服务功能。新时代文明实践所是乡镇志愿服务的指挥中心、协调中心和服务中心，首先应进一步发挥大新镇新时代文明实践所牵头抓总的作用，依托"区域一体化"治理契机，理顺工作机制、增强工作合力，进一步加强和改进大新镇新时代文明实践所融合发展，统筹协调好各方资源力量，调动各牵头部门主观积极性，确保各平台建设有成绩、有亮点。其次应依托新时代文明实践所、站，打造城乡基层志愿服务站点，形成服务基层群众的重要枢纽，进一步推进志愿服务站点与融媒体中心建设相适应，与农村党群服务中心运行相融合，与网格化管理相衔接，与基层公共服务相配套，与公共文化基础设施相结合，形成互相合作、优势互补、便捷畅通的志愿服务阵地网络。再次，要充分发挥新时代文明实践所的阵地支撑、团队孵化、信息集散、项目发布、宣传展示等功能，形成文明实践共享化，常态化开展一系列基础和专业性志愿服务，帮助群众解决思想认识、政策法规、生产生活、卫生健康、情感心理等方面的困难和问题。

二是促进志愿服务规范管理，加强志愿服务队伍建设。志愿服务的长效运行有赖于科学有效的组织管理机制和能力建设机制。为此，大新镇要加强志愿服务的规范管理，对志愿者进行精细化管理、分层管理，按照志愿服务项目的要求，实行精细化招募、精准化服务。同时，还需完善志愿者固化管理、动态管理机制，建立健全进退机制，加强志愿服务队伍指导和规范，督促志愿者按照志愿服务条例的规定开展服务。此外，完善志愿者的培训体系，多层次、立体化、常态化开展志愿服务培训，加强能力素养培训高赋能，提高志愿者思想政治水平和业务知识技能，提升基层向心力和实务能力。每月应定期召开队长例会，提升志愿者的素质能力，及时完善优化志愿服务项目。各村（社区）每年应组织文明实践骨干、优秀志愿服务团队和志愿者进行培训轮训，多方面多层次多渠道提升志愿服务队伍能力。

三是提供精准高效的服务，持续激发社会治理效能。为进一步提高新时代文明实践志愿服务水平，大新镇要进一步规范网格化管理，细化群众需求，科学整合镇级资源，积极协调上级资源，有效利用线上服务平台，实现供需精准对接。首先要注重在文明实践志愿服务项目设计、志愿团队管理上下功夫，提高新时代文明实践专业化服务水平，使新时代文明实践活动让老百姓听得懂、悟得深、真点赞、愿参与。其次应对已建成的新时代文明实践站、点进一步打磨提升，指导协调好"埭上老家""田园学舍"等新时代文明实践点运行宣传工作，有效利用线上线下服务平台，进一步实现供需精准对接。最后要进一步探索志愿服务工作长效机制，不断激发群众参与志愿服务热情，回应更加多元的群众诉求，以志愿服务有效提升基层治理能力，不断增强百姓的获得感、幸福感和满足感。

四是依托专业媒体资源，打造网络文明志愿服务品牌。网络文明是新形势下社会文明的重要内容，是建设网络强国的重要领域。志愿服务是传播网络文明理念，培育网络文明风尚，营造清朗的网络空间的重要途径。大新镇要进一步完善网络文明志愿服务建设有关准则，大力推进志愿服务活动向网上延伸，推动基层深入开展网络文明建设活动。要进一步搭建平台，整合辖区埭上老家、田园学舍、海棠新商汇等网络文明实践资源，邀请苏报讲师团以及新媒体行业爱好者，全面提高乡村网络传播志愿者的媒体素养和能力水平，营造"人人可为家乡代言"的良好氛围。打造网络文明志愿服务队伍，强化示范引领，通过广泛发动，搭建平台，挖掘乡村达人志愿者，聚焦"产业兴旺、生态宜居、乡风文明、治理有效、生活富裕、基层党建、文明创建、创新发展"等主题，创新开展形式多样的网络文明志愿服务和网络公益活动，汇聚起网络文明建设的磅礴力量。

B.15
张家港市常阴沙现代农业示范园区
新时代文明实践志愿服务发展报告

左灿 管陈浩 王芹*

摘　要： 常阴沙现代农业示范园区的志愿服务主要围绕新时代文明实践工作开展，多数团队由新时代文明实践所或站指导建设，在服务内容上主要围绕农业相关的农文旅以及老年人展开。常阴沙新时代文明实践志愿服务支队是较为主要的一支队伍，联动各社区新时代文明实践站点，常年开展理论宣教、文明旅游、政策宣讲、阅读普及等一系列志愿服务项目及活动。突出的特色项目有"田园牧歌传乡音"、"蝶恋花"文明旅游志愿服务、"长江大保护"和"蜻蜓卫士"等。在未来发展方面，常阴沙现代农业示范园区强调三个层面：链接更多社会资源，实现政府和社会力量联动；加强志愿者培训，挖掘培育志愿服务带头人；强化宣传引导，激励群众参与。

关键词： 常阴沙现代农业示范园区　新时代文明实践　农业志愿服务　老年志愿服务

　　自党的十九大报告提出乡村振兴战略之后，各地积极推进各项政策，推进乡村发展，提升人居环境，建设美丽乡村。乡村志愿服务也在这一过程中不断发展，尤其是新时代文明实践工作开展以来，结合移风易俗、文明创建

---

　　* 左灿，博士，中国社会科学院新闻与传播研究所助理研究员，研究方向为文化研究、媒介与社会；管陈浩，张家港市常阴沙现代农业示范园区管理委员会宣传（统战）委员、政协常阴沙工委副主任；王芹，张家港市常阴沙现代农业示范园区管理委员会宣传文明办主任。

活动等，专门针对乡村发展和农民生活的各项志愿服务越来越多。将志愿服务融入新时代乡村治理，成为乡村振兴中的重要力量。

常阴沙现代农业示范园区位于张家港东南部，原为省农垦常阴沙农场，2004年3月，实行属地管理，2013年8月，更名为常阴沙现代农业示范园区（以下简称"园区"）。园区以打造"苏南现代农业的标杆、农文旅融合的典范"为定位，先后创建省级现代农业科技园、省级现代农业产业园区、国家级农业产业化示范基地等。截至2023年9月，园区行政区域面积37.5平方公里，耕地面积3.6万亩，下辖7个社区和1个居委会，总人口约2万人。

一 常阴沙现代农业示范园区新时代文明
实践志愿服务发展概况

2012年之前，常阴沙虽已有学雷锋志愿服务，但相关部门没有对其进行规范管理，大部分参与志愿服务的成员对志愿者身份认同感不足，活动较为零散，缺乏组织性，以"好人好事"为主。

2012年，志愿服务参与者开始在"友爱港城"网上注册成为志愿者。2013年，常阴沙志愿服务队成立。新时代文明实践工作开展之后，2021年，常阴沙志愿服务队更名为常阴沙新时代文明实践志愿服务支队，成为常阴沙开展志愿服务的主要团队力量。截至2023年9月底，支队共有志愿者475名，设下级团队13个，注册志愿者2054人。

目前，常阴沙的志愿服务主要围绕村、社区服务和治理开展，通过微信群组织活动。除了常规志愿服务外，主要的志愿服务方式为项目制。常阴沙每年年初征集志愿服务项目，每个项目制订年度活动计划，由新时代文明实践所的工作人员给予一定的指导和评估。

二 常阴沙现代农业示范园区新时代文明
实践志愿服务团队建设

常阴沙的志愿服务主要围绕新时代文明实践工作开展，多数团队由新时代文明实践所或站指导建设。总体来看，园区自上而下的组织较多，社区志愿团队较多，行业志愿团队和民间的社会志愿团队较少。

常阴沙新时代文明实践志愿服务支队依托新时代文明实践所这一主要阵地，联动各社区新时代文明实践站、点，常年开展理论宣讲、文明旅游、政策宣传和全民阅读等一系列志愿服务项目及活动。常阴沙新时代文明实践志愿服务支队基于不同专业，设立下级团队，如在"长江大保护"志愿服务方面，设立"常小美"志愿服务队、"常小治"志愿团队和"保护长江母亲河"护鱼员队伍等。

社会志愿团队中，较为突出的是银巢联盟志愿服务队，其成员主要是60岁以上的老年人。该服务队是在社区跳广场舞的过程中组建的，以服务老年人为主，主要进行义务演出、提供舞蹈教学等方面的志愿服务。

三 常阴沙现代农业示范园区新时代文明实践志愿服务特色项目

常阴沙以农业发展为主，老年人居多，志愿服务项目侧重于农业和老年人相关的服务。截至2023年9月底，新时代文明实践志愿服务支队培育了"红色领航 勠力同心""共绘美丽画卷""廉助力·勤暖心""工会蓝，帮解难""爱心浇开幸福花"等25个志愿服务项目。2022年，在友爱港城新时代文明实践智慧云平台发布各类志愿服务活动信息695次，参与志愿者10763人次，志愿者服务时长61582小时。其中，"田园牧歌传乡音"志愿服务项目被评为张家港市2022年度最佳志愿服务项目。

（一）"田园牧歌传乡音"志愿服务项目

该项目是常阴沙新时代文明实践所以突出需求为导向开展的、以儿童青少年为主体的服务项目。该项目以保护、继承和发扬常阴沙的乡土文化为宗旨，通过志愿服务的形式，组织参与者走进乡村，让大家边走边学，在实践中体验乡村风土人情。项目的开展主要由常阴沙尚学教育志愿服务队组织，其成员主要为学校老师、退休老干部以及企事业单位职工，大多有较高的受教育水平，并对常阴沙的风土人情较为了解。

该项目于 2019 年启动，每年设一个主题，组织大家走进乡村，通过看、学、忆、思、践的形式，在实践中体验乡村风情、非遗文化、知青文化和农垦文化等，增进对移风易俗、乡规民约建设的了解。例如，志愿者带领参与者走到田间地头，参观新农村建设中的新乡村美景，介绍与二十四节气相关的农业知识以及农作物的生长过程等。

（二）"蝶恋花"文明旅游志愿服务项目

该项目是常阴沙自 2017 年以来持续开展的志愿服务项目，初衷是在每年 3~4 月常阴沙油菜花节举办期间，开展面向游客的文明旅游志愿服务活动，活动时间、活动内容、活动地点等一度比较局限。近两年，随着常阴沙不断深化农文旅融合，持续挖掘精品旅游资源，涌现出了常北社区稻田画、芍药花海、林里小坐、闲心公社和 WOLL 森林营地等一批热门网红打卡点位，吸引了大批游客前来常阴沙参观游玩。在这样的发展背景之下，"蝶恋花"文明旅游志愿服务项目的服务范围不断拓宽、服务时间不断延长、服务内容不断深化。项目在执行过程中，不定期通过微信群发布项目需求，招募当地志愿者，提供游客引导、环境保护和垃圾清理等服务。

（三）"长江大保护"志愿服务项目

常阴沙濒临长江，岸线总长 6.16 公里，区域河道纵横、水系独立。秉持"生态优先、绿色发展"的理念，园区在"长江大保护"方面开展了多项志愿服务。

"常小美"志愿服务队常年开展"同饮一江水 共护长江美"志愿服务活动，定期到长江江堤开展捡拾垃圾的活动，践行爱护生态环境的理念；"保护长江母亲河"护鱼员队伍，每天定人定岗定时开展岸线巡逻，发现情况实时上报，通过"网格治理+文明实践"开拓共建共治共享的社会治理新路径；"常小治"志愿团队，在节假日期间开展长江岸线巡查，《长江保护法》宣传，并对前往江堤烧烤的人员进行劝退，用实际行动引导广大群众增强爱河护河意识；"爱护生态·益起同行"项目，通过向公众普及"生物多样性保护"的重要性，树立青少年的环保及社会责任感，使"爱护生态"成为青少年的共同理想和信念；当地人王永祥在常阴沙新时代文明实践所设立了王永祥光影工作室，拍摄长江生态环境照片，并以工作室为平台开展"生态优先、绿色发展"等为主题的"长江大保护"宣传科普服务。

（四）"蜻蜓卫士"志愿服务项目

常阴沙紧临长江，域内有大量农田，是各类生物的家园。长江禁捕之后，江边生态环境明显改善。"蜻蜓卫士"项目旨在为种田大户提供农业技术服务，每年年初根据时节设计项目，排好活动计划，指导农户的农业生产，如播种、施肥、插秧等。"蜻蜓卫士"支援服务团队助力常阴沙全力发展现代农业和智慧农业，建设水稻绿色防控示范区，采用非化学防控手段，减少化学农药使用量，优化农田生存环境。部分种田大户也会加入志愿服务中，为其他小农户提供技术指导等服务。常阴沙整体环境的极大提升，为实施生物多样性保护提供了基础空间。

四 常阴沙现代农业示范园区新时代文明实践 志愿服务面临的挑战与未来展望

作为一个经济活动以农业为主的地区，常阴沙的志愿活动以服务地方发展为主，在活动内容和团队建设上稳步前进，由自上而下的志愿活动组织形式向多元的组织形式拓展。但是，受制于当地人口特点和产业特点，目前的志愿服务仍面临以下问题与挑战。

（一）面临的挑战

1.志愿者队伍结构不合理

当前的志愿者队伍结构不合理，主要表现为"三多二少"，即老年人多、学生多、机关社区工作人员多，年轻人少、专业人员少。由此也影响了志愿活动的参与度，往往只在特定时间或节假日，志愿服务的参与度才会更高一些。为此，需要新时代文明实践工作持续做好志愿服务的组织宣传和制度建设，以提升年轻人的参与度。

2.志愿服务专业化水平低

志愿者的服务技能与服务水平，决定着社区服务工作的质量。随着新时代文明实践活动的深入开展，越来越需要理论宣讲类的志愿者参与其中，但实际情况是，现有的志愿者理论宣讲水平普遍不高，理论宣讲志愿服务项目也相对比较薄弱。为此，常阴沙将进一步完善志愿者培训机制，提高志愿者专业化水平，从而为群众提供专业化、精准化和多层次的志愿服务。

3.志愿服务缺乏相应的资金保障

常阴沙经济基础较为薄弱，针对志愿服务活动的经费有限，制度体系还有待完善，资金短缺问题逐渐成为制约志愿服务发展的"瓶颈"。这意味着，常阴沙志愿服务的社会联动较弱，应建立与企业和其他社会力量的多元合作，拓展志愿服务资源。

（二）未来展望

1.链接多元社会资源，实现政府和社会力量联动

一方面，加强与民政部门"银龄互助志愿服务项目"的合作，将行有余力且空余时间较多的中老年人发动起来，为确有需求的老年人、未成年人等群体提供服务，形成青年帮助中年、中年帮助老年的良性循环。另一方面，加大志愿服务进企业的宣传力度，号召更多的企业与职工参与到志愿服务中来，为志愿服务提供资金和人力方面的支持。

2.构建体系化的志愿者培训制度，培育志愿服务骨干

志愿者是志愿服务的重要力量，需要有组织有系统的长期培育。一方面，通过深化志愿服务培训，提升志愿者的专业能力，形成有特色的志愿服务；另一方面，从社会力量中持续挖掘觉悟高、素质好、有奉献精神的志愿服务带头人，由他们带领身边亲友乡邻参与志愿服务活动。由此，逐步完善

志愿服务品质，增强整体志愿服务意识。

3. 依托乡村振兴，激发志愿服务青年力量

依托乡村振兴的多项举措，以乡村振兴撬动地方资源，促进多元社会力量，尤其是年轻人，参与到志愿服务之中，以志愿服务共建美丽乡村。同时，在乡村振兴的宣传中，加强志愿服务的宣传引导，挖掘志愿服务中的暖心事迹和正面典型，借用新媒体等宣传方式，呼吁更多的人，尤其是年轻人，了解志愿服务、关心志愿服务、参与志愿服务。

B.16
张家港市金港街道新时代文明实践
志愿服务发展报告

柏杨 黄显 李佳容*

摘　要： 2014 年 3 月成立的"绿山军"作为金港街道早期志愿服务的典
型，带动了当地的志愿服务建设，金港街道的志愿服务也从
2014 年开始逐步走向规范化。目前，金港街道在志愿服务方面
推行机关、企事业单位、村（社区）和社会志愿团队四支力量
并进，将志愿服务融入社区基层治理，并以志愿服务为载体，推
动新时代文明实践工作走深走实，形成了"睦邻合伙人""医路
陪伴"等一批特色品牌。在未来发展中，金港街道致力于进一
步壮大志愿服务力量，丰富志愿服务项目，打造志愿服务品牌，
培育具有金港特色的志愿文化，其特色项目和团队有"睦邻合
伙人"、"千百度"服务中心、"医路陪伴"、"绿山军"等。在
未来发展中，金港街道致力打造志愿服务品牌，提升志愿服务质
量；借力文明城市创建，壮大志愿服务力量。

关键词： 金港街道　志愿服务　社区基层治理

2021 年 4 月，中共中央、国务院联合印发《关于加强基层治理体系和
治理能力现代化建设的意见》，指出："基层治理是国家治理的基石，统筹

---

* 柏杨，张家港市金港街道党工委宣传（统战）委员；黄显，张家港市金港街道宣传文明办正
股职干事；李佳容，苏州大学传媒学院硕士研究生。

推进乡镇（街道）和城乡社区治理，是实现国家治理体系和治理能力现代化的基础工程。"志愿服务事业是社区基层治理的基础构成内容，也是实现"国家治理现代化"目标的重要环节。金港街道在新时代文明实践中大力弘扬张家港精神，激活创新第一动力，努力打造特色志愿服务和项目，为志愿服务和社区基层治理相结合的路径探索形成"金港经验"，作出"金港贡献"。

一 金港街道新时代文明实践志愿服务发展概况

金港街道的志愿服务建设吸纳了原金港镇志愿服务的有生力量，并进行了有效的资源整合，在具体发展中，强调志愿服务与社区治理相结合，以志愿服务为有效载体，链接各种社会力量，提升社会文明程度。

金港街道办事处于2021年5月8日正式挂牌成立，行政区域面积89.59平方公里，常住人口21.03万人，下辖23个居委会、14个村委会。金港街道位于张家港市西大门，西、南与江阴市接壤，北濒长江，张杨公路横穿东西，张家港运河纵贯南北，境内拥有不冻不淤、深水贴岸的天然良港——张家港港，水陆交通便捷。凭借着优越的地理位置，这里发展成为临港产业集聚区，街道以项目和载体"两驾马车"为村级经济发展提质增效。经济的快速发展为金港街道开展志愿服务提供了坚实的后盾。

就具体发展来看，金港街道的志愿服务在金港镇未拆分之前已经具备了一定基础。2014年3月成立的"绿山军"作为金港街道早期志愿服务的典型，带动了当地的志愿服务建设，金港街道（原金港镇）的志愿服务也从2014年开始逐步走向规范化。随后，在各类政策的鼓励和推动下，志愿服务进入蓬勃发展阶段。2018年启动新时代文明实践所（站）建设后，金港街道依托新时代文明实践所（站）的强大统筹力量，进一步推动了志愿服务的发展。2015~2017年是金港街道志愿服务发展的黄金期，这三年受"新市民子女入学需要志愿服务积分"政策的激励，新市民参与志愿服务的积极性高，各志愿服务团队蓬勃发展。

金港街道成立后，吸纳了原金港镇志愿服务的积极力量，并进行了有效的资源整合。目前，金港街道有注册志愿团队近 50 支，其中包括街道新时代文明实践志愿服务支队、23 个村（社区）志愿服务队以及部分重点企事业单位志愿服务队和社会民间志愿团队，每年开展各类志愿服务活动近 3000 场，涌现出了"江苏省文明旅游优秀志愿服务团队"、"绿山军"志愿服务队、"江苏省优秀志愿者"戴雪峰等一大批志愿服务先进典型。

二　金港街道新时代文明实践志愿服务
机制与平台建设

（一）链接培育资源，赋能志愿团队

对志愿者进行良好的培育，是志愿团队逐步发展壮大、维持良性运转的基础。早期的培育有助于志愿服务团队完善自身管理体系，树立正确的服务理念，提升服务能力。金港街道积极为当地社会志愿团队链接培育资源，帮助团队实现从起步到发展壮大。

一方面，链接政府资源，为村（社区）的志愿服务团队提供培育资源和扶持指导。宣传文明办、民政、群团部门等条线部门深度参与志愿服务，既借力志愿服务更好地服务群众，也为志愿团队提供资源和指导。以金港街道目前最大的社会志愿团队金港义工联盟为例，在团队成立初期，宣传文明办工作人员加入志愿服务团队，直接参与团队的日常管理，在金港义工联盟各项管理成熟后，工作人员逐步退出，由团队骨干接手日常管理工作，确保在团队成长初期由宣传文明办"扶一程""送一程"。目前，金港义工联盟已经成长为规模近千人的大团队。

另一方面，链接社会资源，为志愿服务团队提供服务保障。金港街道积极扶持、指导各志愿服务团队，及时了解志愿服务团队诉求，有针对性地为志愿服务团队提供相应的资助和支持，重点实施了"文明伙伴计划"，在年初将各志愿团队策划的志愿服务项目向社会公布，引导对项目感兴趣的企业

和对应的志愿团队进行结对共建。结对的企业会为志愿项目提供经费，同时也会动员企业员工参与到志愿活动当中。

（二）多支力量并行，增强服务效能

金港街道在志愿服务方面整合各类资源，将志愿服务融入社会治理。一是整合街道党建、宣传文明、工青妇等部门志愿工作资源，组建"百姓名嘴"讲师团、清风网格文化志愿服务队、享学志愿服务团队、医疗救援志愿服务队、科技科普志愿服务队、法律援助志愿服务队等志愿者服务团队，化散为整，整散结合，做到志愿队伍共建，志愿活动共办，兼顾不同职能，扩大辐射范围。二是联动所有主次干道沿线"同创共建伙伴单位"，以志愿服务为载体，推进文明楼道、文明家庭、美丽庭院等群众性创建活动，引导群众移风易俗。同时，各村（社区）充分挖掘优势资源，因地制宜开展特色服务项目，如滩上村（金桥社区）注重示范引导，以社区工作人员的爱心行为带动社区居民热情参与；柏林村（马桥社区）组建新美公益联盟，链接了李剑英口腔诊所、南沙小学、江科大苏州理工学院等资源，常态化开展了"医路陪伴""悦读时空""青少年公益课堂"等志愿服务项目。

（三）完善激励机制，提升服务积极性

志愿服务是公民参与社区公共事务治理的重要载体。为进一步激发志愿团队、志愿者的服务积极性，街道每年开展优秀志愿团队、优秀志愿服务项目、优秀志愿者评比表彰活动，提升参与志愿服务的荣誉感；依托善行义举榜、公益广告、微信公众号等各类宣传载体，结合重要时间节点开展志愿服务宣传，并结合村（社区）活动日、主题党日、传统节日等开展具有特点和吸引力的志愿服务活动；加大对志愿服务典型人物和事迹的宣传，用身边人影响身边人，用身边人带动身边人，大力培育浓厚的志愿服务氛围。

同时，街道部分村（社区）积极探索志愿服务的积分管理模式，志愿者凭借服务积分可以兑换礼品、活动、场馆使用权限等，多措并举，营造志愿氛围，活跃志愿服务，提升参与志愿服务的获得感，让支持志愿服务、参

与志愿服务成为广大群众的共识。如马桥社区以志愿者的"友爱港城网线上积分+社区线下积分"为依据来评选"十佳志愿者"。这一方式解决了有些志愿者未在友爱港城网上进行注册的问题，在一定程度上提升了评选的公平性。又如金都社区志愿者可以通过自己的服务时长积分兑换社区开展的公益课程，供自己或家人使用，课程内容包括手工、乐器、舞蹈、瑜伽等。

三 金港街道新时代文明实践志愿服务特色项目

（一）"睦邻合伙人"

金都社区推行"睦邻合伙人"品牌项目，运用经济学领域"合伙人"的概念，旨在将辖区内各类组织和资源统筹起来，吸引社区党员（双联双管党员）、居民骨干、志愿者、社区工作人员、社工、物业、社区机构、共建单位等力量成为"睦邻合伙人"，包括宣讲合伙人、物业合伙人、机构合伙人、共建合伙人和居民合伙人。合伙人以资金、人力、时间、专业服务等方式入股参与社区治理，精准服务居民群众，进一步提升社区基层治理系统和治理能力现代化水平。

五大合伙人是按职责功能来进行划分的。宣讲合伙人主要是进行理论宣讲。物业合伙人主要是进行物业管理，称为"海棠管家"，提供拆迁安置小区的管理服务。机构合伙人是与社区合作的服务机构，以社区提供场地、机构提供服务的形式，服务社区居民，如金都社区联合培训机构开设培训班，为社区居民提供文化、艺术等免费公益课程。共建合伙人是与社区进行共建共治的企业、派出所等单位。居民合伙人主要是一些有奉献精神的退休教师或者党员干部，他们以志愿服务的形式参与社区治理、服务周边群众，实现自身的价值。"睦邻合伙人"的激励机制以精神鼓励为主，通过宣传"睦邻合伙人"，奖励一些具有纪念意义的物品，来调动合伙人的服务积极性，营造崇德向善的良好氛围。

（二）"医路陪伴"

"医路陪伴"是由柏林村（马桥社区）新时代文明实践站联动社会资源开展的志愿服务项目，旨在为老年人提供医疗服务，主要包括三个部分。一是体检陪伴。老年人体检时，往往对各项服务缺乏了解，人群聚集时也有安全隐患，为此，志愿者团队在现场做引导，进行分流，协助老年人体检。相较于医生，志愿者和老年人之间会更熟悉，交流更便利。二是家庭医生工作室。家庭医生工作室与一些医疗机构、公益企业开展合作义诊。同时，卫生服务站医生在工作时间段外，以志愿服务的形式提供随时问诊服务，为身体不适的老年人提供用药建议和应对措施。三是上门服务。由志愿者上门为老年人提供健康监测服务。如由社区购买血氧仪，志愿者上门为老年人测血氧，随时观测老年人特别是独居老年人的健康状况。此外，在老年人不方便出门买药时，志愿者提供买药服务。

（三）金港义工联盟

金港义工联盟的前身"绿山军"志愿服务团队成立于2014年3月，最初围绕当地的香山景区开展环保志愿服务，是金港街道影响力最大的一支志愿服务团队。目前，金港义工联盟志愿者超1000人，下设七支团队，重点实施了"拥抱绿色　志愿净山""假日文明岗""绿野寻香记"等特色项目，每年开展各类志愿服务活动1000多场，年均志愿服务总时长2万多小时，团队服务总时长位居张家港市第三，服务范围也由最初的香山拓展到整个金港街道，甚至张家港市。

从"绿山军"发展到金港义工联盟的历程中，团队逐步完善内部管理制度，丰富志愿者赋能形式，提升团队凝聚力，同时，通过微信公众平台宣传推广志愿服务活动，提高活动知名度，逐步培育并形成了具有自身特色的团队文化。

（四）"千百度"服务中心

"千百度"服务中心于2019年底投用，以金港街道中央广场商圈为地理基础，开展党建和公益活动，形成"党建+公益""党建+商圈""党建+教育"等模式。该服务中心全年 365 天都设有志愿服务岗位，服务对象主要是商圈内的商户及其消费者，根据商户提出的需求及时对接沟通，为其解决问题，并为消费者提供休憩、兑换零钱、手机充电等便民服务。同时，中心还利用所处商圈的培训班资源，提供暑托班服务，由机构的老师来提供舞蹈、乐器等公益课程。

"千百度"服务中心以巫山村志愿服务队为服务主力，团队现有志愿者600 余人，人员构成多样，有老师、全职妈妈、新市民等。志愿服务的激励机制主要是靠积分来实现，根据志愿服务时长进行积分，每年年底可用积分兑换生活用品和公益课程。

四　金港街道新时代文明实践志愿服务面临的挑战与未来展望

（一）面临的挑战

一是志愿者活跃度有待提升。志愿者是志愿服务的主体，是最重要的资源之一，但是有部分志愿者加入志愿服务团队后，由于工作繁忙、活动吸引力不够等多方面原因，服务热情有所减退，参与志愿服务活动的频率降低，活跃度不足。

二是志愿服务激励措施不够完善。一方面，志愿者积分兑换提供的物品和服务还不够丰富，离志愿者的期待存在差距。另一方面，相较于物质上的奖励，很多志愿者更希望能够提升自己的社会认可度，目前除优秀评比和典型宣传外，其他创新的激励手段还较少。

（二）未来展望

志愿服务是社会文明进步的重要标志，也是基层社会治理的有力推手。在推进志愿服务的过程中，金港街道因地制宜，未来发展可期。

1. 以"力量壮大"夯实志愿服务基础

通过宣传倡导等多种手段鼓励市民群众参与志愿服务，搭建培训、交流、参观、学习等志愿者成长平台，优化志愿者礼遇激励体系，激发志愿者参与志愿服务的积极性与主动性。制定并优化志愿团队扶持政策，引导辖区各志愿团队加强规范管理，提升服务能力，持续壮大团队。

2. 以"项目创新"提升志愿服务质量

依托各新时代文明实践所（站），广泛征集群众的需求，发挥各志愿服务团队的资源优势、人才优势，精心策划理论宣讲、教育服务、文化体育、科学普及、文明倡导、关爱帮扶等各类志愿服务项目（活动），提升志愿服务的针对性和有效性。

3. 以"品牌效应"擦亮志愿服务名片

在既有志愿服务基础上，统筹资源，定向激励，推出一批优秀志愿者和特色志愿服务团队，进一步打磨优质的志愿服务内容。同时，在优化新时代文明实践所（站）阵地的基础上，培育商圈、楼道、村埭志愿服务网络，围绕移风易俗等主题做亮一批特色志愿服务阵地。通过加强志愿服务品牌建设，形成品牌效应，打造具有金港特色的志愿文化。

张家港市后塍街道新时代文明实践
志愿服务发展报告

杨彬 杨泳 李佳容*

摘 要： 后塍街道的志愿服务强调村干部、党员带头，组建专业化志愿服务团队。在志愿服务团队的培育中，后塍街道采用社会组织介入志愿服务的方式。在志愿服务不断开展的过程中，社会工作者会逐渐退出对志愿服务团队的管理，促其可以实现自治、良性运转，从而实现对志愿服务团队的培育。未来工作中，后塍街道将致力于四点：坚持党建引领，拓展志愿服务类型；加强平台建设，实现志愿服务供需精准对接；以统筹利用空间，促进功能阵地"下沉"；依托志愿服务项目，培育特色志愿文化。

关键词： 后塍街道 志愿服务 社会组织

党的十八大以来，党和政府越来越重视志愿服务在现代社会建设和发展中的重要作用，不断推进志愿服务向常态化发展。后塍街道在新时代文明实践工作中，紧紧围绕"凝聚群众、引导群众，以文化人、成风化俗"的目标任务，不断加强志愿者队伍建设，以志愿者为主要力量，以志愿服务为基本形式，着力培养时代新人，大力弘扬时代新风。后塍街道积极探索志愿服

---

* 杨彬，张家港市后塍街道党工委副书记、宣传（统战）委员；杨泳，张家港市后塍街道办事处宣传文明办正股职干事；李佳容，苏州大学传媒学院硕士研究生。

务团队的培育方式，不断提升志愿者的能力和素质，增强志愿服务团队的自治能力，推动志愿服务向专业化、自主化、持续化发展。

一 后塍街道新时代文明实践志愿服务发展概况

后塍街道位于张家港市域西郊，东邻杨舍镇，南接江阴市华士镇，西连金港街道，北临德积街道，现行政区域面积 38.92 平方公里，下辖 8 个行政村、3 个社区、3 个村带社区；现有户籍人口 5.22 万人，常住人口约 8.12万人；现有党支部 128 个，党员 2519 人。后塍街道的革命文化和传统文化发展颇有特色，2021 年入选了"苏州市第一批红色地名名录"之"重大历史发生地"；黄酒酿造技艺、雷沟大布、后塍竹编等均入选江苏省非物质文化遗产名录。

在 2021 年金港镇拆分之前，后塍街道的志愿服务由金港镇统一管理。2021 年后塍街道成立后，志愿服务工作在较薄弱的基础上逐步发展。目前，后塍街道共有 25 支志愿服务团队，其中包含街道、村（社区）、学校、派出所等的志愿服务支队等，在册志愿者 2441 名。依托各志愿团队，后塍街道全年组织开展各类新时代文明实践志愿服务活动 1500 余场次。其中，该街道的青年志愿服务团队——后塍街道未成年人保护站"塍少年"青年志愿者团队成立一年来，规模不断扩大，项目不断增加，现在每年主要面向未成年人开展活动 100 余场。

新时代文明实践所（站、点）是后塍街道志愿服务的主阵地，街道目前有新时代文明实践所 1 个，新时代文明实践站 11 个，新时代文明实践点5 个。其中，美塍工作站新时代文明实践点、幸福小火车新时代文明实践点和文明口袋公园新时代文明实践点是 2023 年新建阵地。

二　后塍街道新时代文明实践志愿服务经验做法

（一）村干部和党员带头发展、组建志愿服务队伍

后塍街道的志愿服务最初主要由村干部、党员主导，他们发挥了示范引领效应。在逐步走向常态化后，开始面向全民招募志愿者，后塍街道的志愿服务已发展为村干部、党员、群众、企业代表、新市民等各种力量共同参与。各村、社区在居民微信群中发布招募信息（包括活动类型、活动要求等），居民根据自身优势和特长参与志愿服务活动，因此，逐渐培育形成了具备专项能力的志愿服务团队，从而提升了志愿服务质量。

志愿服务团队在组建过程中，一方面，重视专业化，培育具备某项技能的"能人"担任志愿服务团队的领头人。村干部主要负责宣讲类的志愿服务、文化类的"能人"为居民开展文化类志愿服务、具备医学知识的"能人"可以带领团队开展健康类志愿服务。另一方面，整合民政、街道团委、教育、卫健、未成年人保护、妇联等单位资源，组建"塍少年"青年志愿者团队、"海棠先锋"党员志愿服务队伍、"九久夕阳红"文艺志愿服务团队、"彩虹桥"志愿服务队等20支专业志愿服务队伍，由新时代文明实践所根据群众需求统一调配，以"结对帮扶""逢8出发"等形式下沉到新时代文明实践所（站），开展文化文艺、法律援助、科学普及等志愿服务活动。如袁家桥村和民盟张家港市委员会共建联盟，组成"彩虹桥"志愿服务队，开展志愿服务。

（二）"五社联动"培育团队，激发志愿活力

后塍街道充分利用"五社联动"，统筹各项资源，服务社区治理。"五社联动"指以社区为平台、社会工作者为支撑、社区社会组织为载体、社区志愿者为辅助、社区公益慈善资源为补充的新型社区治理机制。后塍街道发挥社区的统筹协调功能、社会组织的整合凝聚功能、慈善资源的公益引擎

功能，并结合社工强化服务组织的功能以及志愿者的服务建设功能，服务当地社区建设。

采用社会组织介入志愿服务的方式培育志愿团队，快速有效地激发了志愿服务活力。社区向社工购买服务，社工在提供服务的同时，将志愿服务的理念传播给社区。在志愿服务开展过程中，社工逐渐退出管理，志愿服务团队逐步实现自治，最终良性运转，从而完成对志愿服务团队的培育。

以中心社区为例，社区成立了社会工作室（以下简称"社工室"）。社工室探索围绕"小居委，大社区"的服务理念，探索多方联动——社区活力生态圈循环体系，推进社区与社工的服务，以需求、资源、服务三张清单形成对应的方案，针对社区最迫切的"本地老，外来少"问题，搭建"以老带少，以少敬老"服务平台。依托社区慈善基金，开展慈善项目，撬动志愿力量，培训社区团队，瞄准服务群体，用服务吸引力量，以项目培育组织，形成社区合力，更新社区"共同体"，挖掘社区特色。

（三）加强制度保障，拓展阵地活动范围

一方面，从考核机制和工作机制上保障志愿服务活动的开展。街道每年开展"美塍有你"优秀志愿者、志愿团队和志愿项目的推荐、评选活动，每年开展一次，通过对志愿者、志愿团队、志愿项目的评比表彰，激励更多的优秀志愿者，带动更多的成员加入队伍，不断壮大志愿服务的力量和扩大志愿服务的影响。

另一方面，以制度保障线上线下阵地联动。在原有新时代文明实践中心（所、站）工作架构基础上，后塍街道创新提出"五级阵地联动"机制，打通基层文明实践的"堵点"，提升文明实践工作的动员能力、引导能力、整合能力、服务能力。此外，发挥网络阵地作用，将新时代文明实践活动"指尖化"，组建新时代网络文明实践中心，健全"线上线下"相融机制，拓展实践维度，推动实体空间、网络空间互相转化，将"线下"的观念和规范转移到"线上"，将网络空间中的有益内容转化为现实空间中的模拟场景、实践情景和教育情景，虚实互补、相得益彰，使互联网成为文明实践新阵地。

三　后塍街道新时代文明实践志愿服务特色项目

（一）"拾光奶奶"志愿服务项目

"拾光奶奶"是由中心社区开展的一个特色项目。中心社区在进行摸排工作时发现，居民中大多数老年人的子女不在身边，而大多数新市民的子女由于父母忙于工作，长期缺乏陪伴。针对这一实际情况，社区搭建了"拾光奶奶"服务平台，从为"一老一小"提供保障和满足双职工家庭需求的交汇点切入，建立居民需求对接机制。

中心社区的高知老年人较多，为"拾光奶奶"项目的推进提供了优质的人力资源。退休教师秉持较好的教育理念，可以提供良好的教育服务；有从医经验的老年人可以为青少年科普专业的医学知识；退休的法官可以为孩子及其父母普及法律知识，增强他们的法律意识；等等。在项目实施过程中，社区坚持"孩子可以多一点，但'奶奶'要少而精"的理念，保证服务质量。通过对接"一老一小"，实现"老人安享晚年，孩子健康成长"的有效循环，以此实现社区共建、共治、共享、共荣的可持续发展。

"拾光奶奶"项目通过亲"塍"计、"塍"心协力两个子项目来挖掘有服务需求的居民。亲"塍"计项目首先由社区工作人员通过电话和新市民联系，在确定有需求的基础上，进一步让社区工作人员、志愿者与其子女建立熟悉的关系，以便提供服务。"塍"心协力项目主要受众则是新市民家长及其子女，由家长带着孩子一同参加活动，将有需要的新市民子女吸纳到"时光奶奶"项目中。

（二）乐塍青翼未成年人保护项目

乐塍青翼未成年人保护项目以未成年人保护站作为未成年人保护工作的"枢纽"，打造0~18岁未成年人及其家庭学习、交流和成长的活动空间。除了常态化开展未成年人保护工作之外，该项目不断挖掘资源，开展未成年人社区教育类服务、未成年人保护性倡导、儿童友好社区服务、未成年人个案介入等子项目，通过宣传宣导、典型项目、个案介入、赋权增能等多元工作方式，动员社会力量关注、参与和支持未成年人保护工作，营造有利于未成年人身心健康成长的友好环境。该项目配套成立儿童"关爱之家"督查小组，定期对辖区内人员配置、档案管理、设备设施和安全措施等进行检查，负责辖区内志愿者工作的规划、协调、指导，先进典型的选树、推荐和宣传。

（三）"幸福号"小火车

"幸福号"小火车是塍德社区为解决居民缺少活动场地的问题，利用4个闲置的活动板房串联打造，在原有的网格阵地"解忧格子铺"基础上，提档升级建设而成的活动阵地。

塍德社区作为多村共居的安置小区，与动迁村联建，建立"双向联席"制度，邀请动迁村作为"娘家人"共同参与社区治理，与动迁居民零距离交流，依托"三谈一汇"议事平台，聚焦传统生活习惯导致的痛点问题，共同解决居民诉求。

小火车内设便民、阅读、宣讲、议事等功能区域，全天候免费向居民开放，以微服务、微宣传、微课堂、微实践、微议事的"五微"行动为核心，为居民搭建起家门口的新时代文明实践微阵地。社区联合多家共建单位不定期开展文艺培训、法律援助、技能帮扶、理论宣讲等文明实践活动，将理论学习课堂开到党员群众身边，打通联系群众、服务群众的"最后一米"。小火车成为党群服务的"补给站"和红色先锋的"落脚点"。

（四）"民生魔方"

"民生魔方"是后塍街道在中心社区打造的服务阵地，将"传民声、知民心、解民忧"服务延伸到居民小区。招募周边居民作为志愿者，让居民以"馆长"的身份参与运营管理，赋予他们管理阵地和团队的权利。具体的志愿服务团队，则发挥社区党建引领作用，以"老社区·新服务"理念，探索形成自治、法治、德治、智治网络合力，以组织体系建设为重点，通过"接单""派单"机制，探索应需对接服务理念，提升居民群众满意度。"民生魔方"的实践，一方面，增强了志愿者的主人翁意识，调动了居民参与志愿服务的积极性；另一方面，也节省了人力资源，促进志愿服务的良性运转，激发了社区治理新活力。

四 后塍街道新时代文明实践志愿服务面临的挑战与未来展望

（一）面临的挑战

如何培育出志愿服务的骨干力量和优质团队，以及如何解决礼遇制度等问题是当前后塍街道在新时代文明实践志愿服务中面临的主要困难。

1. 阵地和队伍建设有待进一步加强

后塍街道目前志愿者队伍的骨干力量主要还是机关党员。街道成立之后，需要培育大量的新人志愿者，这也增加了团队培育的难度。

2. 志愿服务受惠群体覆盖面有待扩大、服务专业化和灵活性有待提升

目前，后塍街道志愿服务项目以理论宣讲、日常民生服务以及弱势群体救助为主。服务对象主要聚焦老年人、儿童、残疾人、基层务工人员以及其他弱势群体。针对城市普通务工人员的服务项目比较少。

此外，张家港市各街道各社区面临的问题具有一定的相似性，志愿服务项目的同质性较高，因此，后塍街道打造特色项目难度较大。

（二）未来展望

后塍街道志愿服务工作坚持以习近平新时代中国特色社会主义思想为指导，紧紧围绕党的二十大提出的工作目标和工作要求向前推进。在志愿服务工作中，后塍街道积极搭建平台，努力为志愿者和服务对象搭建桥梁，不断提升服务质量。在未来的发展中，后塍街道将从拓展志愿服务类型、志愿服

务供需精准对接、功能阵地"下沉"和培育特色志愿文化四个方面推进志愿服务走向更高水平，实现更全面的发展。

1. 以党建为引领，拓展志愿服务类型

为扩大志愿服务的受惠面，应继续坚持以党建引领为主题，以群众的需求为出发点和落脚点，丰富志愿服务活动形式和内容，扩大文明实践覆盖面，不断满足群众多层次、多样化、多方面的精神文化需求，打造更具品质、更有温度、更富活力、更显魅力的新时代文明实践品牌，通过志愿服务实现共建、互助、共享。

2. 加强平台建设，实现志愿服务供需精准对接

中央文明办、民政部、共青团中央发布的《关于推广应用〈志愿服务信息系统基本规范〉的通知》指出，志愿服务信息系统是发展壮大志愿者队伍、合理配置志愿服务资源、提升志愿服务效能的重要载体，是利用现代信息技术推动志愿服务事业发展的有效手段。后塍街道将积极推进"互联网+志愿服务"的深度融合，搭建志愿服务信息化平台。通过"线上线下"互动功能，有效挖掘、整合社区志愿者和志愿服务资源。同时，充分利用网格化管理平台，将志愿服务项目纳入志愿服务管理平台，使志愿服务供需之间实现精准对接，提升志愿服务的供给能力和质量。

3. 统筹利用空间，促进功能阵地"下沉"

以文明实践志愿服务项目的推进为抓手，推动不同部门活动场地共享，推动"阵地联动"落到实处、发挥效能。一方面，在项目设置中，以群众诉求为核心，对志愿服务进行统筹管理，将阵地资源带到群众身边；另一方面，通过阵地"下沉"，使志愿服务更加贴近群众，也为群众积极参加志愿服务活动提供更加便利的条件，从而不断壮大志愿服务力量。

4. 依托志愿服务项目，培育特色志愿文化

立足街道特有的革命文化和传统文化，聚焦红色革命宣传教育和非遗传统技艺宣传普及等，整合学勤广场、黄酒小镇、传统棉被制作工坊等资源，探索特色志愿服务团队培育、志愿服务项目打造，营造志愿文化氛围。

张家港市德积街道新时代文明
实践志愿服务发展报告

王 滇　张翼　李佳容*

摘　要： 德积街道坚持以"宜居宜业美德积"为奋斗指向发展志愿服务，
强调"德"系列志愿服务。德积街道在志愿服务工作中有三点
重要的工作机制：链接外部资源，扩大志愿服务团队影响力；注
重志愿者培训，提升志愿服务水平；完善志愿者保障制度，激发
志愿者积极性。在整体建设中，德积街道根据群众需求组建志愿
服务团队，参与的志愿者主要是普通群众，活动的参与度较高。
德积街道将进一步优化志愿者队伍结构，并根据每个村的实际情
况开展特色志愿服务项目，高质量推进文明实践志愿服务。

关键词： 德积街道　志愿服务　德善志愿

　　中央宣传部、中央文明办印发的《关于新时代文明实践志愿服务机
制建设的实施方案》明确指出了为民服务的工作原则，提出要以真情暖
人心，以服务聚民意。德积街道结合自身以劳动密集型产业为主、外来
人口较多且人口老龄化明显的发展现状，坚持中国特色志愿服务发展之
路，大力弘扬"奉献、友爱、互助、进步"的志愿服务精神，切实通过
志愿服务来凝聚群众、服务群众。街道坚持以"宜居宜业美德积"为奋

---

　　* 王滇，张家港市人民政府德积街道办事处宣传（统战）委员；张翼，张家港市人民政府德积
街道办事处宣传文明办副股职干事；李佳容，苏州大学传媒学院硕士研究生。

斗指向，努力让德积人民在街道生活得更美，让德积企业家在街道发展得更好。街道不仅在人居环境、社会治理、民生事业等方面跑出了拼抢争先的德积速度，更在文明创建、文明实践、志愿服务中彰显了共建共享的惠民特色。

一 德积街道新时代文明实践志愿服务发展概况

德积街道位于张家港市最北部，北临长江坐拥张家港湾，西接金港街道，南与后塍街道为邻，东临张靖皋大桥，与大新镇交界。现有本地常住人口2.5万余人、外来常住人口3万余人，下辖8个行政村以及2个社区，现有党组织109个，其中党支部96个，党员1662人。

德积街道以氨纶纱企业闻名，辖区内共有250余家氨纶纱企业集聚发展，氨纶纱年产规模占全国近三成，是全国有名的氨纶纱之乡、针织包芯纱生产基地。因为氨纶纱为劳动密集型产业，所以德积街道的外来人口较多，且存在人口老龄化问题。基于此，街道在开展志愿服务时坚持贴近群众和"送服务"的理念，注重邻里关系的维护。这样的服务方式方便老年人参与志愿服务，同时也增进了居民间的感情，增强了外来人口的归属感，进而促进了基层的稳定。

德积街道的志愿服务工作从2014年正式铺开，引导志愿者在友爱港城新时代文明实践智慧云平台进行注册、完成培训等，2021年街道与金港镇拆分后，志愿服务开始注重常态化、精准化、专业化发展。在新冠肺炎疫情期间，德积街道的志愿服务事业发展迅速，志愿者的注册人数快速增长。街道深入实施《张家港市新时代文明实践志愿服务三年行动计划》，广泛发动、充分挖掘、精心组织，推动文明实践志愿服务精准化、常态化、便利化、品牌化。截至2023年9月，街道共开展志愿服务6002次，总服务时长262134小时。

在队伍建设方面，街道组建了德善志愿服务总队，下辖14支志愿服务队，共有900余名志愿者，开展了14个类别的志愿服务项目。通过不断完善志愿服务制度、加强志愿者培训、丰富志愿服务项目，让志愿服务更加专业化、人性化、规范化。

二 德积街道新时代文明实践志愿服务经验做法

（一）链接外部资源，扩大志愿服务团队影响力

德积街道积极与成熟社会组织展开联动，以提升志愿服务团队的专业性和影响力。2023 年，街道促成了市爱心义工协会德积分会和街道妇联、街道工会和市爱心义工协会、润英联〔润英联（中国）有限公司，公司员工于 2016 年自发组织并建立了一支志愿者队伍，以敬老扶幼、关爱困境儿童、安全环保、与社区共创可持续发展为前提开展志愿服务活动〕和德丰社区三对"德善"伙伴的结对合作，共同在爱心助学、职工关怀和生态保护等多方面携手发力。

其中，德积街道工会联合市爱心义工协会开展"德之家"系列项目，在 2023 年已陆续开展多场活动，通过安全知识普及、文明同创共建、关怀困难群体等多途径打造职工素质提升工程，培养职工群体热爱本土文化的意识，凝心聚力提升职工归属感，激励广大职工群体为企业发展做出贡献，为街道发展增添新动力。

润英联与德丰社区也在生态保护方面深耕合作多年，润英联每年定向捐助德丰社区生态保护项目 5 万元。2022 年，它们共同实施的"最自然"项目，通过自然教育小组和环创教育课堂活动，让辖区亲子家庭认识自然；通过自然创客活动，培育社区环保志愿团队；通过自然回归活动，让团队参与社区主题楼道和温馨花园的打造；通过自然宣言活动，拍摄视频，向更多社区居民宣传环保理念。

（二）注重志愿者培训，提升志愿服务水平

为进一步推动街道志愿服务工作，提升志愿者服务意识和服务水平，街

道定期召开志愿工作分享会，从制度制定、队伍建设、服务开展、宣传推广等方面对各志愿团队的工作进行分享总结，并简要交流下阶段工作思路及工作重点。志愿者也可就工作现状、服务内容、存在问题等进行沟通交流，并结合实际对志愿工作提出可行性建议。

街道还十分重视志愿者培训工作，对志愿者的培训分为常规培训和活动培训两类。一方面，围绕如何开展志愿服务、提升服务技能等，不定期组织相关培训；另一方面，每次活动开始前，对志愿者进行 10~15 分钟的简短培训，有针对性地围绕活动让志愿者知道自己需要做什么、怎么做。此外，街道设立了"张闻明小栈"，支持孵化志愿服务组织，帮助志愿服务组织提升志愿服务能力。

（三）完善志愿者保障机制，激发志愿者积极性

在激励机制方面，德积街道深入贯彻落实《志愿服务条例》，不断完善登记管理、资金支持、人才培养、项目运作、监督评估等配套制度，推动形成有利于志愿服务发展的制度环境。完善志愿服务褒奖激励机制，通过志愿者参与服务次数和时长、服务表现等综合考虑进行评优表彰，同时，以多种形式展现服务成果，提升志愿者的价值感。对志愿者的激励方式主要包括物质奖励和荣誉评选两个方面。在物质奖励方面，2023 年，街道通过洽谈征集，形成街道志愿者礼遇联盟商家名单，为志愿者提供专属折扣及时长积分兑换服务。具体实施办法主要有两种：一是价格优惠，和其他顾客相比，街道要求合作的商家给志愿者更低的折扣；二是代金券，志愿者可以凭自己友爱港城网的积分兑换街道合作商家的代金券，然后通过代金券来兑换所需要的商品。在荣誉评选方面，街道自 2022 年开始评选最美志愿者、最美志愿团队和优秀志愿项目。街道每年会请当地媒体对优秀的志愿者、志愿团队和志愿项目进行宣传报道，提升志愿者参与志愿服务的荣誉感、价值感。

三 德积街道新时代文明实践志愿服务特色项目

德积街道的志愿服务始终以群众需求为导向，坚持贴近群众、服务群众，在开展志愿服务时主张"送服务"的理念。这一理念主要通过两条路径来践行：一是建设贴近群众的服务阵地，如文明集市、文明楼道、网格巴士、南风堂等；二是开展"送服务"的活动，如德帮"送餐"团等。通过这样的方式切实打通宣传群众、教育群众、关心群众、服务群众的"最后一公里"。

（一）文明集市

德积街道打造的"德"字系列的"德美"志愿服务点"德美小屋·文明集市"，由一座"德美小屋"和两个"文明集市"组成，建在群众生活圈中的小学、菜场、超市等出入点，开展"有温度、有态度、有深度"的新时代文明实践志愿服务活动。

其中，德美小屋作为志愿服务驿站，联合德积小学常态化开展文明劝导、家长驿站和德"阅"书屋等服务，成为等候孩子放学的家长们的新鲜选择。元丰菜场的文明集市设置了"人人都是张闻明"主题宣传等特色点，结合了政策宣导点等多项常态服务功能。吉麦隆超市的文明集市设置了"互动参与"项目，以知识转盘的方式普及党的理论、文件政策、科学知识等，吸引了众多市民驻足参与。2023年3月，德积街道开设了德美志愿服务集市，分为政策法规宣传区、便民服务区、互动展示宣导区，共有20个志愿服务项目，服务群众500余人次，家门口的便民服务受到了群众的欢迎。

（二）文明楼道

楼道是最贴近居民的场所之一，是弘扬文明新风尚，展现文明、和谐、幸福邻里氛围的最好"窗口"，在丰富居民生活、提升居民文明素养方面发挥着"润物细无声"的重要作用。德积街道充分利用楼道空间,将楼道改造为志愿服务阵地,实现服务前置,更好地贴近群众、服务群众。

以德丰社区的文明楼道为例,在建设前期,德丰社区通过"文明楼道"大家议、楼道研讨会、楼道改造小组座谈会等一系列活动,广泛征求居民意见建议,确定楼道改造主题,充分调动社区居民参与社区治理的积极性,让更多人加入楼道治理的队伍。在改造中期,由社区工作人员、社工、志愿者对楼道进行改造,美化楼道空间环境,并开展形式多样的文明宣传、楼道环境整治活动。在工作日,志愿者以党员和楼道长为主;在周末,会有青年志愿者参与其中。社区设有居民群、网格群、青少年群等各种微信联络群,社工会依据每次志愿服务所需要的志愿者类型,在对应的群中发布志愿者招募信息,根据各楼道情况,因地制宜地布置新时代文明实践文化墙,营造家庭和睦、邻里互助的楼道氛围,实现楼道的共建共享。

基于楼道开展的志愿服务主要由社会组织以项目化的方式运作。截至2023年9月,常驻的社会组织有两个,即张家港市华夏乐龄服务中心、张家港市暨阳青少年发展事务所,分别提供居家养老和社区托管服务。社区工作人员主要在项目前期对居民进行走访调研,了解他们的需求,完成和社会组织的对接。

(三)网格巴士

"网格巴士"项目是德积街道德丰社区在传统定点宣传、单向提供服务的基础上,结合社区实际情况探索出来的为群众服务的新路径。通过"一份单""一张图""一批人",打造有载体、有内容、有成效、有温度的志愿服务项目。

为了解决网格巴士送什么的问题,社区通过网格畅聊日、网格对对碰、楼道研讨会等方式,提前摸清居民的需求,并根据车载特点,形成精准的服务清单,将理论学习、法律服务、小修小补、口腔义诊等项目送到居民家门口。同时,对已具有一定成效的服务和活动进行固定,形成巴士服务日,如每月5日为普法宣传日、每月20日为律师接待日。通过固定服务日期,让参加社区活动成为居民的一种习惯。

为了解决巴士服务怎么送的问题，社区通过实地走访调查，认真挑选了一些居民平时自发聚集、开展活动较为频繁的场所作为网格巴士的停靠站点。再将这些站点与党群服务中心、巴士驿站等串联起来，形成一个覆盖整个社区的网格巴士运行线路图。同时，在社区的显眼位置，对网格巴士的服务内容、运行时间、行驶路线和停靠站点进行公示，让广大居民对网格巴士的运作情况了然于胸。

为了解决巴士服务谁来送的问题，社区在全网格中广泛发动，寻找有相关知识的居民来担任对应项目的"乘务员"，社区会定期邀请专家给这些"乘务员"进行培训，让他们为居民提供服务的时候更加专业化、精准化。通过这种方式，让身边人影响身边人、让身边人带动身边人，使更多居民能够主动地加入志愿服务队伍。

德丰社区依托网格巴士构建了从中心到网格再到站点的志愿服务新模式，通过资源下沉、服务前移，全面满足社区群众需求，切实解决群众的急难愁盼问题，提升群众的幸福感、获得感。

（四）德帮"送餐"团

德帮"送餐"团是德积街道的一个特色团队，其成员由社区工作人员、联防队员、楼道长、党员代表、志愿者等构成，主要通过微信群完成人员招募。"送餐"有两方面的含义：一是送"食用餐"，即德帮"送餐"团的志愿者为行动不便的老人送饭；二是送"文化餐"，即文化活动，这是更主要的一个方面。

网格巴士是德帮"送餐"团开展服务的载体，"送餐"范围要覆盖到巴士到不了的地方，会根据不同的宣传内容来决定送到哪里。例如，送到楼道的文化微宣讲、送到住户的宣传材料、送到广场的文化活动等。

在新冠疫情防控时期，德帮"送餐"团推出"科普知识餐"。为了让"科普知识餐"达到更好的宣传效果，网格巴士也结合疫情防控进行装扮，车身上贴有通俗易懂的新型冠状病毒常识、防控措施等。每天在社区所有网格穿梭，成为疫情防控时期特殊的宣传载体。此外，德帮"送餐"团会为需要居家隔离的人员送达"暖心问候餐",每天通过2次视频电话,进行暖心问候、心理疏导,与他们深入沟通交流,让他们感受到网格的温度、社区的关怀。

(五)小明在身边

"小明在身边"是德积街道小明沙村推出的一项志愿服务,小明沙村党委以党组织为纽带,通过"书记项目"带动,侧重从小处着手,推动党组织建设、服务群众、发展村级集体经济等项目,解决党员群众的操心事、烦心事、揪心事。"小明在身边"的志愿服务团队分为红色、绿色和蓝色三种。志愿者在报名参与志愿服务时,可以根据自己的兴趣报名成为不同颜色的"小明"。截至2023年9月,该团队共有志愿者322名,开展活动95场。

"红色小明"以党员志愿者为主,开展红色家访和小明说党史活动。红色家访活动由各支部书记深入党员群众家中进行"家访",了解实际情况,听取他们的意见建议,掌握服务意向,以更好地调动广大党员群众参与本村建设的各项工作,积极为本村发展贡献力量。"家访"时要做到"五问三带"。"五问"即问信息、问健康、问需求、问服务、问建议;"三带"即带着一封信、带着一枚党徽、带着一声问候。通过面对面、拉家常等方式,广泛听民声、汇民智、聚民心、集民力。小明说党史则是为了确保线上党史学习教育全覆盖,让退休老党员不缺课、不漏课、不掉队。村党委每周会在公众号上推出线上视频微党课,通过创新学习教育方式,督促退休老党员学习党的知识,贯彻落实党的精神,强化政治意识,牢记党员使命。

"绿色小明"主要负责开展环境保护类志愿服务活动,各支部党员化身"环境保洁监督员""垃圾分类宣传员",对辖区内的人居环境状况进行监督检查,并常态化开展环境卫生志愿服务活动,为村内微治理注入微力量。小明沙村每月组织老党员、群众代表开展"党建+明美庭院+垃圾分类"红色评议,根据前期考核数据与现场检查情况,当场向村民发放实物奖励,调动村民自觉参与环保的积极性。

"蓝色小明"主要提供便民服务,他们是矛盾纠纷的调解员,深入村民、了解民情,积极回应村民的诉求,提升微网格村民幸福感。此外,他们还负责对全村企业和出租房的安全生产生活情况进行立体式的监督检查，为建设和谐稳定的村居环境奠定良好基础。

（六）"邻理"元丰

围绕和睦邻里关系，德积街道元丰社区党总支深化"金乡邻美元丰"文化品牌，探索实施"邻理庭"乡邻共治社区治理模式，进一步优化基层治理多元化体系。2021年10月，占地面积350平方米的"邻理庭"红堡阵地建成，形成了"邻理庭"理事治理核心。组建"能人+外援"琐事快处理、"庭长+理事"难事细审议理事专班，建立"征集、汇总、评议、公示、反馈"的理事机制，由庭审团为主审团队，利益方、协助方、外援方等共同参与，形成"多种渠道提议题，多方恳谈出主意，各方意见拟方案，张榜公示开言路，居民表决说了算"的五步理事法，划分整理出老邻居间的积怨、新邻居间的新愁、老龄化下的民忧、精服务下的民意、日常生活中的实事、优化治理中的难事等6类清单，推动居民自我解忧。2022年，共妥善处理"积怨、新愁"14件、"民忧、民意"10件、"实事、难事"11件。

2022年，在社区广场开辟"云栈道""元治道""先锋道"3条小路，称为"邻理道"，设置信箱，收集矛盾诉求、治理建议、好人好事，从而拓宽居民群众问题反馈渠道，引导全域居民参与社区共治，推动社区"你事我办"单向服务向"大家事大家办"共同参与转变，实现社区共建、共治、共享。2022年，共收集党员群众有效反馈176条、居民群众矛盾诉求25条、治理建议20余条、先锋事例8件，吸纳使用建议35条，引导组群内自我处理纠纷82件、解决困难48个。

社区还针对"邻理"组建了志愿服务团队——邻理帮帮团，它又分为元宿、元青和元贤3支分队，每支队伍有8人左右。元宿由元丰社区先锋代表组成，针对辖区细琐需求和矛盾共话社区治理。元青由元丰社区先进青年组成，针对辖区青年事务、需求和矛盾共话社区治理。元贤由元丰社区乡贤、"五老"（老干部、老专家、老战士、老教师、老模范）组成，针对辖区疑难需求和矛盾共话社区治理。居民可以通过扫描二维码反映自身遇到的问题或提出意见，社区对这些意见进行汇总后反馈给"帮帮团"，"帮帮团"会来帮助居民解决问题。

德积街道元丰社区"邻理庭"乡邻共治的社区治理模式自实施以来，先后被"学习强国"、江苏政府法制网等平台报道，"邻理"工作被评为苏州市、张家港市优秀案例，品牌成效显著。

四 德积街道新时代文明实践志愿服务
面临的挑战与未来展望

（一）面临的挑战

1. 志愿服务团队的专业性和规范性有待提高

德积街道根据百姓需求组建志愿服务团队，参与的志愿者主要是普通百姓，活动的参与度较高，但志愿者的志愿服务能力存在差异，因此存在志愿服务团队在服务流程上缺乏专业性和规范性的问题。

2. 志愿服务团队缺乏自治能力

德积街道当前的志愿服务团队主要是由社工领导的，通过任务逐级下发的方式开展志愿活动。这种自上而下、任务派发式的志愿服务方式难以真正发挥志愿服务团队自身的优势，志愿服务团队的自治能力尚有欠缺，志愿服务的工作效率有待提高。

（二）未来展望

1. 重视团队培育，加强志愿队伍的制度化、组织化建设

志愿服务团队的良性运转在提升志愿服务质量和效率方面发挥着重要作用。德积街道在今后的发展中，将注重培育志愿服务团队的骨干力量和团队带头人，形成团队自我管理、自我发展的模式。通过定期组织召开分享会，从制度制定、队伍建设、服务开展、宣传推广等方面详细总结和分享志愿服

务工作经验，不断推进社区志愿队伍朝制度化、组织化方向发展。同时，街道将进一步优化志愿者队伍结构。一方面，继续加大志愿者教育力度，引导和激励广大干部职工积极投身到服务基层、服务社会、服务群众的工作中，积极加入志愿者队伍；另一方面，动员和吸纳各类专业志愿者参与，不断壮大服务力量，改善队伍结构。

2. 推动"五社联动"，增强志愿服务产业活力

"五社联动"在构建良好社区秩序、满足社区居民多方面服务需求、促进社区关系建设方面发挥着重要作用。德积街道在未来的工作中将进一步推动"五社联动"，助力社区志愿者更好地提供公共服务，形成有活力的志愿服务体系。通过不断吸纳志愿者新力量，逐步梳理不同领域内不同功能的精细化志愿服务团队，同时，通过整合各方资源，为志愿服务平台搭建提供保障。

3. 培育"乐享志愿"的社区文化，提升社区治理水平

社区志愿者是基层治理的重要力量之一。在未来的发展中，德积街道将进一步培育"乐享志愿"的社区文化，重视志愿者功能，以志愿服务和谐居委会、社工与居民之间的关系，以耐心和恒心推进社区志愿者服务机制建设，稳步提升社区治理水平。

4. 打造"一村一特色"，切实贴近群众、服务群众

在开展志愿服务方面，根据每个村的实际情况开展志愿服务项目，实现"一村一特色"。在未来的发展中，德积街道将进一步挖掘每个村的特点，推出新的特色服务项目，完成项目的更新迭代。真正从人民群众的需求出发来提供服务，坚持"以人为本"的服务理念，让志愿服务活动尽量在内容、时间以及空间的安排上贴近群众、满足群众的需求。

社会志愿服务报告

Social Volunteering Reports

B.19
张家港市社会志愿服务团队发展报告

孙丽娟　陆亚芳　沈海卫　吴从群　朱成岁　钱雪英　石小蛟　王一芬*

摘　要: 张家港市社会志愿服务团队的发展,萌芽于友爱互助的民间道德
基础,得益于社会文明程度和市民文明素养的提升。张家港市社
会志愿服务团队在张家港市文明办的指导下,实现了制度化建
设、平台化运行,在友爱港城新时代文明实践智慧云平台上实现
了各类资源互通共享,平台既提供专门针对特定人群的志愿服
务,也提供面向所有市民的志愿服务。代表性的社会志愿服务团
队有同城伙伴志愿服务团、盲协志愿团队、乐美夕阳志愿服务
队、躬行公益俱乐部、心理关爱志愿服务支队、美湖使者志愿服

* 孙丽娟,张家港市南丰镇永联社区卫生服务中心(南丰镇人民医院永联院区)副主任、同城
伙伴志愿服务团项目负责人;陆亚芳,张家港市云盘实验幼儿园教师、苏州市盲人协会主
席;沈海卫,张家港市杨舍西城同创锁业服务部负责人、乐美夕阳志愿服务队副队长;吴从
群,张家港市税务局二级主办、躬行公益俱乐部发起人;朱成岁,张家港市南丰小学教师、
张家港市社会心理协会秘书长;钱雪英,张家港市环保志愿者协会副会长、张家港美湖使者
志愿服务团团长;石小蛟,张家港高级中学党政办副主任、快乐益拍志愿摄影团团长;王一
芬,苏州大学传媒学院硕士研究生。

务团、快乐益拍志愿摄影团等，在队伍建设、阵地打造、项目实施等方面提质增效，服务内容从传统的扶贫救济拓展到文化宣传、法律服务、教育助学、医疗卫生、环境保护等领域。

关键词： 社会志愿团队　社会组织　志愿服务

社会组织是政府和市场以外的"第三部门"，是我国社会主义现代化建设的重要力量。当前社会大众日益增长和多元化的需求为社会组织迎来了更广阔的生存空间和发展契机。社会志愿服务组织是社会组织的重要形态之一，近年来随着社会组织和志愿服务的快速发展，其在助力社会治理创新和推进社会和谐发展等方面发挥了积极作用，逐渐成为第三部门中最有活力、最具奉献精神的生力军。大力支持并推动社会志愿服务组织成长、壮大，无疑是向"善治"的社会治理模式更进一步的有效途径。

一　张家港市社会志愿服务团队发展概况

志愿服务是文明张家港最亮丽的一道风景。一直以来，张家港市把精神文明建设融入市场经济建设中，力争做到物质文明与精神文明协调发展、相得益彰。在被列为全国新时代文明实践中心建设首批试点城市后，张家港市更是积极推动志愿服务的提档升级，探索创新志愿服务的实践方式，建立了群众需求清单、社会资源清单和服务项目清单"三清单"工作模式，将"群众要什么"与"我们有什么"有机结合起来，在摸清需求、掌握资源的基础上，精心设计服务项目清单，真正精准有效地开展各类志愿服务活动，走出一条具有张家港特色的文明实践志愿服务路径。

得益于有力的政策支持和良好的发展环境，张家港市社会志愿服务组织萌芽起步较早。2007年1月，张家港市爱心义工分会在张家港市民政局备案成立，成为首支独立运作的民间志愿服务组织。2012年，张家港市在全国率先开发志愿服务数字管理系统——友爱港城网，融合了注册招募、项目发布、团队管理、服务记录、数据分析等多重功能。通达的网络平台为社会志愿服务团队开展志愿服务提供了重要支撑，民间志愿服务团队如雨后春笋般陆续崛起。以同城伙伴志愿服务团、盲协志愿团队、乐美夕阳志愿服务队、躬行公益俱乐部、心理关爱志愿服务支队、美湖使者志愿服务团、快乐益拍志愿摄影团等为代表的民间团体应时而生、顺势而为，不断践行和弘扬志愿服务精神，着力在队伍建设、阵地打造、项目实施等方面提质增效，服务内容从传统的扶贫救济拓展到文化宣传、法律服务、教育助学、医疗卫生、环境保护等领域，服务团队从零散化走向规范化和专业化，服务对象包括老人、儿童、新市民等人群。截至2023年9月底，张家港市注册社会志愿服务团队236支，总服务时长387.26万小时。

总体来看，张家港市社会志愿服务团队在市文明办的指导下，实现了制度化建设、平台化运行，在友爱港城新时代文明实践智慧云平台上实现了各类资源互通共享。这些团队大部分处于聚合阶段或规范化阶段，少数新兴团队处于创业阶段，根据服务人群可以分为两类：第一类团队主要服务于特定人群，如盲协志愿团队、乐美夕阳志愿服务队、同城伙伴志愿服务团，其服务特点在于更为专业和精准。由于团队的服务对象比较明确，志愿者们能够更有针对性地提供更专业和有效的服务。参加这类团队的志愿者通常聚焦于某一专业领域，掌握更多相关知识和技能。第二类团队则没有特定服务对象，面向所有市民提供服务，如躬行公益俱乐部、心理关爱志愿服务支队、美湖使者志愿服务团、快乐益拍志愿摄影团，其特点在于资源和服务范围更广泛。这类团队通常有更多的志愿者，能够提供更加全面和广泛的服务，同时能够覆盖不同年龄、不同背景、不同需求的服务对象，实现资源优化和共享。

二 有专一服务对象的志愿服务团队

（一）同城伙伴志愿服务团

同城伙伴志愿服务团于2013年成立，由广大爱心志愿者自发组成，隶属于张家港市文明办、张家港市志愿者协会。尽管同城伙伴志愿服务团目前拓展了服务范围，但其核心定位是一个专门服务于新市民及其子女的志愿服务团队，现有志愿者 1376 人，活跃志愿者 600 余人，骨干志愿者 35 人。团队有固定的办公场所、日趋完善的团队组织架构、微信公众号宣传平台、常态化开展的志愿服务项目。

1. 实践背景与发展历程

第七次全国人口普查数据表明，2020 年全国流动人口达 3.76 亿人，较 2010 年增长 69.73%，人口流动趋势更加明显，流动人口数量显著增加。党的十九大报告强调，要破除妨碍劳动力、人才社会性流动的体制机制弊端，加快农业转移人口市民化。社会参与是流动人口市民化的重要途径之一，也是流动人口社会融入的前提。张家港市以其数量丰富的企业、干净整洁的市容市貌、文明有序的城市氛围吸引了大量的外来人口。如何让新市民群体更好地进行社会参与？参与流入地的志愿服务是一个选择。新市民及其子女需要大量志愿服务的帮助，同时，新市民自身以志愿服务的形式加入社会团队之中，参与城市建设，也为其建构身份认同、加快社会融入提供了路径，促进他们与本地居民之间的交流和互动，增进相互理解，增强社区凝聚力和归属感。

同城伙伴志愿服务团正是在这一背景下成立的，其发展大致可以分为三个阶段。

2013~2014 年，起步阶段。2013 年 1 月，同城伙伴志愿服务队成立，并和金新城集团结成志愿合作伙伴，为新市民筹办了首次"百家宴"。2014 年，团队更名为同城伙伴志愿服务团，逐渐开始项目化运作，推出了一系列面向新市民及其子女的项目。

2014~2019 年，发展阶段。团队的服务项目日渐成熟，"精彩童年·快乐艺站""足印港城""虹筑之家·工友驿站"都逐渐发展成为品牌项目，赢得广泛关注。"足印港城"项目荣获 2016 年"苏州市最美志愿服务项目"称号，"虹筑之家·工友驿站"项目荣获 2019 年江苏省第四届志愿服务展示交流会金奖。同时，团队活动阵地得到完善，2016 年，同城伙伴志愿服务团队办公室搬迁，有了固定的办公场所。

2019年至今，成熟阶段。在团队服务项目化基础上，同城伙伴志愿服务团加强内部管理，围绕活动开展、奖励机制等建立一系列规章制度，加强组织培训，不断提升志愿服务质量和范围。2020年，"虹筑之家·工友驿站"项目在2019年度全国宣传推选学雷锋志愿服务"四个100"先进典型活动中被推选为最佳志愿服务项目。2022年，"虹筑之家·工友驿站"关爱建筑工友志愿服务项目荣获第六届"江苏慈善奖"。同年，团队推出"张闻明1号"志愿服务流动车项目，提供面向更多人群的志愿服务。

2.志愿服务特色项目

（1）足印港城

"足印港城"是同城伙伴志愿服务团旗下的一个列入市志愿服务伙伴计划的品牌志愿服务项目，活动内容主要是带领张家港市新市民子女游览港城，以此激发孩子们热爱港城、长大参与建设港城的兴趣。此外，"足印港城"项目可以增加社区内的交流和互动机会，促进社区居民之间的情感互动和沟通。通过志愿者的引导和支持，孩子们可以更好地认识到港城的特色和魅力，并发扬张家港优秀的文化传统，从而促进本地文化的传承和发展。

（2）虹筑之家·工友驿站

"虹筑之家·工友驿站"是专门服务于建筑工人的新时代文明实践志愿服务项目。张家港市有建筑工人4万余人，其中绝大部分是外来务工人员。为了更好地关心关爱建筑工人，帮助他们更好地融入文明张家港，张家港同城伙伴志愿服务团携手张家港市住建局建筑业管理处，联动司法、卫生、文化等相关行业资源及社会志愿服务团队力量，以关爱建筑工人为主题，常态化开展理论政策宣讲、法律普及、文明倡导、安全培训、心理咨询、文化娱乐、卫生健康、才艺展示、建筑工人未成年子女关怀等一站式服务，量身打造集休闲娱乐、学习进步于一体的服务平台，使工友们在忙碌辛苦的工作之余去寻找生活乐趣、展现自身才能、超越自我，从而在多彩多姿的生活之中快乐地工作。

（3）"张闻明1号"志愿服务流动车

"张闻明1号"志愿服务流动车是张家港市新时代文明实践工作指导中

心集聚社会资源、推动文明实践服务下沉做实、放大延伸好人文化"张闻明"品牌的又一次有益尝试，由爱心企业金新城集团赞助，同城伙伴志愿服务团承接服务，将文明实践的重点内容集合整合，利用"可移动"优势，通过小小的服务车流动送达全城。"张闻明1号"是一辆搭载理论宣讲、文化服务、科普宣传、便民服务等多重功能的文明实践流动车，利用"可移动"的优势，帮助志愿者们把文明实践服务灵活延伸到港城各个角落。自2022年"发车"以来，"张闻明1号"已经行驶了9500公里，为163场志愿服务活动贡献力量。

（二）盲协志愿团队

1. 团队概况

盲协志愿团队于2018年建立，团队负责人陆亚芳是一位因为视网膜病变而双眼致残的人。为了让更多像她一样饱受黑暗折磨的盲人朋友振作起来，走出家门，融入社会，在张家港市残联的支持下，她带领一帮爱心志愿者组建了盲协志愿团队。团队主要服务于张家港市的盲人群体，开展跑步健身、文艺表演、技术学习、无障碍观影等活动。目前，盲协志愿团队主要由非残障人士组成，市残联及盲人互助团体负责组织和协调志愿团队的活动，为其提供指导和支持。团队注重对志愿者定期进行专业助盲培训，以便更好地为盲人朋友服务，培训内容有协助盲人出行、平等地和盲人相处、服务过程中如何与盲人朋友交流、活动中的注意事项、安全方面保障等。自成立以来，队伍不断壮大，目前已经有近300名志愿者加入了团队，共开展志愿服务活动370多场，参与服务的志愿者4000多人次，服务总时长11800多小时。

2. 志愿服务特色项目

（1）爱心视障跑团

2018年3月，爱心视障跑团成立。该项目旨在帮助视障朋友走出家门，融入社会，参与各种活动，并定期组织在张家港各个公园进行跑步或健步走活动。盲协志愿团队还多次协助视障朋友参加各地举办的短程、半程马拉松比赛，陪伴他们顺利完赛。自成立以来，爱心视障跑团得到港城众多跑步爱好者的支持。每一次活动，志愿者们都全程陪伴视障伙伴，给予他们无障碍的接送和贴心周到的关爱，让每一个爱好跑步的视障伙伴都感受到了社会大家庭的温暖。

（2）追梦演绎队

盲协志愿团队在张家港市残联的支持指导下组建了"追梦演绎队"，吸纳全市爱好表演的残障伙伴以及爱心志愿者参加，定期学习唱歌、朗诵、舞蹈以及舞台表演艺术，并参加每年的苏州市残疾人兴趣小组展评。《逆光生长》《见字如面·我亲爱的祖国》《追梦者》《沂蒙山的故事》等节目获得苏州市残疾人兴趣小组展评综合类一等奖，并有多个节目参加了张家港市"村村演"公益文艺巡演。爱好朗诵的视障伙伴参加苏州市、江苏省乃至全国的比赛，多次获奖。每次活动中，志愿者或贴心接送，或一起参与，残健融合，一起演绎精彩。

（3）我是你的眼·我带盲人看电影

该项目是张家港市融媒体中心的品牌助盲项目，于2013年启动，和盲协志愿团队协作，累计陪伴盲人观看电影60余部。每次观影，志愿者们都精心准备、贴心服务，为盲人朋友带来精彩的声音盛宴。该项目获评第四届"张家港慈善奖"最具影响力公益慈善项目。

（4）盲人板铃球运动

板铃球运动是一项适合盲人的集娱乐、竞技于一体的运动。自2018年引进这项运动以来，在助盲志愿者的协助下，盲人运动员已经参加了全市、全省以及全国各级比赛，获得全国板铃球比赛三等奖及苏州市男子、女子单打一等奖等好成绩。

（5）暖阳推拿

为了回馈社会，盲人推拿师定期走进老年公寓、公交公司、街道社区开展"暖阳推拿"公益活动，并多次参与公益集市，用精湛的手艺为市民们义诊推拿，解除病痛，回馈社会。

盲协志愿团队助盲项目多次获评中国盲人协会助盲引领项目，获评

2019 苏州市重点志愿项目、2021 苏州市最具影响力助残项目、2023 张家港市优秀助残项目等荣誉。在港城，经常可以看到志愿者协助视障朋友参与活动的画面。

（三）乐美夕阳志愿服务队

1. 团队概况

乐美夕阳志愿服务队在张家港市志愿者协会指导下，于 2013 年 12 月成立，目前注册服务志愿者 298 人，团队志愿服务主体是老年特殊群体。团队成立后陆续开展实施了"温暖过渡房""贴心小棉袄"等为老服务项目。

2. 志愿服务特色项目

（1）温暖过渡房

2013 年，团队负责人王志勇在菜市场工作时发现，很多老人拆迁之后多住在过渡房，他们的业余生活也比较单一和匮乏。为了让过渡房里的老人们拥有更有质量、更有幸福感的老年生活，团队通过摸排走访全市各过渡房，跟社区对接，制定每个月的服务计划。考虑到老人上街理发、维修电器不方便的情况，团队邀请了 12345 家政服务队以及理发志愿者一起为老人提供免费理发、维修家电、缝补衣服等服务。此外，团队组织文艺志愿者把法律法规、方针政策、小区管理制度等编成老年人喜闻乐见的戏曲、小品等节目送到老人身边。活动受益老年群众 2 万多人，并且带动了各镇区多样化开展关爱过渡房老人活动。

（2）贴心小棉袄

2015 年，"贴心小棉袄"志愿服务项目开始策划实施，结对 15 户计生特殊家庭，志愿者们像一件件贴心的"小棉袄"，走进计生特殊家庭，通过聊天谈心、做饭聚餐、陪伴出游等，让这些特殊的家庭感受到了"子女"的关爱。团队开展全年"六个一"活动：志愿者每周至少一次电话了解结对家庭老人近况，老人在有需要时随时打电话给结对志愿者寻求帮助；每个月，结对志愿者购买聚餐食材，前往结对家庭，陪同老人进行家庭聚餐，感受家庭团圆气氛；在平时服务过程中了解老人们的"微心愿"，在中秋节、春节期间送上一份心愿礼物，让老人们享受到"子女"的爱；每年为老人们过一次生日，许愿祝福；集中组织一次计生特殊家庭老人的红色旅游，让老人们看看外面的世界；每年末组织一次计生特殊家庭老人联谊会，观赏、参与联谊会文艺演出，让他们老有所乐。

乐美夕阳志愿服务团队在志愿服务领域的贡献获得了社会各界的认可，其中这两个代表性项目尤其受到了广泛赞誉。"温暖过渡房"项目获评 2014 年度张家港市优秀志愿服务项目；"贴心小棉袄"项目获评 2015 年度张家港市优秀志愿服务项目、2017 年度苏州市百个重点志愿服务项目。

三　综合性志愿服务团队

（一）躬行公益俱乐部

1. 团队概况

躬行公益俱乐部于 2019 年 10 月在张家港市民政局注册，并同步在友爱港城新时代文明实践智慧云平台注册躬行志愿者服务团队。目前，团队注册志愿者 356 人，主要由机关干部、老师、医生和爱心企业家构成，团队持续开展关爱贫困学生、关爱困境儿童、关爱参战老兵和关爱残疾人的志愿服务。志愿者采取统一建群、集中管理、分组运营的方法，下设羽毛球等 9 支健身运动队伍和一个躬行学习社、一个躬行理发队。截至 2023 年 9 月，累计开展各类活动 270 余场，参与人员 2349 人次，服务时长 5380 小时。

2. 志愿服务特色项目

（1）"伴你健身"志愿服务项目

该项目实施 3 年来，每年开展 40 多场健身运动，每周在体育馆陪伴听障朋友进行羽毛球、乒乓球训练，在健身房陪伴指导健身训练。定期在张家港公园、暨阳湖生态公园陪伴盲人朋友进行马拉松训练，在躬行志愿者的陪伴下，很多残障朋友的体质增强了，性格也开朗了。

（2）"点亮生活"公益助残项目

在张家港市残联的指导下，躬行公益俱乐部携手盲协志愿团队持续开展"点亮生活"公益助残项目。项目实施三年来，每年为20户盲人家庭采购智能家居，通过"人工智能点亮新生活"推动项目定制化、亲情化，使60多户视障朋友家庭实现智能阅读和居家生活"无障碍"，生活品质得到了较大提升。为丰富残障朋友的文化生活，躬行志愿者带领他们走进保利大剧院观看话剧、走进电影院观看爱国题材的电影和当年的大片、热片，累计陪伴观影观剧50多场，有效丰富了残障朋友的精神文化生活，也让他们在观剧观影过程中感受到了社会的美好和浓厚的家国情怀。

（3）"牵手苔米"关爱残障困境儿童志愿服务项目

团队在正式注册的前一年就开始持续关注两名困境儿童，一名是"马蹄足"女孩，一名是脑瘫女孩。2018年3月，躬行团队用三天时间筹集到68500元，带"马蹄足"女孩到北京成功做了手术。2018年开始，躬行团队持续帮扶一名脑瘫女孩，在物质帮扶的同时更加注重智力帮扶，组织多名教师志愿者对其进行学习辅导。为了关爱帮扶更多困境儿童，躬行团队又和张家港市特殊教育学校联系，组织志愿者通过互动游戏、编织手工饰品、爱心采购饰品等方式帮助孩子们点燃生活的信心和勇气。

（4）"情暖老兵"志愿服务项目

该项目实施五年来，持续关爱50多位参战老兵，通过走访慰问、亲情陪伴、拍摄口述历史影像、制作老兵画册等各种形式关爱老兵，并连续三年为20多位参战老兵拍摄婚纱照，让老兵感受到来自社会的关爱和尊崇。

（5）"夏日送清凉"志愿服务项目

该项目实施四年来，每年夏天持续一个多月，为交通警察、环卫工人、快递小哥、外卖小哥等户外工作者送去清凉物资，累计关爱2000余人次，发放物资总计20多万元，并力所能及为他们提供温暖服务，让尊重劳动、尊重劳动者成为躬行团队的良好风尚。

（6）"益起躬行品书香"志愿服务项目

躬行团队依托张家港市图书馆外文阅览室、躬行工作室等主要阵地，每周开展读书会活动，通过专家领读、志愿者诵读、全员读书的方式，积极推广全民阅读。过程中，邀请残障朋友和困境儿童一同参与读书活动，让读书与公益深度融合，引领更多人爱上阅读，也通过阅读滋养精神生活，增强文化自信。项目实施四年来，直接参与者2000多人次。

自成立以来，躬行公益俱乐部积极践行社会主义核心价值观，高度融合健身运动和学习交流，持续开展了"点亮梦想""一片兵心""生日快乐"等志愿服务，扶贫帮困、助学助残，努力传递社会温暖，持续凝聚向上向善的力量。据统计，躬行团队捐赠了价值1000多万元的新衣服，成立了280多万元的躬行奖学金，援建了8个躬行图书室，一对一结对帮扶了180多名贫困学生，持续5年帮扶了7名困境儿童……团队先后获评张家港市先进助残组织、张家港市最具影响力公益慈善组织、苏州市优秀阅读推广组织、2022年江苏省优秀志愿服务组织；躬行读书会被江苏省总工会表彰为优秀职工读书组织；"益起躬行品书香"活动被江苏省全民阅读办公室认定为三类公益阅读活动，"因为爱情"关爱参战老兵志愿服务项目被张家港市退役军人事务局表彰为优秀志愿服务项目。

（二）心理关爱志愿服务支队

随着社会的飞速发展，尤其是在我国的社会转型发展进程中，社会心态问题越来越受到党和政府以及社会各界的关注。习近平总书记在党的二十大报告中明确提出要"重视心理健康和精神卫生"。为满足港城市民日益增长的心理健康服务需求，高质量开展心理关爱志愿服务，张家港市委宣传部牵头组建了心理关爱志愿服务支队，由心理关爱实习生、心理关爱骨干、心理关爱专家等400余名志愿者组成，相关部门、各区镇积极响应，广泛成立心理关爱志愿服务队伍，与市级支队形成联动机制。心理关爱志愿服务支队以宣传普及心理卫生知识、心理咨询、心理讲座、专业培训、社会调研为主要服务方向，常态化组织开展系列"健心"志愿服务活动。

1.团队概况

为提升社会心理志愿服务专业水平，确保心理志愿服务走深走实、见行见效，组建由多元力量构成的团队，心理关爱志愿服务支队面向社会招募有心理学专业背景的志愿者，目前已有100多名专业心理志愿服务人员，并成立了核心团队。此外，团队还面向社会招募对心理学感兴趣的志愿者，目前已有200多人参与进来。两队人员各有所长、相互配合，共同完成心理科普、心理体验等工作。

团队通过前期调研、加强部门联动，常态化开展各项社会心理服务志愿活动，依托张家港全民健心云平台、微信公众号等新媒体形式，广泛宣传心理科普知识，提升市民心理素养。团队与张家港市科学技术协会联合举办心理科普微视频大赛；进社区宣传发放心理科普宣传手册5000多册，推送心理科普文章30多篇，开展市民心理健康核心知识知晓率问卷调查，推动心理知识普及，群众知晓率达81.2%，受益群众5万余人；联合张家港市社科联开展"喜迎二十大、奋进新征程"社科宣讲进基层活动近10场。

为提升志愿者能力，通过"专家+骨干+爱好者"模式定期开展研讨交流、专业培训活动，已开展线上和线下培训20多场，益心读书会10场，大幅提升了志愿服务团队的凝聚力和战斗力，确保团队心理服务工作规范化、常态化开展。

2. 团队工作机制

（1）专业化提升社会心理志愿服务能力

充分利用社会心理服务指导中心的资源优势，丰富心理志愿服务人才培养形式，有针对性地开展培训，如定期开展志愿服务培训悦心大讲堂、一月一期的专业督导等，提升心理志愿服务队伍专业水平。加大心理志愿服务队伍培育力度，重点培育心理科普、心理疏导、心理危机干预等专业心理志愿服务团队。

（2）精准化开展社会心理志愿服务活动

不断开展活动前的调研，精准化开展社会心理志愿服务，例如强化"一老一少"和残障人士心理服务，持续为空巢、留守老人及妇女、儿童、特殊家庭提供心理辅导、情绪疏导、悲伤抚慰、家庭关系调适等心理健康志愿服务。

（3）完善社会心理志愿服务管理机制

在张家港市志愿者协会的指导下，探索建立符合当前社会心理特点的心理志愿服务人员培训、准入、评价机制，严格进行志愿者筛选，建立志愿者档案，建立公平有效的志愿者激励机制，开展年终评优评先活动，激发志愿者工作热情。

3. 志愿服务特色项目

（1）心理科普"双百"公益行

为满足市民日益增长的心理健康需求，心理关爱志愿服务支队务实开展心理科普"双百"公益行项目，包括"百场心理科普社区行"和"百场心理科普体验行"，采用"请进来、走出去"的方式，与社区、学校、企事业单位结对建立挂钩联系机制。

"百场心理科普社区行"：定制心理科普菜单，组织团队成员走进 100 所社区学校宣传、普及心理健康知识，传播心理健康观念，开展心理疏导、心理咨询，满足社区居民的心理健康需求，让心理科普"飞入"寻常百姓家。

"百场心理科普体验行"：面向全市中小学开展未成年人走进心理科普馆体验活动，根据不同年龄特点，设计丰富多彩的心理体验活动（心理团辅、心理影片欣赏、心理科普探秘、心理设备体验、心理小课堂、小实验），以体验为主，增强趣味性，提升中小学生心理知识水平，加强"心体验、新成长"品牌建设。

（2）社会心理服务"六进"行动

为打通心理服务"最后一公里"，团队开展新时代文明实践社会心理服务"六进"行动（进机关、企业、学校、社区、农村、家庭），目前已举办活动 40 多场，覆盖 30 多个社区、5 家企业、4 个机关、4 个农村，深受市民欢迎。实施心理志愿服务项目化，有效推进社会心理服务的精准化和专业化。结合相关单位实际情况，陆续推出专注力进校园、心关爱·悦生活（为全面促进居民心理素养和文明素养提升，开展心理健康快车项目，目前已开展心理讲座 10 场，心理疏导 15 人，受益者共计 200 余人）等心理服务项目。积极开展苏州市未成年人体验站文明实践活动，依托心理科普馆和心理功能室，组织开展系列心理健康宣传周活动。暑假，开展了"家门口的暑托班"专注力训练营活动、未成年人走进心理科普馆体验活动 10 多场，打造"心体验、新成长"未成年人体验站服务品牌，为未成年人的心理健康保驾护航。

（3）张家港全民健心云平台

为提升社会心理服务质量和效率，张家港高标准建设了网上心理服务平台，即"张家港全民健心云平台"。平台设计了心理测评、心理科普、名家专栏、线上咨询等多个功能模块，云后台可以进行心理测评管理、硬件采集、心理画像、筛查预警和权限设置等。市民登录云平台后，可以随时进行自主学习，也可以预约咨询和来开心驿站参观体验，还可以通过热线电话与心理咨询师连线，及时地舒缓压力和情绪，让更多市民享受到心理关爱志愿者们的"暖心"服务。新冠肺炎流行期间，市民通过云平台的"解忧信箱"等服务及时纾解了心理焦虑情绪，同时提升了心理科学素养和心理健康水平。

（三）美湖使者志愿服务团

美湖使者志愿服务团成立于 2013 年 7 月，是由一群富有爱心、热爱环保事业的志愿者自发组建的志愿服务团队。团队在张家港市志愿者协会的带领下，秉承"关爱自然"的理念，以保护湖泊为己任，以城区及乡镇河道、人工湖（含周围公园）等为对象，为进一步改善生态环境、推进美丽张家港建设贡献力量。

团队成立之初，通过线上论坛自发组织成员，先后开展防止溺水、环保宣传等单个项目，并在项目推进过程中拓展队伍建设，吸纳新的志愿者，不断发展壮大。目前，团队下设暨阳湖分队、沙洲湖分队、凤凰湖分队、梁丰生态园分队、张家港公园分队、大新湖分队共六支分队。截至 2023 年 9 月底，美湖使者志愿服务团共有注册志愿者 7062 人，参与服务志愿者 66153 人次，服务时长达 176430.5 小时。

1. 团队工作机制

（1）注重开展长期计划，保证项目可持续性

美湖使者志愿服务团开展的许多项目都是常态化的，如"珍爱生命·防止溺水"项目。这种常态化的项目易于形成规范化和制度化的管理模式，便于志愿者的组织和管理，同时也可以使志愿服务更有针对性和实效性，更容易推动社会认知和价值观的转变。

（2）活动趣味性与知识性并重

美湖使者志愿服务团通过各种宣传手段，如现场宣传、礼品发放、真人秀飞行棋等，向公众传达环保和垃圾分类等方面的知识。通过趣味性的活动设计，志愿者感受到了志愿服务的乐趣和意义，提高了群众参与度和满意度，同时，在志愿服务活动中传递相关知识和理念，推动公众关注和认识社会问题，并在实践中加深了解，促进其自我学习和成长。

（3）整合资源，多途径链接社会资源

美湖使者志愿服务团不断与其他团队、机构加强合作，实现资源整合，提高志愿服务的效率和质量。通过整合其他团队、机构的资源，拓展志愿服务的领域和内容，提升志愿服务项目的多样性和可持续性。通过链接企业，获得相关志愿服务活动经费的支持。

2. 志愿服务特色项目

（1）"珍爱生命·防止溺水"志愿服务项目

2013 年 7 月，美湖使者志愿服务团策划开展了"珍爱生命·防止溺水"项目，现已发展为常态化项目，在每年 7～8 月进行。通过志愿者现场宣传、引导并普及溺水急救知识，让游玩的人建立自我保护意识，减少、防范溺水事件的发生。活动自 2013 年夏季开展至今，服务时间段内相关湖泊未发生一起溺水事件。2023 年，美湖使者志愿服务团下属暨阳湖分队、沙洲湖分队、大新湖分队共计开展活动 157 场，参与服务志愿者 2124 人次，累计服务时长 4344.5 小时。

（2）"保护生态·美丽港城"文明游园环保周周行

2013 年 9 月，美湖使者志愿服务团策划"保护生态·美丽港城"环保

周周行活动,针对张家港市湖泊和公园向游客开展文明旅游、环保知识宣传、捡拾垃圾、打捞湖面杂物以及防溺水等志愿服务行动。志愿者现场发放垃圾分类宣传礼品,并以身作则围绕湖泊和公园进行垃圾分类宣传,传播"爱护环境,从我做起"的环保理念,提升市民环保意识。活动常态化开展,每周安排各分队招募志愿者 20 人,同时开展活动。

(3)"给垃圾分家·做环保达人"真人秀飞行棋

2015 年 5 月,美湖使者志愿服务团策划"给垃圾分家·做环保达人"真人秀飞行棋志愿服务项目。由团队志愿者组织,鼓励市民参与,活动在购物公园、张家港公园、沙洲湖、暨阳湖等场所开展。在活动现场,设置大型真人秀飞行棋、大型环保拼图、垃圾分类宣传展板等,让游客了解垃圾分类的知识,增强垃圾分类及环境保护的意识。2022 年,该活动共开展活动 5 场,参加服务志愿者 118 人次,累计服务时长 329.5 小时。

(4)美好杂货铺慈善商店

2018 年 12 月,"美好杂货铺"慈善商店闲置物品循环计划志愿服务项目开始实施,并在 200 平方米的临街园林服务站落地。项目按照"一处场地、多点出击、线上线下、全面开花"的思路,建立起闲置物资循环利用的常态化渠道,除义卖外,广泛开展"我为困境儿童添衣""失独老人微心愿""关爱环卫工人"等帮扶服务,实现"有温度"的传递和流通。2019 年美好杂货铺义卖款项与张家港市慈善总会管理的新时代文明实践基金管理有机整合。

多年发展中,美湖使者志愿服务团获得多项荣誉:团队荣获 2014 年张家港市优秀志愿团队,"珍爱生命·防止溺水"项目荣获 2013 年张家港市最佳志愿服务项目及 2016 年苏州最佳志愿服务项目提名,"保护生态·美丽港城"文明游园环保周周行项目荣获 2014 年张家港市最佳志愿服务项目,"美好杂货铺"闲置物品循环计划志愿服务项目荣获 2020 年江苏省文明实践志愿服务项目大赛金奖。

（四）快乐益拍志愿摄影团

快乐益拍志愿摄影团成立于 2013 年 11 月，旨在为港城各项活动尤其是志愿活动提供摄影服务，用瞬间记录文明城市的发展历程，用凡人善举温暖一座城。经过十年的发展，快乐益拍志愿摄影团已经成为百人团队，团队摄影水平持续提升，多名成员为国家级、省级、苏州市级、张家港市级摄影家协会会员。

1. 团队工作机制

（1）专业性和参与性相结合

快乐益拍志愿摄影团实行自愿、民主的管理体制，分为核心小组、活动联络组、后勤发展组、技术指导组，一般每月定期召开常规性聚会，总结以往活动经验、安排近期拍摄工作。对志愿者实行有进有出的淘汰制度，以达到保持志愿摄影队伍凝聚力的目的。为确保拍摄效果，团队成员以老带新，活动后进行总结点评，以提升团队成员的摄影水平。

（2）培训与实践相结合

通过持续的内部培训实现团队孵化与培养，并不断通过实践提升志愿者能力。自 2015 年开始，团队举办 5 届公益摄影培训班，选拔 15 名团队优秀骨干为大家授课，有 200 多名志愿者参与了理论和实践学习，为团队补充了摄影力量。

（3）"压担子"和强化交流相结合

强调团队文化的建设，注重提升志愿者的认同感和凝聚力。每年组织快乐益拍生日会、年度总结表彰会，每年年底进行团队评优评先，对年度工作进行总结，对优秀团员进行表彰；每年编辑一本《快乐益拍》年度画册，将优秀的作品编辑成册，供大家交流提高；开展每周益拍公益摄影活动，将团员提供的图片和文字择优选登在公众号上，提供相互交流和展示的平台；不定期组织交流点评活动，提升大家的拍摄兴趣，把更多的摄影爱好者发动起来。自 2023 年开始，团队把每周益拍改成每日一拍，更加激发了大家的拍摄热情，提升了照片质量和公众号阅读量。

2. 志愿服务特色项目

快乐益拍志愿摄影团加强和企业的合作，合理发挥自身摄影特长优势，先后和中国银行张家港分行一起开展了"百岁老人全家福（2012 年）"和"百岁老人幸福瞬间（2014 年）"笑脸征集活动，为张家港市一百多位百岁老人拍摄全家福、拍摄百岁老人的经典笑容；与建业建筑安装公司一同开展"祝福港城"活动，深入全市基础设施和大型建筑工地，为建筑工人拍合影、拍单人照，先后为 20 多个工地的 1500 多名建筑工人拍照，关心关爱基层特殊工作环境的劳动者。

四　张家港市社会志愿服务团队面临的挑战与未来展望

（一）面临的挑战

1. 服务专业化程度不足

随着社会的不断发展和进步，面对青少年问题、医疗救助、法律咨询等复杂的社会事务，需要发展各类专业人士参与志愿服务。在张家港志愿者队伍中，专业志愿者比例较低，限制了志愿服务的专业水平。此外，部分志愿团体缺乏完善的管理机制和培训体系，志愿者缺乏必要的培训和指导，无法提供更好、更专业的志愿服务。这些问题导致张家港社会志愿服务团体面临着服务专业化程度不足的困境。

2. 志愿者年龄结构相对老化

当今社会中，青年群体工作和生活压力较大，时间安排上不方便，导致青年群体参与志愿服务的热情不高，志愿者队伍的年龄、身体、知识结构相对老化，难以适应社会变革和发展的要求。这也限制了志愿服务的活力和创新能力，并且影响到志愿服务的质量和效率。

3. 缺乏经费支持和保障

按照我国法律规定，未注册的民间志愿服务组织不能面向社会募捐。即使注册登记了，取得公开募捐的资格也并不容易。这些民间志愿服务组织的主要收入来源依然是会员会费、爱心企业支持，没有其他稳定的收入来源，因此常面临"巧妇难为无米之炊"的局面。这导致志愿服务可以进行的范围受到了局限，无法涵盖更广泛的社会群体和领域，同时也影响到志愿服务组织的稳定性和可持续性。

（二）未来展望

张家港市社会志愿服务团队的发展萌芽于友爱互助的民间道德基础，得益于社会文明程度和市民文明素养的提升，而张家港在志愿服务制度化建设方面的探索和友爱港城新时代文明实践云平台的搭建，又将社会志愿服务团队的发展纳入了全市志愿服务的体系框架中，进而服务于城市精神文明的深化，形成了良性循环。未来，在发展过程中，社会志愿服务团队的发展既要注重自身的管理和建设，更要与时俱进，服务大局、服务群众、服务发展，才能保持更强大的生命力，具体可以从以下四个方面着力。

1. 加强思想引导，以党建赋能社会志愿服务团队

引导社会志愿服务团队坚定政治立场，深入学习贯彻习近平新时代中国特色社会主义思想和党的二十大精神，宣传和执行党的路线方针政策，引导广大志愿者听党话、跟党走。根据社会志愿服务团队的实际情况，制定党建规划，明确党建目标、任务和措施，将党建工作融入志愿服务的整体规划和发展战略中。发挥市级志愿服务综合党委作用，在成熟的社会志愿服务团队中试点实体型或功能型党组织，做好发展党员和党员教育管理工作，形成党组织引领党员、党员带动全社会的志愿服务生动局面。

2. 完善制度建设，实现社会志愿服务团队的规范化发展

倡导具备条件的社会志愿服务团队在民政局登记成为社会组织，明确团队职责和服务方向，建立有效的组织管理架构，建立专人负责、流程规范、监管严格的工作机制，确保团队规范化和有序运行。制定志愿服务团队规章制度，明确志愿者的权利和义务，规范志愿服务的流程和工作要求，确保服务的一致性和可操作性。加强社会志愿服务团队交流合作，采取"传帮带"

等方式，培养志愿服务骨干，孵化专业志愿服务组织，不断提升项目管理和运行能力。引导社会志愿服务团队遵守反腐倡廉有关规定，制定廉洁合规建设清单，主动接受政府部门监管和社会监督。

3. 提升技能培训，推进社会志愿服务团队的专业化建设

推动社会志愿服务团队与相关专业机构和社会组织建立合作关系，共同开展培训、进行资源共享和项目合作，实现专业优势互补、协同发展。完善"社工+志愿者"协作机制，鼓励社会志愿服务团队吸纳社会工作者，鼓励社会工作服务机构在开展公益活动时招募社会志愿者，发挥社会工作者在组织策划、项目运作、资源链接等方面的专业优势，形成社会工作者和志愿者优势互补、协调配合、共同服务的格局。加强志愿者管理培训，针对理论素养、通用知识、专业技能等主题开展分级分类的培训，推动社会志愿服务团队服务更加专业、高效。

4. 凝练特色，打造社会志愿服务团队的品牌化项目

紧紧围绕群众所需所盼，突出思想引导、聚焦服务群众，将传播科学理论、宣讲党的方针政策、弘扬主流价值有机融入志愿服务活动，有针对性地做好志愿服务规划和项目设计开展。结合团队自身的能力特点和专业方向，策划扶贫、济困、扶老、救孤、恤病、助残、救灾、助医、助学和大型社会活动等重点领域志愿服务，打造具有自身特色的项目品牌，利用各种渠道进行品牌推广和宣传，如社交媒体、官方网站、媒体报道等。通过宣传视频、图片展示、志愿者故事等方式，向公众传播团队形象和价值观。打造具有地方特色和影响力的品牌化项目，提高公众认可度，吸引更多的志愿者积极参与，实现志愿服务的可持续发展。

B.20

张家港市企业志愿服务发展报告

左灿　孟丹　王建丰　李蓉蓉　陈继红　沈烨　缪珍*

摘　要： 张家港市企业志愿服务起步较早，整体涵盖了多种模式类型，按志愿服务本身的运行管理来划分，既有党委、工会、企业行政"三位一体"模式，也有基金会模式和耦合模式。本文从三种模式出发，对张家港市不同企业的志愿服务特点进行了梳理。在未来发展中，企业志愿服务将围绕四个层面开展：从顶层设计上激励企业志愿服务；建立重视志愿服务的企业文化；加强企业志愿服务的社区化合作；提升企业志愿服务的品牌影响力。

关键词： 企业志愿服务　企业社会责任　志愿服务

随着企业社会责任理念的发展，企业志愿服务水平不断提升。对企业自身而言，开展志愿服务是建设企业文化、树立企业形象的重要路径；对社会而言，企业志愿服务对促进社会和谐、推动共同富裕发挥了重要作用。综合实力常年位居全国百强县前三的张家港市，社会经济发展快，企业的志愿服务起步也较早。早在2013年，张家港市就已有民营企业成立的志愿服务组织。截至2023年9月，张家港市约有251支企业志愿服务团队，多由企业直接组织，开展各类志愿服务活动，服务于社会治理和城市建设，是张家港

---

* 左灿，博士，中国社会科学院新闻与传播研究所助理研究员，研究方向为文化研究、媒介与社会；孟丹，沙钢集团有限公司团委副书记；王建丰，江苏华昌化工股份有限公司党委秘书、团总支书记；李蓉蓉，江苏张家港农村商业银行股份有限公司小微金融事业部审计中心部长；陈继红，齐力建设集团有限公司党支部书记、工会主席；沈烨，张家港澳洋医院院长，张家港市澳洋志工协会会长；缪珍，金新城置业集团有限公司品牌经理。

市志愿服务的重要力量。

从整体来看，张家港市的企业志愿服务涵盖了多种模式类型，按志愿服务本身的运行管理来划分，既有党委、工会、企业行政"三位一体"模式，也有基金会模式和耦合模式。企业发挥各自优势，利用业务特点参与张家港市的志愿服务工作。

一 "三位一体"模式

张家港市开展志愿服务的企业中，采用党委、工会、企业行政"三位一体"模式的比例较高。该类企业的党委和工会组织通常在企业内部组建专门的志愿服务队，开展志愿服务活动，将志愿服务与企业文化建设紧密结合起来。

（一）江苏沙钢集团志愿服务

江苏沙钢集团（以下简称"沙钢"）是世界知名的钢铁材料制造和综合服务商之一，产品远销至全球100多个国家和地区，连续十多年跻身世界500强。沙钢以"钢铁报国、创造财富、造就员工、回馈社会"的社会责任理念，积极参与社会公益慈善事业，丰富企业文化建设的内涵。

在志愿服务层面，沙钢由党工团组织，主要依靠企业内部的沙钢青年志愿服务社（原称沙钢志愿服务社）开展志愿服务活动。沙钢青年志愿服务社成立于2015年，目前在册志愿者有368人。此外，沙钢还会对接社会资源，以资金支持的形式参与其他志愿服务。

1.制度建设

沙钢制定了详细的《志愿服务工作管理规定》，对管理组织、管理内容、奖惩评优等做了明确的规定，以规范和促进志愿服务活动的有效落实。其中，对志愿者的培训管理清晰而富有特色。

初次培训。帮助新招募的志愿者加深对志愿精神的理解和志愿服务工作的认识，培训内容包括志愿精神、服务规范和权利义务等。初次培训可以在志愿者报名时当面进行，也可以采取集中培训的方式，由各志愿服务团队自行组织。

阶段性培训。在志愿服务活动开展过程中，对志愿者进行阶段性培训，帮助他们提高服务能力和水平。阶段性培训可以采取交流讨论、案例分析等方式，也可以通过集中讲解、个别辅导等方法。

临时技能培训。在开展专项志愿服务和大型公司活动志愿服务时，根据志愿服务活动等特别要求，对志愿者进行服务内容、服务规范和相关知识培训。有针对性地开展临时技能培训，主要采取集中培训等方式进行。

培训频次。志愿服务团队队长跟踪记录志愿者参加培训的情况，确保志愿培训全覆盖；志愿者培训纳入各总支月度培训计划中，每年不少于 1 次。

奖励机制层面的规定包括如下四个方面。

建立以服务时间和服务质量为主要内容的星级认定制度，鼓励职工长期参加志愿服务活动。共设置五个星级，志愿者注册后，志愿服务时间累计达到 30 小时者可晋升为一星级志愿者，累计达到 60 小时者可晋升为二星级志愿者，累计达到 100 小时者可晋升为三星级志愿者，累计达到 200 小时者可晋升为四星级志愿者，累计达到 300 小时者可晋升为五星级志愿者。

志愿服务团队通过志愿者个人申报、对服务对象进行回访等方式，及时了解志愿者参加志愿服务活动情况，并给予记录，作为星级志愿者评定等的基本依据。

每年评选表彰十佳优秀志愿者和优秀志愿服务项目，适时评选表彰优秀志愿服务团队，并给予各类奖励。

志愿服务团队可以建立志愿服务时间储蓄制度。志愿者本人需要帮助时，根据其志愿服务时长，志愿服务团队可优先为其提供志愿服务。

2. 特色项目

（1）低碳环保

作为传统的重工业企业，绿色发展是沙钢推进高质量发展的重要要求，低碳环保是其志愿服务的重要方面。为践行公司绿色发展的理念，持续打造绿色钢城，进一步增强全体干部职工"创绿、爱绿、护绿"意识，沙钢青年志愿服务社在植树节之际开展"增绿降碳、绿色发展"的志愿植树活动。在超低排整治期间，沙钢成立专业的环境整治队伍，全方位、全过程、全覆盖推进钢铁企业无尘化管理。

（2）沙钢工匠

沙钢青年志愿服务社家电维修队共有 35 名成员，其中有厂控技能高级技师职称的 5 人、技术员 10 人。从 2015 年成立至今，维修队保证每季度不少于一次的服务频次，累计为周边社区居民维修各类家电 320 余件。维修队凭着细致入微的服务和有忧必解的热情，受到了永新社区、锦丰科技创业园、海沙社区等锦丰周边社区居民的一致好评。

（3）公益食堂

由集团专项拨款到周边社区，建设公益食堂，服务 70 岁以上行动不便的老人或独居老人。沙钢青年志愿服务社的志愿者定期提供送饭服务，将餐饮直接送至有需求的老人家中。

（二）江苏华昌化工股份有限公司志愿服务

江苏华昌化工股份有限公司是江苏华昌（集团）有限公司的核心企业，始建于 1970 年，1999 年改制，2004 年整体变更为股份有限公司，目前是一家以化工为主业的 A 股上市公司、中国化工百强企业，形成了煤化工、盐化工、石油化工等多产品的产业格局。公司积极履行社会责任，在张家港"张闻明"品牌的影响下，于 2017 年组建了自己的志愿服务团队：华昌"金"字牌志愿服务队。截至 2023 年 9 月底，华昌"金"字牌志愿服务队共有 524 人，皆为公司员工，团队还荣获 2022 年度张家港市"优秀青年志愿服务组织"称号。

1. 团队建设

公司坚持党建引领，将志愿服务与公司党团组织建设相结合。华昌"金"字牌志愿服务队隶属于华昌化工团总支，志愿服务活动由团总支书记和各支部书记牵头策划和开展。具体工作中，华昌"金"字牌志愿服务队将志愿服务活动举办次数及质量纳入各党团支部书记年度考核，规定党团员志愿者一年内必须完成 4 次活动或者 10 个小时的志愿服务时间，引导成员积极参与志愿服务活动，持续提高志愿服务活动在员工中的影响力。

与公司人才团队建设相结合，保障志愿服务的持续性。紧扣华昌化工"7890"人才梯队建设重要精神，华昌"金"字牌志愿服务队积极吸纳新入职大学生等优秀年轻人加入，将发展新志愿者纳入党团支部书记考核，以壮大青年志愿者队伍，健全志愿服务队结构，切实推动实现志愿服务年轻化、可持续化。

培训奖励双管齐下。将每年 3 月定为志愿服务月，集中开展系列志愿服务活动，如培训服务注意事项，推行以老带新模式，集中表彰奖励优秀志愿者和活动组织者。公司每年开展优秀志愿者及优秀志愿服务活动组织者评比活动，根据志愿服务时长和活动组织，选树青年志愿服务典型，通过颁发证书、发放奖品、组织素质拓展活动、集中宣传报道等多种形式强化激励引领，发挥青年志愿礼遇促进作用。

2. 特色项目

华昌"金"字牌志愿服务队开展的志愿服务活动主要有四类：家电维修、环保行动、农化服务、文明健康。根据这些主题，服务队每年年初都会讨论、制订当年的志愿服务活动计划，在每个主题下提出若干系列活动，并由 2~3 名团支部书记牵头推进，以微信群的方式发布志愿服务活动内容。

（1）家电维修

为进一步弘扬雷锋精神、发扬传统美德，华昌"金"字牌志愿服务队面向周边社区，每两个月举办一次家电维修活动，集中免费维修社区居民各种损坏的小家电，如电热水壶、台灯、电磁炉、拖线板、电饭煲、取暖器等，同时讲解和宣传安全用电知识、家用电器的原理等。

（2）环保行动

针对张家港公园、沙洲湖公园、大型广场开展环境保护志愿服务项目。招募志愿者每周日进行环境污染物的清理，组织党团员开展公司内部植树添绿活动。

（3）农化服务

公司有农化部，专门研究植物病虫害原理，提供作物成长方案、施肥用肥和相关技术指导。依托公司这一优势，华昌"金"字牌志愿服务队走进合作社、走进大棚、走进田间地头，为种植大户提供政策、技术和产品等全方位服务，带动大家实现科技致富，助力美丽乡村建设。

（4）文明健康

德积长江江湾、大新湖区域夜晚游玩人数较多，其中包括不少孩童。每年暑期，华昌"金"字牌志愿服务队都会组织志愿者开展"珍爱生命、预防溺水"志愿服务活动。通过宣传引导，增强和提升市民的安全意识和素质水平，防止意外发生。同时，志愿者通过参与路口执勤、有序停放公共车辆等，引导市民安全出行，共同维护周边交通秩序。该活动也吸引了不少职工家属的参与。此外，华昌"金"字牌志愿服务队与金港义工联盟志愿服务队联合开展"文明出行、低碳生活"绿色骑行活动，用行动感染广大居民。

（三）张家港农商银行志愿服务

张家港农商银行于 2001 年 11 月 27 日正式挂牌，是全国首家由农信社改制组建的地方性股份制商业银行，截至 2023 年 9 月底，共有本异地 97 个机构网点。在支持实体经济、服务普惠"三农"的同时，张家港农商银行以志愿者队伍为有效载体，积极投身志愿服务工作，融入文明创建和社会治理进程。

1. 发展历程

张家港农商银行于 2014 年成立志愿服务队，由全行各部室、分支行各岗位党团员组成。成立伊始，志愿服务队下设金融服务志愿队、大家爱心志愿队、平安和应急志愿队、爱心互助志愿队、我为大家志愿队 5 个小分队，为港城文明城市建设、金融知识普及、行内大型活动等提供志愿服务。在实际执行中，5 个小分队的运营难以精准，参与活动的人员也往往有交叉，故张家港农商银行于 2020 年 2 月，以疫情防控为契机，将 5 个小分队合并，重新成立张家港农商行青年志愿服务队，属于总行党委领导下的群团组织。

截至 2023 年 9 月底，服务队有 265 名成员，平均年龄 28 周岁，设志愿服务队队长一名，统一接受总行党委及团委领导，根据总行年度党建以及团建计划开展相关具体工作；经费列入总行工会预算，具体工作由农商银行的团委负责。

2. 特色项目

张家港农商银行发挥优势，提供金融业务相关的志愿服务。张家港农商行青年志愿服务队荣获 2021 年度张家港市"青年志愿服务特殊贡献奖"、2022 年度张家港市"优秀青年志愿服务组织"、"2022 年度江苏省青年志愿服务事业贡献奖"等称号。

（1）"一棵树"公益项目

以张家港市凤凰镇为试点单位，成立"护桃先锋"青年志愿者队伍，深入调研，针对走访中发现的困难桃农实施精准帮扶，组织青年主播们依托省联社直播平台拓宽销售渠道。2022 年，帮助困难桃农线上线下共计销售水蜜桃 8481 箱，累计助农金额 41.2 万元。

（2）小小银行家

与各个社区联系，在周末面向社区的儿童及家长，进行理财知识以及反诈知识的宣讲。类似的还有"金融知识进校园"项目，它是走进校园，宣传相关金融知识。

（3）一杯水公益服务站

在全行 45 家分支机构设置"一杯水公益服务站"，为户外工作者和户外志愿者在炎炎烈日提供歇脚的地方、解渴的饮品，项目实施以来累计发放饮用水 37800 瓶。

（4）暖"新"驿站

依托全辖营业网点和书香银行"港城快递小哥青春接力站"，设立暖"新"驿站，为快递小哥、网约车司机、外卖员提供饮水休息、手机充电、图书阅读、打印复印、外伤护理等服务，帮助他们解决实际问题。

（5）书香银行

书香银行成立于 2019 年 11 月，是由张家港农商银行联合市图书馆共同打造的特色网点，旨在以阅读为桥梁，向市民提供差异化服务，吸引社会力量共同营造全民阅读氛围，在张家港市属于首家。网点共分为两层。一楼营业厅以户外劳动者需求为出发点，免费提供"5+X"标准的基础服务，包含饮水供给、避暑取暖、手机充电、伤痛救治、盥洗休息等，精心打造户外劳动者的"温馨港湾"。二楼以阅读空间为主，设置休闲阅读区、沙龙分享区、阳台休憩区、图书借阅区等多个功能区，放置各类图书近5000册，截至2023年初，已实现与全市"图书驿站"联借联还，市民使用开通图书借阅功能的市民卡即可通过自助机借还书籍。该网点是把新时代阅读方式与传统银行进行创新融合的一种尝试，自开业以来承接内外部活动70余场，获评"江苏省青年学习社"。

（四）齐力建设集团志愿服务

齐力建设集团有限公司成立于2003年，是一家集二程投资、建设、施工和管理于一体的综合性、多元化经营企业集团。在志愿服务方面，在党支部领导下，企业团支部负责日常运营，并于2017年成立齐心志愿服务队。截至2023年初，公司共有注册志愿者66名，占在岗员工人数的52.3%。

齐力建设集团的志愿服务体现在三个层面。第一，自主开展各类志愿服务活动，服务社会。2018年以来，齐心志愿服务队组织开展走进敬老院、走进社区、走进儿童福利院、垃圾分类、无偿献血、环保公益宣传、洁美港城等各类志愿服务活动100余场次，参与人数500余人次。第二，积极开展志愿服务结对共建。齐力建设集团先后与文明办、团市委、市妇联、民营经济协会、环保志愿者协会、城市管理志愿者协会、垃圾分类与资源利用促进会等政府部门或社会公益组织合作，参与张家港市文明实践基金、阳光青少年基金会、文明伙伴、益路同行、爱心联盟等结对帮扶、文明共建活动，资助开展敬老爱老、保护女童、慈善捐助、文明伙伴、友爱港城、城市环保、垃圾分类等多个公益志愿服务项目。第三，开展专业柜关的防汛抢险服务。齐力建设集团成立了一支防汛抢险的青年突击队，在每年汛期准备好防汛物资，一旦有需要，就由突击队迅速参与抢险救灾工作。

二 基金会模式

基金会模式是指企业依法成立基金会，由基金会提供购买服务，社会组织设计志愿服务项目进行创投，通过评估中标形式获取资金支持开展志愿服务活动的形式。张家港的企业中设有自己的基金会，并通过基金会支持志愿服务的并不多，较为突出的有永钢集团和澳洋集团，这里以澳洋集团为例。

澳洋集团成立于1998年，是一家跨地区、多元化的大型民营企业集团，集团产业以大健康为主体、绿色生态和纺织服装为两翼，涉及医疗服务、健康管理、康复护理、养老养生等领域，目前已跃居中国企业500强。多年来，澳洋集团通过慈善捐赠、公益行动等积极履行社会责任。

澳洋集团开展的志愿服务主要依托两大公益组织主体，即澳洋志工协会和澳洋公益基金会。2013年7月，澳洋集团联合社会各界爱心人士，发起成立了澳洋志工协会，它是一个由民政局批准注册成立的非营利公益组织。依托澳洋集团的行业特点，协会以"健康送万家，爱心传天下"为宗旨，指导并组织开展爱心帮扶、社会公益等志愿服务活动。2018年，澳洋集团成立了澳洋公益基金会，原始基金会规模500万元用于支持公益事业。澳洋志工协会通过参加市级各类创投和澳洋基金会的项目创投获取资金支持，从而得以整合社会资源。

（一）队伍建设

澳洋志工协会设有理事会，主要执行会员大会决议，审议年度财务预算、决算等，有33名理事、11名负责人，其中会长由澳洋医院院长兼任。协会有专职工作人员2名，负责日常志愿者招募、培训与公益项目的开展等。截至2023年9月底，经友爱港城新时代文明实践智慧云平台统计，加入澳洋志工协会团队的注册志愿者共计2300多人，其中主要包括学生志愿者、市民志愿者、澳洋医务志愿者等。此外，在多年发展中，澳洋志工协会打造了四支公益团队，即澳洋志工协会张家港市开放大学团队、由社区居民组成的好邻帮志工团队、澳洋医务志工团队、病区生命关怀心理咨询师志工团队，它们已成为协会的中坚力量。

为提升志愿服务的专业性，澳洋志工协会安排专职人员对志愿者进行管理，并每月定期进行志愿服务岗前培训，每年不定期组织团队建设活动，逐步形成"社工+志工，社工引领、志工辅助"的双工联动服务机制。澳洋志工协会对年度优秀志工进行表彰，使志愿服务进一步朝着有序、专业的方向发展。

（二）工作机制

1. 日常工作

澳洋志工协会定期在友爱港城新时代文明实践智慧云平台发布志愿者招募信息，定期对志愿者进行岗前培训。

澳洋志工协会在澳洋医院门诊楼设立了志愿服务站，对志愿服务制度进行公示，配备了志愿服务台，在导医台配备有专人、专用手机，为就诊盲人提供"滴语"App在线手语翻译服务，为志愿者提供培训管理、物品存放、用餐、饮水、休息等一站式服务。

澳洋志工协会根据志愿者的服务表现和服务时长，开展优秀志愿者表彰活动，调动志愿者的积极性。

澳洋志工协会设立澳洋桃李奖学金，每年为学生提供12.8万元经费支持。

2. 制度优势

资源整合：澳洋志工协会与社区、企业和政府合作，参与公益创投，整合各种资源，提高工作效率和质量。

社交化平台：澳洋志工协会利用微信群等社交平台，将志愿服务工作与社交化载体相结合，吸引更多人参与其中。

多元化服务：澳洋志工协会开展多种形式的志愿服务工作，如门诊导诊、病房关爱、心理援助、情绪疏导、健康宣教、社区义诊等，通过多元化服务满足群众多样化需求。

（三）特色项目

澳洋志工协会的服务主要依托澳洋集团的行业特点，长期聚焦医务社工专业领域，采用项目制。在项目的需求调研、策划、设计方面，澳洋志工协会紧扣医务相关领域，充分发挥医疗资源优势，结合医疗领域专家，在社区、医院两个阵地，通过探索、细分、优化、完善志愿服务项目，在健康教育促进方面逐步形成一套可复制、可持续的发展模式。

1. "点燃心灯、生命关怀"项目

"点燃心灯、生命关怀"项目是一个针对重病患者、病危人员的生命关怀项目，于2014年启动。项目运用"社工+专家+志愿者"模式，协助服务对象完善社会支持网络，在社会、心理、精神、文化等方面给予患者真诚的关怀和有效的帮助，使其舒缓不良情绪，勇于面对生活，珍爱生命中的每一天。在运行中，项目通过病区探访收集资料，组建患者互助成长小组，并经评估后，为部分患者提供个案服务等。截至2023年初，该项目每年服务对象达500多人次，入选了港城社工发展十年优秀社会工作项目案例，并被张家港经济技术开发区（杨舍镇）慈善会评为"最具爱心慈善项目"。

2. "志愿在澳医、健康我帮你"项目

"志愿在澳医、健康我帮你"项目强调助人自助，将社会资源整合起来。一方面，志愿者"走进来"，进入医疗机构，为患者提供门诊导诊、自助挂号、自助付费、病区理发、禁烟等服务，倡导文明礼仪、构建和谐社会。其中，参与门诊导诊志愿服务的大多是来自张家港市各学校的学生志愿者。另一方面，澳洋医务志工"走出去"，到社区、企业、学校提供义诊、康复指导、健康教育、健康促进服务，给部分困难患者送医送药，并开展主题活动。在新冠疫情中，该项目组织了大量医务志愿者奔赴核酸采样、样本检测、集中隔离等一线，支持疫情防控工作。

3. "有福'童'享"项目

"有福'童'享"项目是针对青少年儿童的一系列志愿服务项目，从健康、帮扶、心理多个层面为相关青少年儿童提供志愿服务。第一，红色爱

"心"行动——先心病筛查,项目主要服务新市民儿童,协会医务志工走进新市民学校,如旭东学校、绿丰小学等,为 6000 多名新市民儿童进行免费先心排查,并携手澳洋医院为两名先心病儿童进行免费手术。第二,精准帮扶困难儿童。协会联合市经开区(杨舍镇)妇联、党员志愿者,开展"守护天使、情暖港城"党员结对精准帮扶困境儿童活动,组织相关服务对象到科技馆、城市展示馆等参观学习,赠送书籍等生活学习用品,并组织医务志工对部分困境儿童进行体检,送医送药。第三,协会携手暨阳湖实验学校启动"乐助欢乐鼓——青少年快乐成长计划",并成立首支暨阳湖实验学校澳洋志工手鼓队,项目侧重于关注弱势青少年、新市民子女身心健康,通过教孩子们学习非洲手鼓,使孩子们感受到音乐的魅力、伙伴的关怀,增强自信。

澳洋志工协会获评第六届"张家港慈善奖"最具影响力公益慈善组织、第六届张家港市道德模范助人为乐奖等多项荣誉。

三　耦合模式

在耦合模式中,企业没有专门负责志愿服务的部门,而是以多部门、多主体的方式实现资源整合,通常既有企业内部的合作,也有企业与其他社会力量的合作。在张家港的企业中,金新城置业集团有限公司(以下简称"金新城")是这一模式中较为典型的例子。

金新城创建于 2002 年,现总部设于张家港市,是在全国发展、布局的综合性房地产开发运营商。在承担企业社会责任方面,金新城每年都设立公益志愿服务资金 50 万元,开展扶贫济困、慈善助学、抗灾捐助等多类型公益志愿服务活动,以实际行动回报社会。金新城的早期公益活动以直接捐款为主。

(一)工作机制

金新城的志愿服务采用的是耦合模式,其所依托的主体主要有三类:集团党支部、物业、社会力量。

一是集团党支部。以集团党建为引领,组建社区志愿服务联盟。从

2023 年 3 月起，金新城党支部与张家港城东街道社区党支部开展共建结对工作，并成立城东街道志愿服务联盟。结对共建以来，双方开展了"老小区楼道清扫"等多种类志愿服务活动。

二是物业。金新城物业是金新城的全资子公司，由此，金新城以物业为载体，开展在管小区志愿服务。以张家港湖滨世家、君临新城小区为试点，金新城开展"红色物业"先锋驿站试点建设。一方面，吸纳小区业主党员、业委会成员、楼道长组建海棠先锋志愿队伍，助力更高水平文明城市建设等中心工作，开展志愿集市、民生早市等各类群众喜闻乐见的志愿服务活动，不断提升群众的生活质量。另一方面，利用小区的架空层、物业用房、楼道等资源，按照"就地就近、小巧灵活、以小见大"的思路，设立"阅立方共享空间""红立方睦邻共享家"等服务阵地，开展主题绘本阅读、手工制作活动，在春节、元宵节、端午节、重阳节等传统节日开展民俗体验活动，开设科普系列课程等，以精细化的志愿服务提升群众的幸福感。此外，金新城还为小区的独居老人提供居家基础服务，包括量血压、日常慰问、家中水电检查等，为外卖员、快递员、环卫工人提供饮用水、口罩、药品等便民服务。

三是社会力量。2012 年 3 月，张家港市率先在全省提出并启动"学雷锋·志愿服务合作伙伴计划"。金新城第一时间响应，与专门服务于新市民和新市民子女的同城伙伴志愿服务团结成平等的合作伙伴关系，提供志愿服务团日常运营所需，支持开展系列志愿服务活动，它们是迄今为止"学雷锋·志愿服务合作伙伴计划"中合作最久的伙伴。金新城联合同城伙伴建成了张家港市首家由非公企业打造、社会志愿者运营的新时代文明实践点，以新市民为主要服务对象，以"征单、梳单、派单、接单"的形式收集整理新市民需求，解决实际问题，助力新市民在张家港享受到更美好的生活。

（二）制度建设

在金新城的志愿服务中，不同的依托主体有不同的制度建设。同城伙伴志愿服务团依据其自身特点，制定了各项规章制度，如《张家港市同城伙伴志愿服务团管理章程》等，对志愿服务组织、志愿团队建设、志愿者礼遇进行规范。依托物业的志愿服务则成立了"四方协同"联席委员会，并提出具体的运营制度。

1. 联席例会制度

每月20日小区党组织书记主持召开联席会议，听取物业管理情况，收集业主普遍诉求，研究问题解决举措，迅速解决居民业主的"急难愁盼"问题。

2. 重大事项协商机制

针对与业主群众切身利益相关的大工程、大活动或重大紧急事项，由小区党组织、业主委员会、物业服务企业中的任何一方提请"四方协同"联席委员会后，立即召开联席会议，共同商议推动小区大事。

3. 意见建议收集处理机制

由"四方协同"联席委员会统筹，通过设立意见箱、公开热线等形式，常态化收集业主意见建议和所遇问题，及时反馈社区党组织和物业服务企业，匹配社会组织服务内容，精准满足居民多元需求。

（三）特色项目

1. "张闻明1号"

2022年初，金新城集团新时代文明实践点投入启用志愿服务流动车——"张闻明1号"，搭建理论宣讲、文化服务、科普宣传、便民服务等平台，推动文明实践志愿服务下沉做实。利用"可移动"优势，"张闻明1号"开进村社区、商业综合体、企业、公园等地进行巡游，提供理论宣讲、健康促进、移动影院、科普宣传等服务，同时现场收集群众个性化需求，让文明实践更接地气、更有温度。高考期间，"张闻明1号"成为高考志愿服务点，提供心理咨询、口罩和消毒物品领取、防暑急救箱、免费矿泉水、便携电风扇、免费雨伞和应急手机充电等服务。

2. 文明实践，安全卫士

针对自然村、老旧社区部分居民家庭线路和用气管道老化，用电安全系数较低的问题，金新城开展"文明实践，安全卫士"活动，提供安全宣传服务，更换线路，增强居民的安全用电、用气意识，做好夏季防火工作，有效防范和遏制重特大火灾事故的发生。

四　张家港市企业志愿服务面临的挑战与未来展望

（一）面临的挑战

作为县级市，张家港市企业志愿服务发展相对成熟，呈现了不同模式，发挥了重要的社会作用，是张家港市志愿服务未来发展的重要力量和资源。但从现实来看，许多企业的志愿服务机制尚不成熟，仍在起步阶段，其未来发展仍面临诸多挑战。

1. 志愿者的认同感弱，参与热情有待提升

从各个企业的志愿服务情况来看，志愿者的活跃度有限。很多企业志愿服务团队的成员对志愿服务并没有认同感，而是将其视为工作任务，凝聚力差。许多企业没有形成较好的志愿服务工作机制，以动员广大员工参与志愿服务。这就需要企业进一步挖掘员工诉求，完善工作机制，增强志愿服务团队的凝聚力。

2. 培训机制不够完善，志愿者对志愿服务的认识不够全面

许多企业并没有建立完善的培训机制，对志愿服务的意义、志愿服务的注意事项、志愿服务的各种规范没有进行详细讲解，对专业的志愿服务也缺乏专门的培训，从而导致志愿者对志愿服务的认识不足。企业可以充分利用张家港市新时代文明实践工作指导中心提供的培训，在此基础上完善自己的培训机制，从而提供更为专业的志愿服务。

3. 企业内外部资源的整合程度不高，相关互动交流少

张家港市有大量的社会志愿服务团队，也有政府支持的志愿服务组织，它们都可以与企业志愿服务实现联动，进行优势互补。相对而言，多数企业志愿服务缺少与其他组织的互动，也难以较好地整合资源。

（二）未来展望

企业作为志愿服务的重要行动主体，能够为志愿服务的发展提供一定的资金支持、先进的管理理念和多元化的人力支持，在推动全社会志愿服务高效运行的同时，对实现企业职工的责任感、价值感，助力企业传播品牌形象具有不可或缺的重要作用。从实现路径上说，应重点从以下四个方面着手。

1. 加强机制建设，从顶层设计上激励企业志愿服务

从政府层面建立相应的保障机制，引导企业将志愿服务作为其社会责任履行的重点内容，广泛推动企业及其志愿服务团队投身志愿服务事业。发挥张家港市新时代文明实践工作促进会、新时代文明实践基金等平台的作用，为企业开展志愿服务提供更加稳定、优化、完善的参与平台和制度支撑，提供管理、培训、实施、评估等全流程服务，定期开展企业社会责任和志愿服务经验交流活动。

2. 营造社会氛围，建立重视志愿服务的企业文化

以多种形式加强对企业志愿服务的宣传，增强志愿服务与企业社会责任、企业形象的内在关联，营造企业参与志愿服务的社会氛围，建立重视志愿服务的企业文化。企业结合自身实际和行业特点，建立规范的志愿服务队伍，既要关注内部员工的人力资源优势和内在需求，也要考虑对社会的支持和参与，并开展聚焦企业、服务社会的多元志愿服务活动，善于发现、培养骨干志愿者，使之参与企业志愿服务的研讨、决策等环节，实现个人价值的再提升，让志愿服务理念得到更多企业职工的普遍认同，助力推动企业文明实践志愿服务常态化。

3. 拓展社会联结，加强企业志愿服务的社区化合作

通过企业志愿服务参与社会共同建设，加强社区化合作和本地化合作，加强与所在的村（社区）、学校、医院、社会组织等机构合作，运用"学雷锋·志愿服务合作伙伴计划"模式结成长期合作伙伴关系，结合企业的各类资源优势，提供更加贴近居民生活的志愿服务，社区化合作也为企业发展

提供了更加良好的社区环境。此外，企业与企业之间也可以加强合作共享，打造良好的企业志愿服务生态系统，扩大企业志愿服务的影响力。

4. 强化项目创新，提升企业志愿服务的品牌影响力

在企业志愿服务工作中，应以项目创新的形式形成品牌效应，提升影响力。积极引导企业充分发挥自身的管理经验、技术资源等优势，以制度固化志愿服务内容、流程和要求，对企业志愿服务战略规划、品牌管理做出更加细致的考量。同时，在打造具有自身特色的专业化志愿服务品牌方面，既要积极响应国家重大战略、重大活动，又要体现和贴合企业文化和品牌价值，以品牌打造塑造高品质的志愿服务内容，推动企业志愿服务快速健康发展。

附 录 张家港市志愿服务大事记

1996年

3 月　张家港市青年志愿者协会成立。

1997年

3 月　全国"青年志愿者行动与群众性精神文明创建活动"座谈会在张家港市召开。

2003年

9 月　一封来自鄂西大山深处的感谢信，掀起了寻找"张闻明"的热潮，中国移动张家港分公司集体结对捐助"湖北五峰三坪希望小学"的事迹逐渐为人所知。

2004年

3 月　张家港市志愿者协会成立。

2007年

1月 张家港市志愿者协会爱心义工分会在张家港市民政局备案成立，成为张家港市首支独立运作的社会志愿服务组织。

2008年

10月 张家港市志愿者前往汶川地震受灾的绵阳市东北镇参与灾后重建工作。

2010年

1月 由中央文明办、民政部、全国妇联发起，中国志愿服务基金会主办的"关爱空巢老人志愿服务行"在张家港市启动。

12月 张家港市志愿服务指导中心成立。

2011年

3月 张家港市开展"寻访宣传学习身边好人——张闻明"道德风尚行动。

4月 由中央文明办等8部门主办、中国志愿服务基金会承办的"关爱农民工志愿服务活动"启动仪式，在张家港市永联村举行。

2012年

3月 张家港市创新实施"学雷锋·志愿服务伙伴计划"。

12月 张家港市志愿服务网——友爱港城网正式上线。

2013年

1 月 张家港市财政设立了每年 150 万元的志愿服务专项资金。

12 月 张家港市发布张家港志愿者标识。

2014年

4 月 在全国县级市率先系统性出台《志愿者礼遇办法（试行）》，发布志愿者之歌《义路有你》。

2015年

9 月 江苏省志愿服务制度化建设暨志愿服务记录应用机制研讨班在张家港市举行。

2017年

3 月 张家港市行业志愿服务联盟成立，推广"志愿者+行业服务"新模式。

12 月 举办"150 万小时的故事"——志愿精神弘扬活动。

2018年

4 月 张家港市文化志愿者协会荣获全国学雷锋志愿服务"四个 100"先进典型"最佳志愿服务组织"称号。

7 月 发布张家港市志愿服务培训教程。

11 月 张家港市纳入全国首批新时代文明实践中心建设试点城市，志愿服务与文明实践融合发展。

2019年

2月 杨舍镇金塘社区荣获全国学雷锋志愿服务"四个100"先进典型"最美志愿服务社区"称号。

2020年

3月 张家港市志愿服务指导中心整建制划入张家港市文化中心管理委员会办公室，张家港市文化中心管理委员会办公室更名为张家港市新时代文明实践工作指导中心。

8月 "虹筑之家·工友驿站"关爱建筑工人志愿服务项目荣获全国学雷锋志愿服务"四个100"先进典型"最佳志愿服务项目"称号。

10月 中央文明办全国文明实践志愿服务工作培训班在张家港市开班。

11月 第五届江苏志愿服务展示交流会在张家港市举行。

2021年

3月 张家港市联合江苏省沿江8个城市的志愿服务组织共同启动"家在长江边 共护长江美"长江大保护文明实践志愿服务联合行动。

3月 2020年度全国学雷锋志愿服务"四个100"先进典型公布，王志勇、孙海滨荣获"最美志愿者"称号，南丰镇永联爱心互助志愿者联合会橄榄绿志愿服务队荣获"最佳志愿服务组织"称号，张家港市成为全省唯一实现四类先进典型"大满贯"的县级市。

9月 张家港市新时代文明实践基金成立。

2022年

7月 张家港市将文明培育、文明实践、文明创建工作深度融合，启动

"人人都是张闻明"市民文明实践修身行动。

8 月 2022 年中央广播电视总台中秋晚会在张家港市录制，百名志愿者参与活动保障。

2023年

3 月 "张闻明"志愿服务展示交流中心和网络文明素养实践教育基地正式启用。

7 月 张家港市志愿者协会召开第五届会员代表大会暨五届一次理事会，会议决定张家港市志愿者协会正式更名为张家港市新时代文明实践工作促进会。

7 月 2022 年度全国学雷锋志愿服务"四个 100"先进典型名单公布，张家港市青年志愿者协会荣获"最佳志愿服务组织"称号，张家港市银龄互助志愿服务项目荣获"最佳志愿服务项目"称号。

11 月 张家港市文明实践志愿服务主题公园建成开放。

后　记

　　《张家港市新时代文明实践志愿服务发展报告（2023）》作为全国首部县级市志愿服务蓝皮书，全面总结了张家港市在新时代文明实践中心建设的探索实践中，坚持把志愿服务作为核心驱动力，以志愿服务的高质量发展推动新时代文明实践中心建设的经验，对于各地了解县级市的文明实践志愿服务基本情况、公众参与、领域拓展、工作机制和成效经验等，有极高的参考意义。

　　本书经历了精细的筹划、调查、写作与编排等过程。项目自 2022 年 11 月启动以来，调查员深入张家港市各个角落进行田野调研，收集了大量翔实的第一手文献资料、访谈资料、视频资料、图片资料等，并在此基础上撰写了本书。在此，感谢各位调查员认真负责的态度及为学术执着求索的品质，同时，也要感谢接受调查员们访谈并为之提供支持的张家港市的广大市民、志愿者和志愿服务团队。

　　本书的问世，得到了张家港市委宣传部的大力支持和精心指导，张家港市精神文明建设指导委员会办公室和新时代文明实践工作指导中心牵头推动了本书的提纲形成、素材收集、基层调研和文稿修改等工作。精神文明建设张家港研究与交流中心倪冰、陆丽竹、郭燕春、向伟、项胜等参与了本书的审稿工作。在本书的编写过程中，张家港市级机关各部门、各区镇、各街道和有关企业和社会组织积极提供经验素材，给予了大力支持，为本书内容的编写打下了坚实的基础。

　　错漏之处难以避免，敬请专家、学者及读者批评指正，我们将在今后的工作中不断改进和完善。

社会科学文献出版社

皮 书

智库成果出版与传播平台

❖ 皮书定义 ❖

　　皮书是对中国与世界发展状况和热点问题进行年度监测，以专业的角度、专家的视野和实证研究方法，针对某一领域或区域现状与发展态势展开分析和预测，具备前沿性、原创性、实证性、连续性、时效性等特点的公开出版物，由一系列权威研究报告组成。

❖ 皮书作者 ❖

　　皮书系列报告作者以国内外一流研究机构、知名高校等重点智库的研究人员为主，多为相关领域一流专家学者，他们的观点代表了当下学界对中国与世界的现实和未来最高水平的解读与分析。截至2022年底，皮书研创机构逾千家，报告作者累计超过10万人。

❖ 皮书荣誉 ❖

　　皮书作为中国社会科学院基础理论研究与应用对策研究融合发展的代表性成果，不仅是哲学社会科学工作者服务中国特色社会主义现代化建设的重要成果，更是助力中国特色新型智库建设、构建中国特色哲学社会科学"三大体系"的重要平台。皮书系列先后被列入"十二五""十三五""十四五"时期国家重点出版物出版专项规划项目；2013~2023年，重点皮书列入中国社会科学院国家哲学社会科学创新工程项目。

法律声明